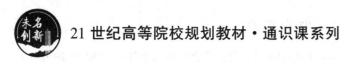

21世纪高等院校规划教材·通识课系列

现代教育技术（第二版）

主　编　张远峰　何文茜
参　编　王　凤　徐　磊　崔　健
　　　　韩素芸　赵爱平　刘　卓

内 容 简 介

本书以《中小学教师教育技术能力标准（试行）》《教育信息化十年发展规划（2011—2020年）》为依据而编写，旨在帮助学习者增强教育信息化意识，掌握现代教育技术知识与技能，提升信息化教学能力。

本书以现代教育技术应用为重点，线索清晰，内容丰富，实践性强，精心设计了教育技术概述、教学系统设计、教学媒体、数字资源的收集与处理、演示型课件的设计与制作、微课设计与制作、交互式电子白板的教学应用、网络技术的教育应用等内容。为便于教师和学习者使用，本书各章还设计了学习目标、学习导航、思考与练习、学习活动建议等内容；添加了重、难点操作的演示动画（可扫描书中二维码观看）；此外，本书还构建了立体化资源，提供了丰富的网络学习资源供读者使用。

本书可作为师范类学生现代教育技术课程教材，也可作为中小学教师教育技术能力培训教材，以及教育技术工作者的参考书。

图书在版编目(CIP)数据

现代教育技术/张远峰，何文茜主编．—2版．—北京：北京大学出版社，2019.1
全国高等院校规划教材·通识课系列
ISBN 978-7-301-30059-6

Ⅰ.①现… Ⅱ.①张… ②何… Ⅲ.①教育技术学—高等学校—教材 Ⅳ.①G40-057

中国版本图书馆CIP数据核字（2018）第260845号

书 名	现代教育技术（第二版）
	XIANDAI JIAOYU JISHU(DI-ER BAN)
著作责任者	张远峰 何文茜 主编
策划编辑	李 玥
责任编辑	李 玥
标准书号	ISBN 978-7-301-30059-6
出版发行	北京大学出版社
地　　址	北京市海淀区成府路205号　100871
网　　址	http://www.pup.cn　新浪微博：@北京大学出版社
电子信箱	zpup@pup.cn
电　　话	邮购部 010-62752015　发行部 010-62750672　编辑部 010-62704142
印 刷 者	大厂回族自治县彩虹印刷有限公司
经 销 者	新华书店
	787毫米×1092毫米　16开本　14.25印张　381千字
	2009年4月第1版
	2019年1月第2版　2024年8月第10次印刷　总第16次印刷
定　　价	38.00元

未经许可，不得以任何方式复制或抄袭本书之部分或全部内容。
版权所有，侵权必究
举报电话：010-62752024　电子信箱：fd@pup.pku.edu.cn
图书如有印装质量问题，请与出版部联系，电话：010-62756370

Preface

第二版前言

党的二十大报告指出:"教育、科技、人才是全面建设社会主义现代化国家的基础性、战略性支撑。必须坚持科技是第一生产力、人才是第一资源、创新是第一动力,深入实施科教兴国战略、人才强国战略、创新驱动发展战略。"随着我国教育信息化的推进和基础教育课程改革的深入,现代教育技术作为"教育改革和发展的制高点"发挥着关键性的保障作用。我国教育信息化经过多年的发展与建设,已基本建立起信息技术软、硬件环境,当前的重点在于如何将信息技术应用到日常的教学中,充分发挥信息技术的优势,即进行信息技术与课程的高效整合。信息技术与课程整合的践行者与主力军是教师,教育信息化能否真正实现有赖于教师的教育技术能力水平。高等师范教育作为培养基础教育师资的重要阵地,在培养与提高师范生教育技术能力方面责无旁贷。"现代教育技术"作为一门以培养师范生教育技术能力为目标的课程,其重要性不言而喻。

本书第一版自 2009 年出版以来,受到广大读者和教师的欢迎。为反映最近几年现代教育技术理论和实践的发展成果,根据近年来的教学实践和使用者的反馈,编者对第一版教材的各章节内容进行了较大幅度的调整、修改、补充或更新,并在教学实践中,选取部分专业学生进行了多轮试用,收到很好的效果。第二版具体修改情况如下。

1. 优化教材内容体系

编写本书的指导思想之一就是立足基础教育信息化教学的实际,培养师范生现代教育技术的意识与能力。因此,本书在修订时重新调整教材体系,优化内容结构:将"教学系统设计"的内容由第一版的第 11 章调整为第二版的第 2 章,旨在为后续章节内容奠定基础,强化学生系统化解决教学问题的意识;删除了"教育技术的理论基础""动画制作技术""文字、图形、图像资源的处理""学校现代教育技术环境"等内容,部分内容整合到相应章节中;增添了"演示型课件的设计与制作""微课设计与制作""交互式电子白板的教学应用"等内容。

2. 更新教材内容

根据中小学信息化教育的需要和近几年现代教育技术的发展,本书第二版对部分内容进行了更新与调整:在"教学媒体"一章删除了"光学投影仪""照相机""听觉媒体""视听觉媒体"等相关内容,补充了"网络教室""电子书包"等内容;在"数字资源的收集与处理"部分,补充了一些收集与处理资源的新方法,如"网盘检索";增添了"演示型课件的设计与制作""微课设计与制作""交互式电子白板的教学应用"等内容;对

"网络技术的教育应用"一章进行了重新编写。

3. 强化应用性

本书在修订时强化技术的教学应用性,强调信息化教学设计与教学应用,不拘泥于专业教材的体系与框架,删除了部分专业性较强、实践性较弱的技术介绍(如 Flash、Photoshop、Edius 等),选用一些通用性强、易于上手的技术(如用 PowerPoint 处理图像、用播放器剪辑视频等)。另外,本书在修订时凸显了技术的教学工具性,重点介绍了技术的教学功能、技术在教学中应用的方法与模式等,淡化了技术与工具的一般性功能介绍。

4. 突出内容的立体化

在修订本书时,除根据需要给读者推荐一些供参考的教材、文章、网站等资源外,为更好地满足在移动互联条件下新型学习的需要,编者还开发了配套的网络资源。本书与网络资源是一个整体,使用者可扫描相应的二维码进行在线学习。

本书的内容纲要与结构是全体参编同志反复讨论、共同商定的,全书由张远峰、何文茜组织编写并统稿。参与本书修订的都是长期从事"现代教育技术"公共课教学与相关研究的教师。具体分工如下:第 1 章由赵爱平编写,第 2 章由张远峰编写,第 3 章由韩素芸编写,第 4、5 章由王凤、何文茜编写,第 6 章由崔健编写,第 7 章由徐磊编写,第 8 章由刘卓编写。

在本书的酝酿、讨论、修订过程中,石家庄学院教务处处长高振环教授给予了大力支持并提出了宝贵意见,北京大学出版社的李玥编辑也付出许多辛苦与汗水,在此一并表示感谢。由于时间与水平所限,本书不足之处在所难免。欢迎各位老师与同学在教材使用中提出宝贵意见,以供我们再版修订时参考(645491356@qq.com)。

编 者

2023 年 7 月

目 录

第1章 教育技术概述 ··· 1
  1.1 教育技术的基本概念 ··· 3
    1.1.1 教育技术的含义 ·· 3
    1.1.2 相关概念辨析 ··· 4
  1.2 教育技术的产生与发展 ··· 5
    1.2.1 教育技术的发展历程 ·· 5
    1.2.2 教育技术的最新发展趋势 ································ 8

第2章 教学系统设计 ··· 11
  2.1 教学设计概述 ··· 13
    2.1.1 教学设计的概念 ··· 13
    2.1.2 教学设计的基本流程 ·· 13
    2.1.3 电子教案的基本结构 ·· 14
  2.2 学习内容分析 ··· 16
    2.2.1 确定知识点及类型 ··· 16
    2.2.2 确定内容之间的逻辑关系 ································ 17
    2.2.3 确定教学重点与教学难点 ································ 17
    2.2.4 学习内容分析示例 ··· 18
  2.3 学习者分析 ··· 19
    2.3.1 一般特征分析 ··· 19
    2.3.2 初始水平分析 ··· 20
    2.3.3 学习风格分析 ··· 20
    2.3.4 学习者分析示例 ··· 21
  2.4 教学目标阐明 ··· 22
    2.4.1 教学目标分类 ··· 22
    2.4.2 教学目标编写方法 ··· 23
    2.4.3 教学目标编写示例 ··· 25
  2.5 教学策略选择 ··· 27
    2.5.1 常用的教学方法 ··· 27

2.5.2　教学组织形式的确定 ………………………………………… 29
　　2.5.3　教学媒体的选择 ……………………………………………… 29
　　2.5.4　设计教学活动流程 …………………………………………… 33
2.6　教学评价方案设计 …………………………………………………… 36

第3章　教学媒体 ……………………………………………………………… 39
3.1　教学媒体概述 ………………………………………………………… 41
　　3.1.1　教学媒体的含义 ……………………………………………… 41
　　3.1.2　教学媒体的分类 ……………………………………………… 43
　　3.1.3　教学媒体的特性与功能 ……………………………………… 44
3.2　教学媒体应用 ………………………………………………………… 47
　　3.2.1　多媒体教学系统 ……………………………………………… 47
　　3.2.2　网络教室 ……………………………………………………… 52
　　3.2.3　电子书包 ……………………………………………………… 53

第4章　数字资源的收集与处理 ……………………………………………… 57
4.1　数字资源的检索 ……………………………………………………… 59
　　4.1.1　HTTP资源检索 ……………………………………………… 59
　　4.1.2　P2P资源检索 ………………………………………………… 63
　　4.1.3　数据库资源检索 ……………………………………………… 63
　　4.1.4　网盘检索 ……………………………………………………… 66
4.2　数字资源的获取 ……………………………………………………… 67
　　4.2.1　文本资源获取 ………………………………………………… 67
　　4.2.2　图像资源获取 ………………………………………………… 69
　　4.2.3　音频资源获取 ………………………………………………… 70
　　4.2.4　视频资源获取 ………………………………………………… 72
4.3　数字资源的处理 ……………………………………………………… 74
　　4.3.1　音频资源的处理 ……………………………………………… 74
　　4.3.2　视频资源的处理 ……………………………………………… 76

第5章　演示型课件的设计与制作 …………………………………………… 79
5.1　演示型课件概述 ……………………………………………………… 81
　　5.1.1　演示型课件 …………………………………………………… 81
　　5.1.2　演示型课件的开发工具 ……………………………………… 81
5.2　素材搜集 ……………………………………………………………… 82
　　5.2.1　模板搜集 ……………………………………………………… 82
　　5.2.2　图表搜集 ……………………………………………………… 82
　　5.2.3　图片搜索 ……………………………………………………… 82
5.3　框架结构设计 ………………………………………………………… 83
　　5.3.1　大纲设计 ……………………………………………………… 83
　　5.3.2　结构设计 ……………………………………………………… 84
　　5.3.3　导航设计 ……………………………………………………… 85

5.4 图文设计 ··· 86
　　5.4.1 文字的编辑与处理 ··· 86
　　5.4.2 图片的编辑与处理 ··· 89
　　5.4.3 图文并排 ··· 98
5.5 图表设计 ·· 100
　　5.5.1 绘制自选图形 ·· 100
　　5.5.2 SmartArt 图形 ··· 104
　　5.5.3 表格 ·· 106
　　5.5.4 图表 ·· 108
5.6 排版设计 ·· 110
　　5.6.1 排版四大原则 ·· 110
　　5.6.2 PPT 的修饰 ·· 115
5.7 动画设计 ·· 117
　　5.7.1 自定义动画 ·· 117
　　5.7.2 页面切换动画 ·· 122
5.8 多媒体导入 ·· 122
　　5.8.1 音频的使用技巧 ·· 123
　　5.8.2 视频的使用技巧 ·· 124
5.9 交互设计 ·· 125
　　5.9.1 超链接交互 ·· 125
　　5.9.2 动作按钮交互 ·· 126
　　5.9.3 插入对象交互 ·· 126
　　5.9.4 触发器交互 ·· 127
5.10 演示管理 ··· 128
　　5.10.1 管理 PPT ··· 128
　　5.10.2 演示技巧 ··· 130

第6章 微课设计与制作 ·· 135

6.1 微课概述 ·· 137
　　6.1.1 微课的发展 ·· 137
　　6.1.2 微课的概念解析 ·· 140
　　6.1.3 微课的类型 ·· 141
6.2 微课的创作过程 ·· 143
　　6.2.1 微课创作的一般过程 ·· 143
　　6.2.2 微课的教学设计 ·· 144
6.3 微课的制作方法 ·· 147
　　6.3.1 拍摄法 ·· 147
　　6.3.2 录屏法 ·· 150
　　6.3.3 转换法 ·· 151
　　6.3.4 其他方法 ·· 154
　　6.3.5 注意事项 ·· 154

6.4 屏幕录制软件 Camtasia Studio 的应用 ... 155
6.4.1 录制 ... 155
6.4.2 素材编辑 ... 158
6.4.3 添加转场效果 ... 162
6.4.4 智能聚焦 ... 162
6.4.5 添加标注 ... 163
6.4.6 编辑声音 ... 165
6.4.7 保存 ... 166

第7章 交互式电子白板的教学应用 ... 171
7.1 概述 ... 173
7.1.1 交互式电子白板的定义 ... 173
7.1.2 交互式电子白板的特点 ... 173
7.1.3 交互式电子白板系统的基本组成 ... 174
7.1.4 交互式电子白板的基本类型 ... 174
7.1.5 交互式电子白板的应用模式 ... 175
7.1.6 交互式电子白板的应用层级 ... 177
7.2 交互式电子白板的功能分析 ... 177
7.2.1 视觉辅助功能 ... 177
7.2.2 基于资源的学习支持环境 ... 184
7.2.3 协同构建平台 ... 188
7.3 交互式电子白板的教学应用 ... 189
7.3.1 交互式电子白板支持的授导型教学 ... 189
7.3.2 交互式电子白板支持的探究型教学 ... 191

第8章 网络技术的教育应用 ... 195
8.1 移动学习 ... 197
8.1.1 移动学习的定义和特征 ... 197
8.1.2 移动学习平台 ... 198
8.2 慕课 ... 202
8.2.1 慕课的含义与发展 ... 202
8.2.2 慕课带来的影响 ... 204
8.2.3 慕课平台 ... 205
8.3 "翻转课堂" ... 209
8.3.1 "翻转课堂"的兴起和发展 ... 209
8.3.2 "翻转课堂"的概念 ... 210
8.3.3 "翻转课堂"的实施 ... 211
8.3.4 "翻转课堂"教学应用案例 ... 212
8.4 在线同步直播教学 ... 214
8.4.1 在线同步直播教学的概述 ... 214
8.4.2 "钉钉"直播教学平台 ... 215

第 1 章

教育技术概述

☞ 学完本章，应做到：

◎ 能解释教育技术的含义；

◎ 能辨析教育技术与信息技术、现代教育技术的关系；

◎ 能分析教育技术发展的基本历程；

◎ 能描述教育技术的最新发展趋势。

学习导航

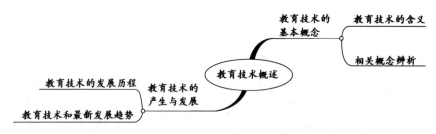

"课堂里没有黑板、粉笔,只有一个超大屏幕的电子白板,学生们没有了沉甸甸的小书包,每个人的课桌上都摆放着一台平板电脑,老师的手指轻轻一触,课文就出现在了大屏幕和每名学生的电脑上……"这是在 2012 年深圳举行的首届"全国中小学信息技术教学应用展演"上看到的一幕,是"未来课堂"的神奇远景。这样的课堂离我们并不遥远,也许会很快到来。

未来的教育是什么样的?未来的课堂又是什么样的?教育理念的变更,带来师生角色的变化,也带来教学方法和学习方式的革新。同时,新技术的普及和推广,也给课堂带来翻天覆地的变化。没有纸和笔,大量应用高科技,学校覆盖在无线网络之下,教室成为实验室和生活场,教师和学生角色互换……一些原本难以想象的情境正悄悄地发生,并改变着我们的教育。

1.1 教育技术的基本概念

1.1.1 教育技术的含义

技术的发展给人类的生活带来了巨大的冲击，技术在教育领域中的应用也正改变着教育，教育技术已经成为推动教育变革的重要原动力。那么，我们应如何理解教育技术呢？

教育技术从起源发展至今，各类定义、术语层出不穷，形成一种众说纷纭的状况，从1963年到2005年，美国教育技术界对教育技术进行了多次定义。而我国国内教育技术领域的学者在多年的研究和实践当中，对教育技术也逐渐有了自己的看法，并针对新兴技术和传统技术的结合，提出了现代教育技术的概念。

对教育技术广义的理解，就是"教育中的技术"，是指人类在教育活动中所采用的一切物质手段和指导有效使用这些物质手段的理论、方法与经验的总和。它分为有形教育技术和无形教育技术两个层面。

有形教育技术也称物化形态的教育技术，是指凝固和体现在有形的教学媒体中的科学技术。它包括从黑板、粉笔、标本、书本、模型等传统教具到现代的幻灯、投影、广播、电视、电影、计算机、网络、卫星通信以及相应的教学软件等。有形教育技术包含着人类在教育过程中应用的一切科学技术成果，是人类在教育活动中借助它进行信息传递、加工、处理、呈现的有效手段，是人类实现教育活动的物质基础。人类教育活动自产生以来，就直接或间接地受到有形教育技术的支持，不管是古代的口耳之术、印刷技术，近代的直观技术，还是现代的电子技术、计算机技术、网络技术，它们都在不同的历史时期为教育活动的有效实施提供了物质条件。

无形教育技术也称智能形态的教育技术，是指在教育实践中总结和概括出来的用以指导教育技术应用的策略和方法。它是以理论知识为中心，包括技术应用原则、原理、策略和方法等。这些技术是无形的，是通过有形的技术形态即教育媒体表现出来的。

总之，教育技术的两个层面——有形教育技术和无形教育技术是相互影响、相互作用的，它们以有机整体的形式发挥着作用。有形技术是教育技术的依托，无形技术是教育技术的灵魂。纵观教育技术的发展历程，有形教育技术不断发展，新的教育媒体不断出现，无形教育技术也在不断地丰富和发展，形成了指导教育技术实践的视听教育理论、教育传播理论、教学媒体理论、教学设计理论等相关的基础理论。

1. 国外定义

1994年美国教育传播与技术协会（Association of Educational Communications and Technology，AECT）将教育技术定义为：教育技术是为了促进学习，对学习资源和学习过程进行设计、开发、利用、管理和评价的理论与实践。这个定义明确指出：教育技术的目的是为了促进学习，研究对象是学习资源和学习过程，研究领域是设计、开发、利用、管理和评价，教育技术是理论与实践相结合的综合性学科。目前这一定义已被教育技术界的专家学者和实际工作者广泛承认，是对教育技术的科学认识和精辟概述，对教育技术的发展具有重要的指导意义。

2005年美国教育传播与技术协会在总结近十年来教育技术发展状况的基础上，提出了教育技术的最新定义：教育技术是通过创造、使用、管理适当的技术过程和资源，以促进学习和改善绩效的研究与符合道德规范的实践。

AECT 2005定义表明：

（1）界定的概念名称是"教育技术"（Educational Technology），而不是"教学技术"（Instructional Technology）。

（2）教育技术有两大领域："研究"和"符合道德规范的实践"。

（3）教育技术有双重目的："促进学习"和"改善绩效"。

（4）教育技术有三大范畴："创造""使用""管理"。与AECT 1994定义比较，AECT 2005定义将原有的五大范畴整合为三大范畴，其对应关系是：将AECT 1994定义中的"设计""开发"两个范畴合为一个范畴"创造"；将AECT 1994定义中的"利用"范畴改成了一个较简单的词"使用"；将AECT 1994定义中的"管理"与"评价"两个范畴化为"管理"一个范畴。

（5）教育技术有两大对象："过程"和"资源"。与AECT 1994定义中的"学习过程""学习资源"有一定区别，AECT 2005定义中的"过程"和"资源"之前有一个限定词"适当的技术性的"过程与资源。

（6）教育技术的主要特征在于其技术性。

2. 国内的几个重要定义

1998年，南国农、李运林在《电化教育学（第二版）》中提出的电化教育定义：电化教育，就是在现代教育思想、理论的指导下，主要运用现代教育技术进行教育活动，以实现教育过程的最优化。

1990年，全国高等院校教育技术学教学指导委员会主任顾明远主编的《教育大辞典》中对教育技术的定义：教育技术是人类在教育活动中所采用的一切技术手段和方法的总和，包括物化形态的技术和智能形态的技术两大类。

李克东教授以美国教育技术AECT 1994定义为基础，结合我国实际，提出现代教育技术的定义："现代教育技术就是运用现代教育理论和现代信息技术，通过对教与学过程和教与学资源的设计、开发、利用、管理和评价，以实现教学优化的理论与实践。"

实际上，教育技术这一概念是随着媒体技术的发展和理论观念的更新而逐渐形成的，任何定义都具有一定的时代性和历史性。不管技术如何发展、教育理念如何更新，教育技术的本质都是用技术来促进有效的教与学。

1.1.2 相关概念辨析

1. 教育技术与信息技术

信息技术是一门综合性很强的技术，它以计算机、电子、通信、自动化和光电等技术为基础，是产生、存储、转换和加工图像、文字、声音及数字信息的一切现代高技术的总称。信息技术渗透于人类社会各个领域和国民经济的各个部门，影响无所不在。

教育技术是理论与实践并重的学科，在其发展过程中，有着不断更新的技术基础，技术的应用为教育技术的发展提供了有力的支撑。但教育技术不关注技术本身，关注的是如何利用各种技术来为教育服务，提高教育的质量和效率。

现代教育技术以信息技术运用为核心，将信息技术作为物化形态的主要技术手段之一。如今，以计算机技术为核心的信息技术成为教育中的主导技术，计算机多媒体技术、网络通信技术、人工智能技术与虚拟现实技术等新技术已广泛应用于教育教学中，极大地促进了教育信息化，深化了教育教学改革，同时也促进了教育技术的新发展。

2. 教育技术与现代教育技术

教育技术产生于教育发生的第一天，至今人类已经积累了大量的、形式多样的教育技术，形成了一个包括语言技术、直观技术、媒体技术和系统技术在内的教育技术体系。

语言技术和直观技术被称为传统教育技术，媒体技术和系统技术被称为现代教育技术。"现代教育技术"是以计算机技术为核心的现代信息技术在教育、教学中的运用，它是 20 世纪 90 年代以后在国内被大量使用的一个术语，目前人们逐渐习惯于使用"现代教育技术"概念，这也使得教育技术带有了更加强烈的现代化、信息化色彩。

思考与练习

1. 阐释对教育技术广义的理解。
2. 试分析教育技术 AECT 1994 定义与 AECT 2005 定义的区别。
3. 教育技术与信息技术有何关系？

学习活动建议

结合自己的理解，对教育技术的含义和作用进行分组讨论。

1.2 教育技术的产生与发展

1.2.1 教育技术的发展历程

自从有了人类历史，就有了教育；有了教育，也就有了教育技术。在人类教育的发展过程中，科学技术一直是教育发展的动力和所依赖的手段。每一次科学技术的进步，都直接或间接地对教育产生革命性的影响。教育技术就是随着人类教育的发展和科学技术的进步而不断发展的。

美国是世界教育技术产生最早、影响最大的国家，其发展脉络清晰完整，可作为我们研究教育技术发展历史的典型代表。美国教育技术的形成与发展可从三个方面追溯：一是视听教学的发展推动了各类视听设备在教学中的运用，二是程序教学促进了以学习者为中心的个性化教学的形成，三是教学系统方法的发展促进了教育技术理论核心——教学设计学科的诞生。

1. 媒体教学技术

（1）语言技术和直观技术。

口头语言、形体语言是早期人们传情达意的有效工具，也是教育活动中一种最古老、最有效的信息传播技术。在文字出现之后，人类的文化知识就可以通过文字符号记载与保存，在教育方式上又增添了通过文字材料传播教学内容的方法。这是教育方式的一次重大变革，是教育史上的一次重大革命。

直观技术是指一种由人工制作的、以替代现实本身信息为特点的挂图、模型等直观教具在教育中应用的技术。直观技术是以感觉论为基础的，它不同于语言符号的抽象性，能够直观、形象地反映客观事物，不仅大大地提高了课堂教学效率和教学效果，而且为视听媒体在教学中的应用奠定了基础。

直观教学是教育技术的先声，是从 17 世纪开始形成的，以班级教学为组织形式。以书本、粉笔、黑板、图片、模型及口语为媒体的直观技术是较为简单和原始的教育技术。

（2）视听教学。

19 世纪末，科学技术的迅速发展和科技成果引进教育领域，对教育技术的发展产生了深刻的影响。照相、幻灯、无声电影等新媒体在教育、教学中的应用，给传统的教学送来了新的技术手段，向学生提供了生动的视觉形象。然而，视觉教学作为一场正式的教学改革运动，发生在 1918—1928 年，这场运动被称为视觉教学（Visual Instruction）运动，标志教育技术的发端。

20 世纪 20 年代末，无线电广播、有声电影开始在教育中推广应用。英国、美国是开展播音教学较早的国家，无线电广播对教育的作用远远超出了学校的范围，为扩大教育规模、发展社会教育开辟了一条有效的途径。同时，具有视听双重特点的有声电影在提高教育效果方面显示了巨大的作用，引起了人们的广泛兴趣与政府部门的特别重视。人们感到原有的"视觉教育"概念已不能涵盖已经扩展的视听设备介入教育实践，"视觉教育"便发展为"视听教育"。在诸多关于视听教育的研究中，堪称代表的是戴尔（E. Dale）于 1946 年所著的《教学中的视听方法》，该书提出的"经验之塔"理论成为当时以及后来的视听教育的主要理论根据。

"经验之塔"把人们获得知识与能力的各种经验，按照其抽象程度不同，分为三大类十个层次，即"做"的经验、"观察"的经验和"抽象"的经验。"经验之塔"最底层的经验最具体，越往上升，则越趋于抽象；教学活动应该从具体经验入手，逐步过渡到抽象；教学不能止于具体经验，而必须向抽象化发展，最后形成概念。在学校教学中使用各种教学媒体，可以使教学活动更为具体、直观，也能为抽象概括创造条件，从而获得更好的抽象概括。位于"经验之塔"中层的视听教学媒体和视听经验，较上层的言语、视觉符号更能为学生提供较容易理解的具体、形象的经验，又能突破时空的限制，弥补下层的直接经验方式之不足。

（3）视听传播。

1955—1965 年，语言实验室、电视、教学机器、多种媒体综合呈现技术、计算机辅助教学等先后问世，并在教学中得到应用。视听活动日益扩大，远远超过了最初意义上视听教育的范围。同时，由于传播理论的发展影响到教育领域，人们开始探讨从学习理论和传播理论的角度重新认识视听教学的理论问题。1963年2月,美国的视听教育协会提出报告,建议将视听教育改名为视听传播,并对此做了详细的说明。另外,许多研讨视听教育的文章和著作,也都趋向于采用传播学作为视听教育的理论基础。这标志着视听教学向视听传播教学发展,是视听教学理论上的一个转折点,研究重心从重视教具、教材的使用转向关注教学信息的传播过程。

2. 个别化教学技术

个别化教学是一种适合个别学习者需要和特点的教学,在方法上允许学习者自定目标、自定步调,自己选择学习的方法、媒体和材料。个别化教学是教育技术发展史上的一个重要领域。20世纪初,在美国出现的个别化教学形式有伯克的个别学习系统(1912)、华虚朋的文纳特卡制(1919)、道尔顿实验室计划(1920)、莫里逊的单元制教学法(1925)等。但真正在教育中有着广泛影响的个别化教学活动,当推20世纪50年代兴起的程序教学活动。

程序教学主要由教学机器的发明人普莱西首创,然而由于教学机器设计的问题和客观条件不成熟,对教育技术的发展影响不大。对程序教学贡献最大的当属美国著名的教育心理学家斯金纳(B. F. Skinner),他在1954年发表的《学习的科学和教学的艺术》一文中,强调"强化"在教学中的重要作用,重新设计了教学机器,从而使美国于20世纪50年代至60年代初程序教学运动达到高潮,后来发展成为不用教学机器只用程序课本的"程序教学"。

随着计算机技术的迅速发展,程序教学的思想和方法为后来的计算机辅助教学(CAI)所继承。早期的计算机辅助教学系统的产生受到斯金纳程序教学的强烈影响,由于计算机辅助教学具有灵活性和人机交互作用,弥补了原来教学机器的不足。最初的计算机辅助教学主要用于答疑、练习、个别指导、模拟教学测验、评价等方面,后来也用于系统的学科教学。20世纪70年代微型计算机的发展又推动了计算机辅助教学运动,80年代微机在学校中的使用迅速增长,许多学校把微机用于教学目的。

3. 系统技术

在传播学向视听教学渗透的同时,系统论也开始对教育教学发生作用和影响。系统论认为,教育是一个复杂的系统,是由教育目的、教育内容、教育媒体、教育方法以及教师、学生、管理人员等组成的一个有机整体,教育媒体只是教育系统中的一个要素,解决不了教育的全部问题。教育系统整体功能的最优发挥,不仅需要各个组成部分充分发挥自己的作用,更取决于系统中各个要素的最优配合和协调一致。因此,只有用系统观点对教育的各个部分进行整体考虑、对教育过程进行系统设计,才是实现教育最优化的根本途径。

20世纪60年代末至70年代初,教学系统方法在教育技术领域日益受到重视,成为现代教育技术研究的主要方法。现代教育技术的研究从过去单一媒体的特性研究转向了对媒体的系统开发及教育过程的系统化研究,由媒体技术进入系统技术阶段。

随着各种理论在教育中的渗透,"教育技术"作为一个独立的科学概念和专门术语逐渐形成。60年代初,Education Technology(教育技术)一词首先在美国一些书籍、杂志中出现,并很快在国际上传播开来。

1.2.2 教育技术的最新发展趋势

教育技术的发展与科学技术的发展紧密相连。近年来随着多媒体技术、网络技术、人工智能技术等现代科学技术的飞速发展，以及新的教育理念的出现，现代教育技术出现了许多新的特点，呈现出以下几个方面的发展趋势。

1. 翻转课堂

翻转课堂，也叫颠倒的课堂，是指教师创建视频，学生在家中或课外观看视频中教师的讲解，在课堂上师生面对面交流和完成作业的一种教学模式。翻转课堂将学生的学习放在课外，学生在导学案的指引下，观看微视频进行自主学习，完成教师设计好的课前学习任务。教师通过课前学习任务的反馈，了解学生的学习状况和困难所在，有针对性地设计课堂教学活动，决定教学节奏。学生在课内通过完成作业、测试、有针对性的交流讨论、拓展练习、小组合作或者进行项目学习，完成知识的建构、吸收和内化。

与传统课堂教学相比，翻转课堂可以更好地满足学生个性化的需求。传统的课堂教学是教师在课堂讲授新知识，学生在课外完成作业。在课堂里，教师按预设的教学内容用统一的步调完成授课，无法照顾学生的差异性。课堂外，学生遇到有难度的作业，不能按时完成，易产生挫败感，无法取得自信和满足。翻转课堂的教学是在课下进行"知识获取"，在课上完成"知识内化"。课堂外，学生根据自己的实际情况灵活安排学习时间和学习步调，完成信息的主动加工。学生遇到难以理解的知识点时，可以随时后退、反复观看视频。课堂内，学生完成作业或拓展练习时，有教师和同学帮助，不再是孤军奋战，减少了独自学习时的孤独感和"遇到难以解决问题"时产生的挫败感。教师也从课堂教学的主导者转变为课堂活动的组织者和督导者，有更多的机会融入学生中，为学生提供一对一的指导，去帮助在学习上真正有困难的学生。

2. 移动学习

随着智能手机和平板电脑的普及及功能的日益强大，逐渐产生了一种新的学习形式——移动学习。移动学习是指在终身学习的思想指导下，利用现代通信终端，如手机、平板电脑等设备所进行的远程学习。学习者无论身在何处都能够通过网络及时获取丰富的知识。

移动学习是在数字化学习的基础上发展起来的，是数字化学习的扩展，它有别于一般学习。学习者不再被限制在电脑桌前，可以自由自在、随时随地进行不同目的、不同方式的学习。学习环境是移动的，教师、研究人员、技术人员和学生都是移动的。从实现方式来看，移动学习实现的技术基础是移动计算技术和互联网技术，即移动互联技术，实现的工具是小型化的移动计算设备。

当前有很多学习机构都为自己的课程开发了手机软件，以便更好地适配于移动设备。

3. 大规模开放在线课程（慕课）

慕课（MOOC），是新近涌现出来的一种在线课程开发模式。MOOC 这个术语是 2008 年由加拿大爱德华王子岛大学网络传播与创新主任与国家人文教育技术应用研究院高级研究员联合提出来的。在 2011 年，当时共有来自世界各地的 16 万人注册了由斯坦福大学的 Sebastian Thrun 与 Peter Norvig 联合推出的免费课程《人工智能导论》。

MOOC 课程在中国同样受到了很大关注。根据 Coursera 的数据，2013 年在 Coursera 上注册的中国用户共有 13 万人，位居全球第九。而在 2014 年达到了 65 万人，增长幅度远超过其他国家，越来越多的中学生开始利用 MOOC 提前学习大学课程。以 MOOC 为代表的新型在线教育模式，为那些有超强学习欲望的学习者提供了前所未有的机会和帮助。国内比较典型的慕课网站有中国大学 MOOC 和 MOOC 学院。

中国大学 MOOC

4. 自适应学习技术

自适应学习技术是指适应个体学生学习需要的软件和网络平台。自适应学习是一种"复杂的、数据驱动的、很多时候非线性方法的教学与辅导。它根据学习者的交互及其表现水平而调整，并随之预测学习者在某个特定时间点需要哪些学习内容和资源方能取得进步"。自适应技术近年来逐渐在在线教育中得到运用。美国自适应技术公司 Knewton 创建于 2008 年，是一家提供自适应教育平台的公司，为使用者构建"成熟、实时的学生数据分析"。Knewton 细分每个知识点，对每个学生进行单独的分析，令使用者可以得到独一无二的学习帮助。通过在学习中不断监测学生的学习情形，引导最适合的下一步学习内容和活动，当学生在学习中遇到困难时，课程的难度会自动降低。教师可以使用 Knewton 的实时预测技术来监测每个学生的知识空白，即时调整，为每个学生提供个性化教学。国内目前主打自适应学习平台的在线教育网站，已经上线运营的有魔力学院等。

MOOC 学院

5. 3D 打印

工业界普遍将 3D 打印视作一种快速成型技术，它运用 3D 建模软件、计算机辅助设计工具、计算机辅助断层摄影技术（CAT）和 X 射线结晶学，将三维数字内容建构成为实际物品，许多学校将 3D 打印机作为一种鼓励实践学习和设计思维的工具。学习者可以创造一切实物，在体验中实验，而不是面对一堆遥远又抽象的公式。三维打印将虚拟世界和实体世界联系得更加紧密，学习者所绘制的虚拟三维模型能够通过三维打印机实现，这将意味着我们看待问题、思考问题和解决问题的路径将有所不同。随着 3D 打印机逐步降低门槛及应用领域扩大，3D 打印机正逐步进入国内基础教育领域。当前 3D 打印在国内教学上应用的方式有：数学系的学生可以将他们的"问题"打印出来，并在他们自己的学习空间中寻找答案，比如打印一个几何体，让他们更直观地去了解几何内部各元素之间的联系；工程设计系的学生可以用它打印出自己设计的原型产品进行测试、研究与探索；建筑系的学生可以用它简便、快速地打印出自己设计的建筑实体模型；车辆工程系的学生可以打印各种各样的实体汽车部件，便于测试，等等。

魔力学院

3D 打印物品

6. 虚拟及远程实验室

虚拟及远程实验室是教育系统一项新的探索，其目的是力图使学习者无论身在何处都能通过网络更加便利地使用实体实验室的设备和组件。虚拟实验室可以模拟真实实验室的操作，远程实验室提供了一个与现实实验室对接的虚拟接口。

7. 可穿戴技术

可穿戴技术指的是能够被用户以配饰形式（如珠宝首饰、墨镜、背包乃至鞋子或夹克等真实服装）所佩戴的计算机设备。它能够便利地整合睡眠监测、运动记录、地理定位和社交媒体等工具的交互，甚至还能在高清立体虚拟眼镜等装置的帮助下，实现虚拟现实。

思考与练习

1. 简述现代教育技术的发展历程。
2. 结合现代教育的发展，分析教育技术的发展趋势。
3. 如何有效地学习与实践教育技术？
4. 教师掌握教育技术有何意义？

学习活动建议

1. 分组搜集关于国内外教育技术的形成和发展情况，进行课堂交流与讨论。
2. 多媒体教室观摩：
（1）教师展示一些教学软件材料；
（2）观看中小学运用教育技术进行教学的录像资料，讨论教育技术在教学中的作用。
3. 参观本校教育技术中心或中小学教育技术中心，了解它们的作用与功能。

参考文献

［1］焦建利. 教育技术学基本理论研究［M］. 广州：广东教育出版社，2008.

［2］巴巴拉·西尔斯丽塔·里齐. 教学技术：领域的定义和范畴［M］. 乌美娜，刘雍潜，等译. 北京：中央广播电视大学出版社，1999.

［3］黄荣怀，等. 教育技术学导论［M］. 北京：高等教育出版社，2006.

［4］澄怀观道. 地平线报告：2016年高等教育版发布［EB/OL］. http://www.360doc.com/content/16/0218/19/421844_535561416.shtml，2016.02.18.

［5］网易财经. 2017地平线报告：未来五年哪些新技术将影响教育［EB/OL］. http://money.163.com/17/1020/05/D15TLASA002580S6.html，2017-10-20.

［6］guan3567fg. 教育技术的发展历史［EB/OL］. http://www.doc88.com/p-0099211778640.html. 2015.02.21.

［7］hzhza526r. 教育技术定义的观点综述［EB/OL］. http://www.doc88.com/p-377360506952.html，2012-05-22.

［8］刘娜. 翻转课堂的教学设计［EB/OL］. https://wenku.baidu.com/view/b5ef082cb14e852459fb5730.html，2016-09-27.

教学系统设计

☞ **学完本章，应做到：**

◎ 能说明教学设计的基本含义；

◎ 能解释教学设计的基本流程；

◎ 能分析学习者特征；

◎ 能根据课程标准和学生现状确定教学目标；

◎ 能分析教学内容；

◎ 能选择合适的教学方法、媒体、组织形式，合理安排教学流程；

◎ 能编制教学测试题目；

◎ 能编制完整的电子教案。

学习导航

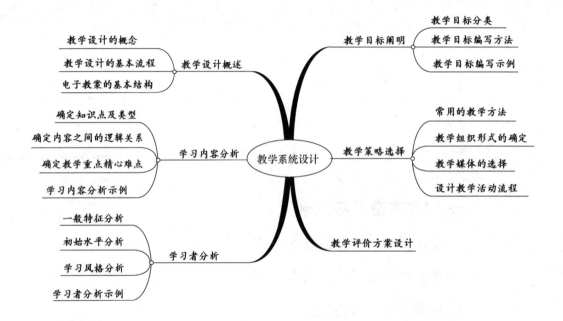

教学是教师的教与学生的学的统一活动,通过这种活动,教师有目的、有计划、有组织地引导学生积极、自觉地学习和加速掌握科学文化基础知识和基本技能,促进学生多方面素质全面提高,使他们成为社会所需要的人。教学也是一个多要素的、复杂的动态系统,它包括教师、学生、教学内容、教学媒体、教学目标、教学方法、教学评价等要素。为使这些要素有机配合,达到效果的最优化,就必须对它进行整体的计划与安排,即进行教学系统设计,需要考虑为什么教、教什么、教到什么程度,以及如何教、教学效果如何等一系列问题。

2.1 教学设计概述

教育技术为实现促进学习、改善教学的目的,需要运用各种理论及技术,对教与学的过程、资源进行设计、开发、应用、管理和评价。教学设计是现代教育技术的重要领域,也是中小学教学工作的重要组成。目前,中小学校普遍存在着设计方案缺乏理论支持、针对性不强、可行性差等问题,这已成为教学改革、教学效果优化的障碍,值得重视并着力解决。

2.1.1 教学设计的概念

现代教育技术的设计领域被称为教学设计,也称教学系统设计,是指主要依据教学理论、学习理论和传播理论,运用系统科学的方法,对教学目标、教学内容、教学媒体、教学策略和教学评价等教学要素和环节进行分析、计划并做出具体安排的过程。教学设计相当于平常所说的"备课",但它更强调系统方法的应用。教学设计包括教学活动设计和教学资源设计,两类教学设计的对象不同,但思路与基本环节相似。以教学活动为对象的设计结果一般是一份教案,以资源为对象的教学设计的结果是资源开发脚本。图2-1描述了教学设计的基本环节,该模式主要适用于教学活动设计;资源(课件)的设计活动需要在此基础上进一步增加系统结构设计、画面设计等,具体内容详见相关章节。

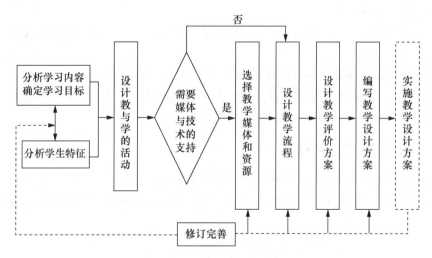

图2-1 教学设计模式

2.1.2 教学设计的基本流程

1. 分析学习内容,确定学习目标

分析学习内容就是确定教学知识点的类型以及知识点之间的关系。确定学习目标就是在分析学习内容的基础上,根据课程标准,详细描述某个单元、某节课学生所应达到的学习效果。

2. 分析学生特征

学生特征包括学生已有的知识与经验、学习习惯以及心理等方面。教师对学生了解程度越深，教学的针对性就越强，就越能促进学生的学习。

3. 设计教与学的活动

学习目标是通过一系列教与学的活动来实现的。教与学活动的设计是否合理直接影响学习目标的实现。在教学设计中，应根据学习目标、学生特征、内容特点等因素来设计教与学的活动。

4. 选择教学媒体与资源

根据组织和开展教与学活动的需要，选择能够支持和优化教学活动的媒体和资源。教学媒体的种类很多，每种教学媒体都有其优势与局限，在实践中应根据教学需要、媒体现状等因素，取长补短、灵活选用。

5. 设计教学流程

教学流程是教学活动的组织顺序。设计教学流程就是根据教与学的规律，按照一定的组织顺序，系统地安排各种教学活动的工作。它包括设计教学流程图和对流程图的详细说明两部分。

6. 设计教学评价方案

教学评价是指收集教学系统各方面的信息，并依据一定的标准对教学过程及其效果做出客观衡量和科学判定的过程。教学评价调节、控制整个教学过程，使教学过程朝着预定的教学目标进行。教学评价方案应围绕教学目标进行设计，考虑目标的多元性。

7. 编写教学设计方案

教学设计方案也就是教案，是实施教学活动的计划书，它全面反映教学设计各环节的工作结果。

8. 实施教学设计方案并修订方案

实施预先设计好的教学设计方案，评价在实施中教与学的效果，总结与反思在方案设计中的得与失，为进一步修订与完善方案提供依据。

2.1.3 电子教案的基本结构

教学设计的直接结果就是形成教案。教案的内容不尽相同，形式差异较大，为便于初学者学习，现附上一个电子教案模板，见表2-1。学完本章内容后，学习者应完成一份完整的电子教案。

思考与练习

1. 教学设计与课堂教学、撰写教案有何关系？
2. 教学设计需要完成哪些工作？

表 2-1　电子教案模板

教 学 设 计 表

学科_____　授课年级_____　学校_____　教师姓名_____

章节名称		计划学时	
学习内容分析			
学习者分析			
教学目标	课程标准：		
	知识与技能：		
	过程与方法：		
	情感、态度与价值观：		
教学重点及解决措施			
教学难点及解决措施			
教学设计思路			

媒体与资源的选择与使用

知识点	学习水平	媒体内容与形式	媒体在教学中的作用	媒体使用方式

教学过程（可续页）

教学环节	教与学的活动	设计意图

课堂教学流程	□ 教学内容与教师的活动　　○ 媒体的应用　　▱ 学生的活动　　◇ 教师进行逻辑判断
测试题目	
教学反思	

2.2 学习内容分析

教学内容，也称学习内容，是指为实现教学目标学习者需要系统掌握的知识、技能与行为经验的总和。学习内容分析需要根据课程标准、学生特点，规定学习内容的范围和深度，并揭示各部分内容之间的关系。

2.2.1 确定知识点及类型

首先通过研究教材、课程标准，确定某节课（或单元）的知识点，然后将知识点进行分类。对不同类型的学习内容，学习要求不同，学习过程与策略也各不相同，因此需要认真对待。在实际设计中，各学科对内容分类也不尽相同，比如：语文学科把内容分为字、词、句、段、篇等；物理等学科把内容分为事实、概念、原理等；英语学科把教学内容分为单词、语法、听力、阅读、写作等。同学们需要认真考虑各类学习内容的特点、要求、学习规律，才能为教学设计打好基础，为设计科学、可行的教学方案提供条件。要做到这些，首先需要具备扎实的学科知识、较高的专业素养、较强的专业能力，同时还需要具备扎实的心理学、教育学基础。我们以英语学习为例，单词学习与语法学习有何不同？其教学方法有何不同，存在哪些差异？这些都可以从教育心理学等相关学科找到答案。

关于学习内容分类的研究，比较有影响的当属美国当代著名教学设计专家加涅（R. M. Gagne）的研究成果。他把教学内容（学习结果）分为言语信息、智力技能、认知策略、动作技能和态度五类。

1. 言语信息

言语信息俗称知识，是指学生通过学习，能记忆诸如事物的名称、符号、地点、时间、定义、对事物的描述等具体的事实，在需要时能将这些事实陈述出来，不需要过多的思维与加工。

2. 智力技能

智力技能是指学习者通过学习获得的使用符号与环境相互作用的能力。智力技能与言语信息区别明显：言语信息与知道"什么"有关，而智力技能则与知道"怎样"有关。例如，知道什么是分数和小数，是言语信息的学习结果；而掌握分数和小数的概念以及怎样把分数转化为小数，就是智力技能的学习结果。智力技能的学习又可进一步分为辨别、概念、规则、高级规则等。

辨别是区分事物之间差异的能力，如儿童对颜色的辨别、对图形的辨别、对气味的辨别、对声音的辨别等。辨别技能是学习其他技能的基本前提。

形成概念是在一系列事物中找出共同特征并给同类事物赋予同一名称的一种习得技能。如能区分汽车和飞机、哺乳动物和爬行动物等，也能区分"勇敢""正义""教学设计"等概念。前者是反应具体事物的具体概念，后者是抽象概念，需要下定义获得。

规则是揭示两个或多个概念之间关系的言语表述，可以是一个定律、公式等。如"加数与被加数交换位置，和不变"就是一条规则，它由"加数""被加数""交换""位置"

"和"等概念及其关系构成。如果学生掌握了这条规则，那么他在诸如"5 + 3"与"3 + 5"关系测试中就能顺利做出判断。

规则可以组合在一起，形成更复杂的规则，称为高级规则。高级规则往往是学生在解决问题过程中思维的产物。

3. 认知策略

认知策略是指学生内部组织起来的，借以调节和控制他们的注意、学习、记忆和思维等内部过程的技能，俗称"方法"，是对内做事的能力，如听课的方法、记笔记的方法、阅读的方法、解题的方法等。

4. 动作技能

前面三类学习结果（内容）主要涉及心智运动，而动作技能主要表现在身体运动的速度、精度、流畅性等方面，也是一种必须通过学习才可获得的能力，如唱歌、跳舞、打球、开车、键盘打字。动作技能不是简单的外显反应，而是受内部心理过程控制的学习结果。

5. 态度

态度是指通过学习形成的影响个体行为选择的有组织的内部准备状态。人们对不同的事物、人物和情境会有不同的态度，而人们所采用的行为显然受到态度的影响。例如，在公交车上见到老、幼、病、残、孕乘客是否让座，在很大程度上受所持的态度影响；我们在某一学科花费的时间与精力的多少，在一定程度上也与我们对某一学科的态度有关。当我们的教学是让学生形成前所未有的态度或改变现有的态度时，就意味着我们要求学生从事一项关于态度的学习任务。

2.2.2 确定内容之间的逻辑关系

学习内容之间的逻辑关系，既包括学习内容之间的内在关系，如上、下位关系、平行关系等；也包括学习内容与先前已学内容（既包括在课堂上学习的内容，也包括在生活中其他场合习得的）之间的关系。学习内容之间的逻辑关系一旦确定，教学就可按照内容之间的关系实施。当然，内容分析不可避免地要考虑学习者现有的知识基础。内容之间的逻辑关系可通过语言描述、图示等方式表达出来。

学习内容分析要求我们具有较深厚的学科专业功底，熟悉所教内容，了解所教学生。比如，在中学物理学科中的杠杆平衡原理，用公式表示为 $F_1L_1 = F_2L_2$，在分析该内容的逻辑关系时，需要分析该原理与力的大小、方向、力臂、支点等关系，才能做到逻辑清晰、方法有据。

2.2.3 确定教学重点与教学难点

教学重点是教学内容中基本的、主要的知识、技能，在整个教学内容中占据核心地位。通常，教学重点多集中于基本概念、基本原理和基本方法上。综合考虑学习内容和学习目标，有利于厘清教学重点。

教学难点是指教学内容中难于理解与掌握的部分，是学生学习中感到阻力较大或难度较高的部分，原因可能是学生缺乏相应的基础、内容本身较为抽象等。

重点与教学难点有时一致，有时不一致，并且并非每节课都有难点。教学难点也不是恒定的：对乙班学生可能是难点，对甲班学生可能构不成难点；对不同地域、不同基础、不同经历的学生来说，同一节课的教学难点也不尽相同。

准确把握教学重点、难点的前提是熟悉教材、课标、学生，熟悉各类教学内容的学习规律。

2.2.4 学习内容分析示例

小学语文《小壁虎借尾巴》学习内容分析。

1. 知识点及类型

生字：壁、尾、墙等12个生字。

词：壁虎、尾巴、蚊子等16个词。

句："谁—看见—什么—在哪里—怎么样—干什么"等重点句，描述鱼、牛、燕子尾巴作用的句子。

段：课文第三、四、五自然段在形式和内容上的异同。

篇：全篇课文内容。

2. 知识结构关系

这是一篇以阅读技能训练为主的课文，生字的学习是词的理解的先决条件，词的掌握是理解句子的先决条件，重点句是理解段的先决条件，段落之间的理解是整篇课文学习的先决条件。《小壁虎借尾巴》一课的知识结构如图2-2所示。

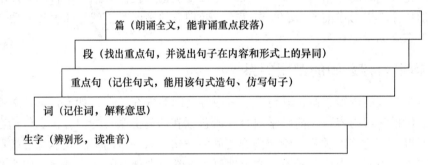

图2-2 《小壁虎借尾巴》的知识结构

3. 教学重点与难点

教学重点：生字、词、重点句的掌握和课文的阅读；

教学难点：找出重点句，并说出句子在内容和形式上的异同。

思考与练习

1. 加涅的学习结果分类与你所学专业的学习内容分类有何关联？请加以分析。

2. 试结合所学专业，从中小学某学科的教材中任选一节课，进行学习内容分析，并填写表2-1中的相应内容。

2.3 学习者分析

教学设计的一切活动都是围绕学生的学习展开的。学习内容的科学分析建立在对学习者了解的基础之上；教学目标的确定、教学方法与活动的设计、教学评价方案的制订无不建立在对学习者了解与分析基础之上。因此，学习者分析越科学、全面，教学设计方案就越科学、可行。对学习者进行分析，主要是了解学习者的一般特征、初始水平和学习风格。

2.3.1 一般特征分析

学习者的一般特征是指在学习过程中影响学生的心理、生理、社会角色的特点，包括年龄、性别、认知成熟度、学习动机、个人对学习的期望、生活经验、经济、文化、社会背景等因素。学生的一般特征既有共同的地方，比如相同年龄的学生有大致相同的感知能力、智力和语言发展过程等；同时，学生的一般特征也存在个体间的差异，比如智商的差异、认知经验的差异、认知成熟度的差异等。学生的一般特征的共同点为集体教学中教学内容的选择、教学策略的制定提供依据，而学生的一般特征的差异可作为对学生个别辅导、因材施教的重要依据。下面介绍中小学生发展的一般特征。

1. 小学生发展的一般特征

小学生思维具有初步抽象逻辑或语言思维的特点，这种思维具有明显从具体形象到抽象逻辑思维的过渡性，抽象思维在很大程度上仍然直接与感性经验相联系，并且具有很大成分的具体形象性。另外，小学生的思维由具体形象到抽象逻辑的过渡存在一个明显的"关键年龄"，一般认为出现在四年级（约10～11岁），若教育条件适当，也可提前到三年级。

小学生在情感方面的自居作用、模仿趋向和自我意识有较快的发展，学习动机多倾向于兴趣型，情绪发展的主要矛盾是勤奋感与自卑感的矛盾（成功且受到鼓励则易形成勤奋感，反之则易形成自卑感），意志力比较薄弱，抵抗诱惑能力较差，需要外部的帮助与辅导。

2. 中学生发展的一般特征

中学生的思维能力得到迅速发展。在初中阶段，学生的抽象思维虽然开始占有优势，但在很大程度上还属于经验型，需要在感性经验的直接支持下进行。在高中阶段，学生的抽象思维则属于理论型，他们能够用理论指导来分析、综合各种事实材料，从而不断扩大自己的知识领域。从经验型抽象思维向理论型抽象思维的转化是从初中二年级开始的，这是一个关键年龄，到高中二年级趋向定型，思维趋向成熟。

在情感方面，初中生的自我意识与小学生相比更明确，同一性、勤奋感是他们情感发展的主要特征。他们富于激情，感情丰富，容易冲动，爱幻想。他们开始重视社会的道德规范，但对人和事的评价往往比较简单与片面。他们的意志行为日益增多，抵制诱惑能力日益增强，但高层调控能力仍不稳定。在高中阶段，独立性、自主性成为学生情感发展的主要特征,他们的意志行为愈来愈多,高层自我调控在行为调控中占据主导地位。此外,从初中到高中,学生的学习动机由兴趣型转向信念型。

3. 学生一般特征的获取

为了获取学生的一般特征,可通过观察学生的学习行为、与人交往的行为进行了解,也可通过问卷、与学生交流等方式进行了解,还可通过查阅相关文献、学生档案等方式获取。

2.3.2 初始水平分析

学生的初始水平是指学生在学习某一特定的内容时,所具有的相关知识与技能基础,以及他们对这些内容的认识与态度。初始水平分析主要包括三方面的内容:一是对预备技能的分析,了解学习者是否具备知识与技能基础;二是对目标技能的分析,了解学习者是否已经掌握所要学习的内容;三是对学习态度的分析。

对学生初始水平的分析:可通过查看课程计划、学生成绩等方面的记录,以及向班主任或其他老师了解学生的知识与技能水平;可通过与学生谈话、观察学生的反应等方式来了解学生对课程内容的喜爱程度。

此外,对初始水平中的预备技能、目标技能还可通过测验进行。在实际操作过程中,教师经常通过课堂提问、小测、课堂观察等方式获取学生的反应与技能水平。值得注意的是,教师既应该考虑学生在学校学习中形成的知识、技能与态度,又不能忽视其他途径的影响,如家庭、社会机构、网络等对学生的初始水平影响很大。教师应充分了解学生的初始水平,整合教育渠道,发挥教育合力,才能实现教学目标、促进学生发展。

2.3.3 学习风格分析

学习风格是学习者持续一贯的带有个性特征的学习方式,是学习策略和学习倾向的综合,包括学习者在信息接收加工方面的不同、对学习环境和条件的不同需求、在认知方式方面的差异等。教师应关注学生的学习风格,特别是针对"特殊"学生,应给予适当的帮助、引导与鼓励。

1. 对感觉通道的偏重

对感觉通道的偏重是指学生在学习时对视觉、听觉、动觉的偏爱程度。视觉型的学生习惯利用视觉接受学习材料,他们喜欢自己看书,或通过电视等视觉媒体提供的图像进行学习,而教师的语言讲授不太适合他们。听觉型的学生偏重于听觉刺激,他们对语言、音响的接受能力和理解能力比较强。他们喜欢在学习时有音乐做背景,在学习外语时,喜欢多听多说,而不太关注具体单词的写法或句法结构。动觉型的学生喜欢自己动手参与到学习过程中去,对能够动手操作的学习和认知活动感兴趣。

2. 情绪、社会与环境特征

学生在情感或情绪方面的差异表现在:有的学生期望经常受到鼓励、安慰,而有的学生能自我激发动机,坚持不懈。学生社会性的需要表现在:有的学生喜欢和同龄人一起学习,有的喜欢和比自己年龄大的学生一起学习,而有的学生喜欢自学。学生对环境的要求表现在:喜欢安静、弱光和低反差,喜欢在白天或晚上的某一特定时间学习,等等。这些信息都可作为教师实施个别化教学的重要依据。

3. 认知风格

认知风格是学生加工信息和使用信息所习惯采用的不同方式。每个学生在各种认知风格中都有自己的倾向性，无好坏之分。

(1) 场依存与场独立。

有些学生的知觉较多地受环境因素的影响，这样的学生具有场依存性；而另一些学生则基本不受或很少受环境因素的影响，他们就具有场独立性。

具有场依存性的学生喜欢在有人际交流的集体环境中学习，他们需要教师给予明确的指导或讲授，喜欢结构严密的教学，喜欢学习材料是经过预先组织的。这种学生容易接受别人的暗示，学习的努力程度受外来因素影响很大。在学习过程中，及时表扬会激发他们的学习动机，不断地反馈和强化则可以帮助他们提高学习效率，而批评会使他们的学习成绩下降。

具有场独立性的学生在学习过程中知觉比较稳定，不容易随背景的变化而发生改变。他们依靠内在动机进行学习，所以时常会产生很好的学习效果；愿意独立学习和思考，能明确提出自己的目标，并能很好地分析问题；对教师提供的学习材料能够重新组织，比较适应松散的教学方法。他们的自主性强，不太看重反馈的作用，可以进行自我强化。

(2) 沉思型和冲动型。

沉思型的学生在回答问题之前，倾向于评估各种不可替代的答案，然后给予较有把握的答案，回答速度比较缓慢；冲动型的学生往往以很快的速度形成自己的看法，在回答问题时很快就做出反应，但容易出错。沉思型的学习是一种深思熟虑的，通过计算、分析和逻辑推理进行的学习方式；而冲动型的学习则是根据几个线索做出很大的知觉跃进。研究发现，沉思型的学生在完成需要对细节做分析的学习任务时成绩好些，而冲动型的学生在完成需要做整体性解释的学习任务时成绩要好些。

2.3.4 学习者分析示例

案例1：小学语文《乌鸦喝水》学习者分析

学习者是小学二年级的学生。一年级时已学过了《乌鸦喝水》一文，加上平时生活的经验积累，已对《乌鸦喝水》一文有认知基础，且对寓言故事比较感兴趣。通过第一课的学习，学生已能正确朗读生字、生词；初步具备语言表达能力和合作学习的基本技能；已能根据事实进行简单的是非判断。但是，对于讨论问题的提出、寓意的深入理解和归纳等内容，对他们来说还有一定的难度。

案例2：初中化学《溶液的酸碱度和pH》学习者分析

教学背景：本课是初中化学《溶液的酸碱度和pH》，主要包括溶液酸碱度的概念、pH试纸的正确使用以及pH的应用与意义。

学习者分析：

(1) 已学习了常见的酸和碱、溶液酸碱度的测定等内容。

(2) 学生对化学实验有浓厚的兴趣，但对实验操作的严谨性、规范性缺乏足够的重视，对实验中出现的问题和应该注意的问题缺乏深层次的思考。

(3) 平时只重视课本知识的学习，缺乏课程资源开发和利用的能力，解决实际问题的能力较差。

(4) 学生的学习兴趣易被调动,学习动机易于激发。

案例 3：初中数学《概率》学习者分析

教学背景：本课是初中一年级的一节数学课,是《概率》第一节课,涉及概率的概念、概率事件、概率在生活中应用等内容。

学习者分析：

(1) 本节课是"概率"第一节课,学生对概率的相关知识了解甚少。

(2) 学生具有一定的抽象思维能力,但还需要借助一些具体事物的表象的支持。

(3) 学生能够认识到数学知识对个人学习和生活的重要性,乐于并能够认真学习数学。

(4) 学生对枯燥的数学知识学习兴趣不浓,但对数学知识的实际应用非常感兴趣。

(5) 学生乐于就数学问题进行交流,积极参与相关活动。

思考与练习

1. 学习者分析就是分析学生的基础,分析学生对过去所学知识的掌握情况。该说法对吗？请说明理由。

2. 在本章第二节"思考与练习"第 2 题的基础上,尝试进行学习者分析,并填写表 2-1 中的相应内容。

3. 请结合本节内容,查阅相关文献,试分析自己的学习风格。

2.4 教学目标阐明

教学目标是学生通过学习能够做什么的一种明确、具体的表述,是学生学习的结果或最终行为,所以也称学习目标。教学目标是整个教学的终点,教学策略的制定、媒体的选择、学习效果的评价都应围绕教学目标来展开。在正式设计教学之前,需要明确教学目标。

2.4.1 教学目标分类

我国当前正在进行的基础教育课程改革,从知识与技能,过程与方法,情感、态度与价值观（又称"三维目标"）三个方面给出了每门课程的总体目标与学段目标。知识与技能是指学生学习后应掌握的知识与技能。过程与方法目标是有关过程与方法的要求,强调在实践中学习。"过程"重在"亲历"；"方法"应是具体而不是抽象的,应伴随着知识的学习、技能的训练、情感的体验而不能游离其外。情感、态度与价值观目标是对学生对待事物的基本看法与倾向性的要求。上述三类目标又可进一步归为结果性目标和表现性或体验性目标。

1. 结果性目标

结果性目标明确告诉人们学生的学习结果是什么，所采用的行为动词要求明确、可测量、可评价。这种目标指向可以结果化的课程目标，主要应用于"知识与技能"领域，如"能在地图上识别不同的地形""能区分相交、相切、相离三种位置关系""能概括出某一段的大意""能进行三步上篮"等。

知识又可分为三个层次：

（1）了解水平，包括再认或回忆知识，识别、辨认事实或证据，举出例子，描述对象的基本特征，等等。

（2）理解水平，包括把握内在逻辑联系，与已有知识建立联系，进行解释、推断、区分、扩展，提供证据，收集、整理信息，等等。

（3）应用水平，包括在新的情境中使用抽象的概念、原则，进行总结、推广，建立不同情境下的合理联系，等等。

技能领域也可分为三个层次：

（1）模仿水平，包括在原型示范和具体指导下完成操作，对所提供的对象进行模拟、修改，等等。

（2）独立操作水平，包括独立完成操作，进行调整与改进，尝试与已有技能建立联系，等等。

（3）迁移水平，包括在新的情境下运用已有技能，理解同一技能在不同情境中的使用性，等等。

2. 表现性或体验性目标

表现性或体验性目标是描述学生自己的心理感受，体验或明确安排学生表现的机会，所采用的行为动词往往是体验性、过程性的，这种方式指向无须结果化或难以结果化的课程目标，主要应用于"过程与方法""态度、情感与价值观"领域，如"用不同的物体和方法制造声音，描述自己对声音的感受""阅读自己喜欢的作品，收藏自己喜欢的书籍资料"等。

表现性或体现性目标又可分为三种水平：

（1）经历（感受）水平，包括独立从事或合作参与相关活动，建立感性认识等。

（2）反应（认同）水平，包括在经历的基础上表达感受、态度和价值判断，以及做出相应的反应等。

（3）领悟（内化）水平，包括具有相对稳定的态度，表现出持续的行为，具有个性化的价值观念等。

2.4.2 教学目标编写方法

在传统教学中，教师往往从主观愿望出发，对教学意图做普遍性的陈述，教师在教学中不易把握尺度，也难以测定教学效果。为改变这种状况，必须把笼统、含糊的教学目的转化为精确的、具体的教学目标。在明确上述两种不同类型的目标陈述方式之外，还需要做到以下四点。

1. 把握四个基本要素

一般认为，教学目标陈述有四个基本要素：行为主体、行为、行为条件、行为标准。如"二年级的学生（主体）能在 2 分钟之内（行为条件）做完 10 道口算题（行为），不能有错误（行为标准）"。当然，并非所有的目标呈现方式都要包括这四个要素，有时为了陈述简便，省略了行为主体、行为条件、行为标准，前提是不会引起误解或多种解释。

2. 明确行为主体

教学设计是围绕着学生的学习展开的，是为学生的学习创设一个良好的外部条件与支持，教学的最终结果还要体现在学生的行为与表现上。因此，教学目标（学习目标）的行为主体当然是学生，而不能以教师作为行为主体。许多教师习惯使用的"使学生……""提高学生……""培养学生……"等方式都不符合目标陈述要求。

3. 选好刻画行为的动词

在目标陈述中，行为是关键，一般可采用"行为动词+动作对象"的方式。例如：

（能）操作摄像机。

（能）利用乘法分配率做题。

（能）背诵韩愈的《早春》并解释其含义。

（能）配平化学方程式。

（能）完成三步上篮。

因此，选好刻画行为的动词就显得尤为重要。中小学各门课程标准中都列举了一些行为动词，分别描述教学的结果性目标和体验性目标，这些行为动词表现了不同层次的学习结果（见表2-2、表2-3、表2-4、表2-5）。我们应根据课程标准对具体内容的要求，恰当选择行为动词，以加强教学设计的可操作性和可测度性。

表2-2　知识领域可供选择的行为动词

学习水平	可供选择的行为动词
了解	说出、背诵、辨认、回忆、选出、举例、列举、复述、描述、区别、再认等
理解	解释、说明、阐明、比较、分类、归纳、概述、概括、判断、区别、提供、把……转换、猜测、预测、估计、推断、检索、收集、整理等
应用	应用、使用、质疑、辩护、设计、解决、撰写、拟定、检验、计划、总结、推广、证明、评价等

表2-3　技能领域可供选择的行为动词

学习水平	可供选择的行为动词
模仿	模拟、重复、再现、例证、临摹、扩展、缩写等
独立操作	完成、表现、制定、解决、拟定、安装、绘制、测量、尝试、试验等
迁移	联系、转换、灵活运用、举一反三、触类旁通等

表2-4　过程与方法领域可供选择的行为动词

学习水平	可供选择的行为动词
经历	经历、感受、参加、参与、尝试、寻找、讨论、交流、合作、分享、参观、访问、考察、接触、体验等

表 2-5 态度、情感与价值观领域可供选择的行为动词

学习水平	可供选择的行为动词
反应	遵守、拒绝、认可、认同、承认、接受、同意、反对、愿意、欣赏、称赞、喜欢、讨厌、感兴趣、关心、关注、重视、采用、采纳、支持、尊重、爱护、珍惜、蔑视、怀疑、摒弃、抵制、拥护、帮助等
领悟	形成、养成、具有、热爱、树立、建立、坚持、保持、确立、追求等

4. 说明结果产生的情形

主要从两个方面对结果产生的情形加以说明。

第一个方面是指出结果行为产生的条件，即影响学习结果的特定限制或范围。条件一般包括下列因素：

(1) 环境因素（空间、光线、气温、室内外等）。
(2) 人的因素（个人单独完成、小组集体完成、在教师指导下完成等）。
(3) 设备因素（工具、设备、图纸、说明书、计算器等）。
(4) 信息因素（资料、教科书、手册、笔记、词典等）。
(5) 时间因素（速度、时间限制等）。
(6) 问题明确性因素（为引起行为的产生提供什么刺激、刺激的数量如何等）。

第二个方面是指学习行为或学习结果所应达到的最低标准，可从行为的速度、准确性和质量三个方面来确定。例如，"1 分钟内做 25 个俯卧撑"表明行为的速度；"用卡尺测量钢管壁的厚度，误差在 0.3 mm 以内"则规定了行为的准确性。除了从行为动词上可以体现程度上的差异外，还可以用其他方式表明所有学生的共同程度。假如有一道题目有五种解题方案，但作为面对全体学生的标准，不能要求所有的学生都能回答五种解题方案，那么就可以陈述为"至少写出三种解题方案""百分之八十的学生都能答出五种解题方案"等。

下列是包含了"主体""行为""条件""标准"的学习目标的实例：

【例 1】小学一年级的学生（主体），能解一位数加法的题（行为），用心算（条件），在 1 分钟之内答对 10 道题中的 8 道（标准）。

【例 2】上机结束后的学生（主体），能够在 1 分钟内（条件）输入 60 个汉字（行为），错误率不超过 2%（标准）。

2.4.3 教学目标编写示例

案例 1：自己去吧

1. 概述

《自己去吧》是义务教育课程标准实验教科书小学语文第一册中的第 14 课。本课是一篇童话故事，讲的是小鸭在妈妈的鼓励下，自己学会了游泳；小鹰在妈妈的鼓励下，自己学会了飞翔。故事内容鼓励学生自立自强、自己学会生活的本领。

2. 设计理念

第一课时以语言运用为中心，在一定的语言环境下识字，利用多种方法识字、灵活用字，利用生字口头创编小片段或小故事。在第二课时以读为主，以读促悟，以语言运用为

中心，说写结合，仿编、续写或创编出与本课主题相关的小故事或小片段，在读写的过程中进行思维深层次加工训练。

3. 教学目标

（1）知识与技能。

① 认识 12 个生字，能准确读出生字卡上和含有生字的文字片段或小故事的生字字音，并认清字形。

② 会写"自""己""东""西"4 个生字，书写端正整洁，笔顺正确，间架结构规范。

③ 认识偏旁"⺍"字头，能够说出学过的或认识的带"⺍"字头的字。

④ 借助拼音，正确、流利地朗诵课文、背诵课文。

⑤ 至少能用 3 个新学的生字在 8～10 分钟内口头组词造句或创编谜语、儿歌、小故事。

⑥ 能根据提示在 10 分钟内仿编、续编或创编出与主题相关、语言流畅的儿歌或小故事。

（2）过程与方法。

① 能够提出不认识的生字，进一步掌握和体验识字的方法。

② 能够通过自主提出问题、教师引导、动脑思考、同桌交流、表达反馈课文的学习过程，体验和感悟探究的一般过程。

③ 能够通过仿、续或创编的方法，表达自己的体验、感受、意见或看法。

④ 能够仔细倾听其他同学的发言，将生字识记等方法或对课文的理解感悟用语言表达出来与其他同学分享，体验协作学习的过程与方法。

（3）情感、态度与价值观。

① 能够注意到写作姿势的重要性，养成良好的书写习惯。

② 认同从小就树立不依赖父母、自己学会生活的思想。

案例 2：什么是力

1. 知识与技能

（1）能说出力的概念。

（2）能举例说出力的两种作用效果。

2. 过程与方法

（1）通过观察、分析具体的实例和实验，抽象概括出力、施力物体和受力物体的概念，并能辨别在不同情况下物体间是否有力的作用，能确定施力物体和受力物体。

（2）通过观察、分析具体的实例和实验，理解"力的作用是相互的"，并能用"力的作用是相互的"规则解释生活中的某些力的现象。

3. 情感、态度与价值观

通过对"力的作用是相互的"原理解释生活中的常见现象，树立用科学原理解释生活中常见现象的意识。

思考与练习

1. 你是如何理解"三维目标"的？试加以说明。

2. 一位小学语文教师编写的一个学习目标为:"在这节课内,至少教学生学会3个生字,并预习下一节课。"
（1）请分析该目标的编写有什么错误？为什么？
（2）请按正确的方法进行改写。
（3）从改写的学习目标中找出可作为行为标准的成分。
3. 在前两节学习内容分析、学习者分析任务完成的基础上,编写教学目标,并填写表2-1相应内容。要求：体现"三维"目标,目标编写要具体、清晰。

2.5 教学策略选择

通过前面的分析,我们已经明晰了教学起点（通过学习内容与学习者分析）、学什么（学习内容）、学到什么程度（教学目标）等问题,接下来要考虑如何实现教学目标,即"如何教""如何学"的问题,这就是教学策略的选择。

教学策略是指为完成特定的教学目标而采用的教学方法、教学媒体、教学组织形式、教学活动程序等因素的总体考虑。教学策略解决的是教师"如何教"和学生"如何学"的问题,是教学设计的核心环节。

2.5.1 常用的教学方法

教学方法是与一定的教学目标和任务相关的具体的操作程序,它规定了教学参与者在教学中的角色、不同角色间的相互关系以及每个角色的具体任务。教学方法很多,下面简要介绍课堂教学常用的教学方法。

1. 讲授法

讲授法是教师通过口头语言,再辅以板书、演示等方式向学生系统传递知识的一种教学方法,又可细分为讲述、讲解、讲读、讲演等形式。其优点是教学效率高、知识传授系统化；缺点是难以照顾到个别需要,处理不好容易造成被动接受的局面。

2. 演示法

演示法是教师通过展示实物、直观教具、示范性实验等方式,让学生通过观察获得感性认识的教学方法。其最大的优势在于给学生提供丰富、直观的感性材料,既利于学生理解,也能够激发学生的兴趣。如果与讲授法恰当结合,可以深化学生的认识,提高学习效果。

3. 提问法

提问法是教师根据教学内容提出问题、学生通过思考回答问题的一种方法,也是教学上常用的一种方法。这种方法有利于教师了解学生的学习进展和存在问题,从而进行有针对性的教学,教师也可以通过一个个精心设计的问题引导学生深入思考。提问法的关键在于"问题设计",教师要提出能引起学生思考的"问题",而不要充斥着大量的"假问题"；另外,教师也需要给学生思考与问题解决留有时间与空间,并给予必要的引导。

4. 示范法

示范法是一种教师通过亲身（或教学媒体）示范,向学生解释动作与技能,学生通过模仿掌握技能的方法。这种方法比较适合技能领域目标和内容的学习，在体育教学、语文的阅读与写字教学、物理、化学、生物等学科的实验操作教学中运用较多。需要注意的是，许多教师还经常利用"出声"的方法向学生示范自己分析问题的过程与方法，这也是一种示范，在数学等学科的解题过程中经常出现。

5. 情境陶冶法

情境陶冶法是一种教师通过各种媒体、语言等形式创设真实或类似真实的情境，学生在该情境中通过完成任务，从参与的活动中获得情感体验，形成相关的态度与价值观的方法。这类方法比较适合情感、态度与价值观目标的教学。如果教学目标是"学生能够喜欢音乐、想继续学习音乐"，那么在教学过程中营造美妙的音乐氛围，让学生置身其中感受音乐的魅力，可能要比单纯的讲授法见效得多。

6. 引导—探究法

这是一种教师不直接告诉学生要学习的知识，而是先提出问题，然后引导学生对问题进行调查、分析、推测、验证，学生通过探索获得知识的方法，有时也称"发现法"或"探究学习"。这类方法主要用于过程与方法领域目标。其优点是通过探究，学生既掌握了科学知识与结论，也经历了探究的过程，习得了探究与问题解决的方法；缺点是花费时间较多，对教师的引导和课堂驾驭能力要求较高，并且并非所有的内容都适合探究。

7. 概念图法

概念图又称概念地图或概念构图，是将概念间的关系以图式的方式进行组织的一种形式，是 20 世纪 80 年代以来逐步流行的一种教学方法。图 2-3 所示是生态系统概念。概念图法比较适合大量概念（知识）的学习与掌握，教师可以利用概念图向学生讲述知识间的关系，也可以通过学生绘制的概念图来考查学生对知识与概念的掌握，概念图也可作为学生自我复习与练习的一种方法。概念图既可以手绘，也可通过专门软件绘制。常见的概念图软件有 Inspiration、MindMana-ger、MindMapper，大都易学易用。

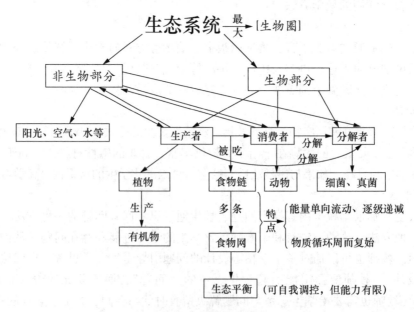

图 2-3　生态系统概念

此外，近年来也出现了一些基于新的学与教的理论的教学方法，如抛锚式教学、随机进入式教学、支架式教学等，详细的内容请查看相关文献。

2.5.2 教学组织形式的确定

教学活动是通过一定的组织形式实现的，不同的组织形式对教学活动能产生不同的影响。因此，我们需要根据不同组织形式的特点，扬长避短，在现有条件下优化组合。

1. 集体教学

集体教学一般是以班级形式进行的，一般是教师通过自己的讲授、演示、示范等方式将教学信息传递给学生集体。它的优点在于规模效益好、教学效率高、易于课堂管理和利于系统知识的传授；缺点是学生的主体性受到一定的限制，难以进行因材施教，学生间的交流与互助较少。

2. 小组学习

采用小组学习，主要是考虑在集体教学中学生之间的具体差异，需要灵活掌握教学进度与教学要求，改进班级教学。教师根据教学或学习需要，把全班学生细分为若干人数较少的小组，根据各小组的特点分别与各小组接触，进行教学或布置他们共同完成某项学习任务。这种形式更加个别化，又不重复共同的问题，还可增强小组成员合作学习、互相激励的能力。采用这种组织形式需要注意三个问题：一是分组必须科学；二是教师引导必须跟上，对教师的课堂领导、管理与监控能力要求较高；三是小组任务应该具有一定的复杂性和弹性。

小组学习既可以成为主流学习形式，也可根据教学需要，在课堂教学的部分时间积极采用。

3. 个别化学习

个别化学习主要由学生个人与适合个别学习的教学材料发生接触，并辅以教师和学生之间的直接接触。这种组织方式允许学生有比前两种更灵活的学习进度和时间安排。教师根据学生的需要提供相应的学习材料，并给予反馈和评定。练习课、自习课、在集体教学中的练习与看书等环节都是这类教学组织形式的表现。随着学习资源的丰富化、网络应用的普遍性，基于计算机和网络的个别化学习将越来越普遍。

2.5.3 教学媒体的选择

随着教育信息化的推进，作为承载与传递信息的媒体，在学校教育中越来越普及，使用的频率越来越高，发挥的效能也越来越大。在进行教学设计时，我们需要根据教学需要选择、使用适合的媒体，促进教学目标的达成。关于教学媒体的内容，将在后续章节进行详细介绍，下面着重介绍媒体的选择。

1. 教学媒体选择的依据

（1）依据教学目标。

通过前面的介绍，我们知道教学目标是分若干类的，每节课的目标不尽相同，可以是习得知识、掌握技能、经历过程、掌握方法、情感态度转变等。为了达到不同的教学目标，往往需要使用不用的媒体去传递信息。

如在外语教学中，学生习得语法规则与能就某一题材进行会话是两个不同的教学目标。前者往往通过教师的讲解，辅以板书或投影材料、演示文稿等；后者往往可以通过角色扮演，并辅以视频资料，学生在情境交融的沟通条件中掌握正确的语言技能。

(2) 依据教学内容。

各门学科的性质是不同的，适用的教学媒体也会有所区别。即使是同一学科，不同章节的内容也可能有所不同，对教学媒体也有不同的要求。

如在语文学科中讲读那些带有文艺性的记叙文时，最好配合再造形象，所以应通过提供某些情境的媒体如视听媒体，使学生有身临其境的感受。又如，数学、物理等学科的一些概念和原理比较抽象，要经过分析、比较、综合等一系列复杂的思维过程，学生才能理解，所以应选择提供具体形象的媒体，帮助学生理解，计算机动画就是一种不错的选择。

(3) 依据教学对象。

由于不同年龄阶段的学生对事物的接受能力和接受方式不一样，所以选择教学媒体必须顾及他们的年龄特征。比如，小学生的认知特点是思维直观形象，注意力不易持久集中，因此对他们可以较多地使用图像、电影、录像、动画等，图像要形象、生动，重点突出、色彩鲜艳，每一节的内容不要太多，解释要详细些；使用影像也适宜用短片，动画镜头可以多一些。随着年级的升高，可供选择媒体就可以广泛些，传递的内容则增加了分析、综合、抽象、概括等方面的要求，增加理性认识的分量，重点放在揭示事物的内在规律上。

(4) 依据教学条件。

在教学中是否选择某种媒体，还要依据具体条件而定，如资源状况、经济能力、师生技能、使用环境、管理水平等因素。例如，视频教学具有感染力强、适应性广的优点，但教学所需的视频材料未必容易获得；语言实验室在外语语言训练中效果明显，但并非所有的学校具有这一条件，只能因陋就简用放录音代替。教师由于受信息技术水平的制约，大多选择自己熟悉的媒体形式。此外，即使上述条件都具备，学校对媒体的管理水平和管理方式也会影响教师的选择。

2. 教学媒体选择的方法

上述依据为媒体选择提供了一个大致的方向，为了使所做的选择更为客观、科学、准确，还可借助一些成型的做法。

(1) 问题表。

问题表实际上是列出一系列要求媒体选择者回答的问题，通过对这些问题的逐一回答，比较清楚地选择适用于一定教学情境中的媒体。下面是一组例子：

- 你想通过媒体为学生提供感性材料还是练习？你打算在课堂上使用还是在课后使用？是用于集体讲授还是用于个别化学习？
- 你所选择的媒体形式，学生有能力使用或理解吗？
- 教学内容需要借助图像或图形表征吗？
- 是静止图像还是活动的图像更适合所选的内容学习？
- 有现成的活动图像资源吗？

- 教室能播放视频吗?

……………

问题表列出的问题根据实际情况可多可少;可按逻辑排序,也可不按逻辑排序,有些问题则需要根据前面的回答来确定。如在上例如果回答"有活动图像资源",则接下来需要回答的问题就是"教室能播放视频吗"。问题表这种方法相对比较简单,同时也是其他一些媒体选择方法的基础。

(2)矩阵式。

矩阵式通常按照两维排列,如以媒体的种类为一维、教学功能和其他考虑因素为另一维,然后用某种评判尺度反映两者间的关系。评判尺度可用"适宜"与否、"高、中、低"等文字表示。第3章就是采用的矩阵式的形式。

(3)算法式。

算法式是通过模糊的数值计算选择媒体的一种方法。运用此方法时,一般首先要为备选媒体使用的代价、功能特征和管理上的可行性等因素赋予一定的值,然后对备选媒体的效益指数运用公式加以运算,从而确定所选媒体。其具体算法是:

$$备选媒体的效益指数 = \frac{功能(媒体)}{代价(媒体)}$$

可以通过比较两种(或多种)备选媒体的效益指数,选定教学媒体。

(4)流程图。

在进行教学媒体选择过程中,将选择的过程分解成一套按顺序排列的步骤,每一步都设有一个问题,并将其以框图的形式呈现,由选择者回答"是"或"否",然后按逻辑引入不同的分支。根据回答的内容确定适用于哪种教学情境的媒体,这种媒体选择方法一般被称为流程图。图2-4所示是视觉媒体选择流程图。

3. 教学媒体选择的程序

前面介绍了教学媒体选择的依据和可以借鉴的方法,那么如何运用这些知识选出合适的媒体呢?需要按顺序做以下四个方面的工作。

(1)对媒体要求的描述。

在教学目标、教学内容、学习者特征、教学方法与组织形式已确定的情况下,设计者也基本上形成了对教学媒体的期望。接下来要做的工作是将对教学媒体的期望具体化,描述出对教学媒体的要求。例如,如果教学内容是太阳、地球和月亮三颗星球的运行规律,我们就可能要求媒体展示三颗星球的运行轨迹;如果教学对象是初中生,我们可能要求媒体包括公式和推理;如果教学程序是从引导到发现,我们可能要求媒体让学生探究;如果教学方法是以讲解为主、演示为辅,我们可能要求媒体操作方便、灵巧精致;如果教学组织形式是集体授课,我们可能要求媒体展示的课件范围较大。

(2)采用合适的选择方法。

根据列出的要求,采用问题表、矩阵式、算法式或流程图等方法,把选择集中到一种或几种教学媒体。在前面的例子中,除了可以选择挂图、模型(地球仪)等媒体,也可选择投影、幻灯、计算机等媒体。

(3)做出最佳选择。

从理论上讲,很多媒体都是适合的,但在实际中还存在着最佳选择项。需要根据教学目标、内容、学习者特征、教学方法与组织形式、获得的可能性、性价比、使用的便捷性、教师的偏爱等进行综合判断后做出选择。

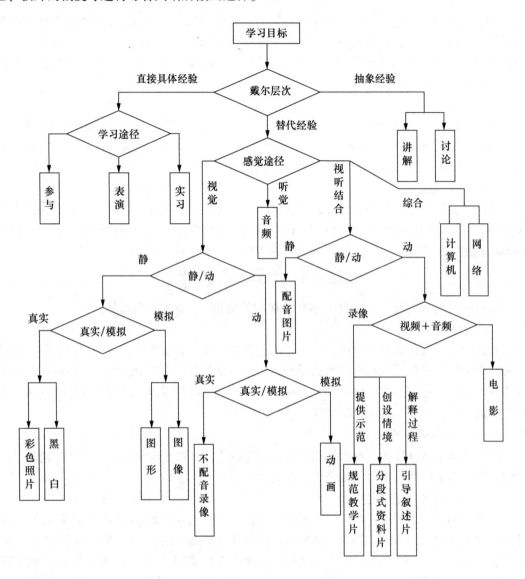

图 2-4 视觉媒体选择流程图

（4）阐明媒体运用的设想。

选择教学媒体的目的完全是为了在教学中运用。从追求教学效果的角度来看，媒体的运用比媒体的选择更重要。因此，教学设计者有必要把媒体选择时的种种考虑融合到如何合理运用所选择的媒体的设想上来。具体来说，应该把与知识点、水平相对应的媒体形式与内容、媒体的作用与使用方式表达出来作为教学实施的参考，具体形式参见表 2-6。

表 2-6 媒体的选择与使用

知识点	学习水平	媒体内容与形式	媒体在教学中的作用	媒体使用方式

其中,"媒体在教学中的作用"包括创设情境、引发动机,反映事实、显示过程,示范演示、验证原理,提供练习、训练技能等。"媒体使用方式"包括设疑—演示—讲解、讲解—演示—概括、演示—练习—总结,以及边播放、边讲解等。

在考虑如何运用教学媒体时,要考虑不同媒体的优化组合。正如人体各部分器官虽然分工明确,各司其职,但它们的功能是通过优化组合才得以发挥一样,教学媒体系统的充分发挥,也是通过多种媒体的组合后形成的优化结构来实现的。一个好的多种媒体组合的整体结构应具备以下特点:传递的信息量要大;调动多种感官参与并能相辅相成;各种教学媒体的主要优势都得到充分发挥;各种媒体都信手可得,且使用方便。

2.5.4 设计教学活动流程

1. 教学过程流程图

教学过程流程图采用图示的形式,把复杂的教学过程分解为相对简单的环节,直观地表达教学过程,清晰地描述在教学过程中教师、学生、学习内容、教学媒体等基本要素之间的关系。教学过程流程图浓缩了教学过程,其层次分明、简明扼要、一目了然,是教师课堂教学过程的基本结构。

(1) 教学过程流程图的基本内容。

教学过程流程图的基本内容包括教师与学生的活动、教学媒体的应用、教学内容和教学活动的组织顺序。

(2) 教学过程流程图的表示形式如图 2-5 所示。

图 2-5 教学过程流程图的表示形式

(3) 教学过程流程图示。

图 2-6 是中学物理课程《什么是力》的教学过程流程图。

2. 教学过程说明表

教学过程说明表是对教学过程流程图的详细描述,是实施教学的详细计划书,它主要由教学环节、教与学的活动、设计意图三个部分构成,如表 2-7 所示。

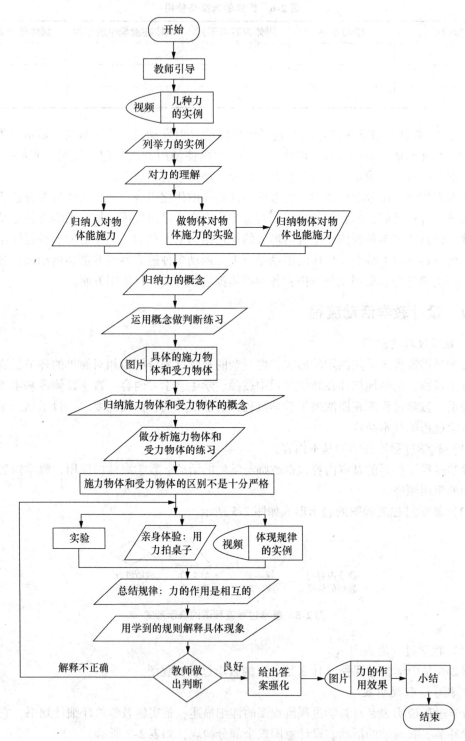

图 2-6 《什么是力》的教学过程流程图

表 2-7 《什么是力》的教学过程说明表

教学环节	教与学的活动	设计意图
课堂导入	教师:"力"这个词对我们每个人来说都不陌生,在日常生活中我们常用到它。"力"也是物理学中一个重要的概念,今天我们来认识物理学中的力。 在屏幕上出示力的几种实例。(视频) 教师:刚才这几种现象的产生都是因为有力的存在。我们知道,人推车、人举重都伴随有肌肉紧张,这是人对力的最早认识,所以力的概念最初是由肌肉紧张而来的。请大家回想一下在生活中有哪些有力存在的实例? 学生思考、举例。 教师选择适当的例子写在黑板上。(补充具有启发性的实例) 教师:你是怎样理解力的? 学生自由发表自己对力的理解。 教师:在日常生活、生产和科学技术中都需要用力,在现实生活中可谓处处都有力的存在,那么物理学是如何描述力的呢?	从现实情境中引入课题,激发学习兴趣,启发学生的思考。
力的概念、施力物体和受力物体的概念及其分析	教师:大家想想人推车、人举重、拔河这些例子有什么共同特征? 学生归纳:都是人对物体施力。 教师:是不是只有人才能对物体施加作用呢? 学生做实验:用钩码压海绵、磁铁吸引铁钉。归纳结论:物体对物体也能施力;有力存在时,一定有两个物体发生了某种作用,吸引、拉、举等是对这些作用的具体描绘。 教师:综合刚才的两个结论,你认为力的概念是什么? 学生归纳力的概念,并运用概念做判断练习。 在屏幕上出示具体的施力物体和受力物体。(图片) 教师:现在我把上述有力存在的实例中的物体分为两组,请大家分析这两组物体有什么区别。 学生归纳施力物体和受力物体的概念。做练习,分析施力物体和受力物体。	学生通过分析日常生活中有关力的例子,从具体的物体推到一般的物体,从具体现象推导出抽象的概括。 运用概念做判断练习,加深学生对概念的理解。 从具体的实例中分离出施力物体和受力物体,帮助学生理解概念。
力的作用是相互的	教师:通过学习,大家能辨别简单情况下的施力物体和受力物体,但实际上施力物体和受力物体的区别不是十分严格的。 演示实验:磁铁吸引铁钉,铁块吸引小磁针。 学生亲身体验:用力拍桌子。 播放气球压气球、人站在滑板上推墙的片段。(视频) 学生归纳规则:力的作用是相互的。 教师分析两个具体的实例,根据学生分析实例的情况决定教学的进程。	让学生通过观察实验、亲身体验和分析实例,经过思考后总结规则,培养学生分析问题的能力。 让学生在不同的具体情境中运用规则,促进迁移。
课堂小结	教师最后做课堂总结。	对新习得的知识进行强化,帮助学生形成概念图式。

思考与练习

1. 试比较常见教学方法的适用条件。
2. 试分析常见教学组织形式的优劣。
3. 在学习小学语文《卖火柴的小女孩》这篇童话故事时，能够选择的现代教学媒体有：
（1）某著名播音员朗读《卖火柴的小女孩》的录音带；
（2）一部关于《卖火柴的小女孩》的卡通片（该卡通片的伴音为上述播音员的朗读）；
（3）教师自制的关于《卖火柴的小女孩》的多媒体课件。
如果你是教师，在这种情况下，该如何选择、使用媒体？请说明理由。
4. 请在前面内容分析、学习者分析、目标阐明的基础上，考虑所需选用的教学媒体，并填写表2-1中相应内容。
5. 一位小学数学教师编写的教学目标是"能区分直线与圆的位置关系"，请帮助她设计教学活动。
6. 某节课的教学目标是：通过学习中国军民反抗外来侵略斗争的事迹，体会中华民族英勇不屈的斗争精神，树立爱国意识。应如何实现该目标？请设计教学方案。
7. 试为所选教学内容设计教学活动流程，并详细描述教学过程，填写表2-1中相应内容。

2.6 教学评价方案设计

通过前面几节的学习，我们完成了学习内容分析、学习者分析，明确了教学目标，选择了合适的教学策略与媒体，设计了教学活动与流程。至此，我们的设计任务是否已完成了呢？没有，还有一项重要任务没完成——我们如何评定、检测学生是否达到教学目标。没有检测、评价，整个教学也不完整。通过诊断、评价，可以了解学生学习存在的问题，可以进行师生间的反馈，可以调控教学进度与教学策略，因此评价是课堂教学中常见的一种教学活动。对学生课堂学习效果的评价可以采用观察、提问、测验等方法。同样，评价方案的设计也是整个教学设计方案必不可少的部分。评价的形式可以有多种，常见的有提问、测试等。测试是一种常见的评价方法，它以学习目标为依据，用来测量学生学习的达标状况。

编制测验试题就是确定测验的试题类型和测验内容。常见的试题有主观性题目和客观性题目两大类。主观性题目包括论述题、简答题、计算题、证明题、改错题等，编写容易，省时省力，主要用来考查学生对知识的深层次理解和掌握的水平；客观性题目包括填空题、选择题、判断题等类型，主要用来考查学生对基础知识、基本技能的掌握，批改简单，但编写不易。不论是哪种测试题目，都应围绕着学习目标进行编写，应准确测量出学习目标所达到的程度。表2-8是物理课《什么是力》的测试题目。

表2-8　《什么是力》的测试题目

学习目标	测试题目
能说出力的概念	1. 判断下列说法是否正确 （1）发生力的作用时，只有一个物体。（　） （2）人推墙时，人先对墙施力，然后墙才对人施力。（　）
能辨别在不同情况下两物体间是否有力的作用	2. 请分析下列几对物体之间是否有力的作用 （1）磁铁吸引铁钉 （2）苹果落地 （3）任意两个并排放在桌子上的物品 通过以上分析你能得出的结论是：_____
通过观察、分析具体的实例和实验，抽象概括出施力物体和受力物体的概念，并能确定施力物体和受力物体	3. 脚踢球，关于施力物体与受力物体，下列说法正确的是（　）。 （1）脚是施力物体，不是受力物体 （2）球是受力物体，不是施力物体 （3）因为力的作用相互抵消，它们既不是施力物体也不是受力物体 （4）脚既是施力物体，又是受力物体；足球既是受力物体，也是施力物体 4. 火车头拉着车厢前进，谁是施力物体？谁是受力物体？
能举例说出力的两种作用效果	5. 请举例说出力的作用效果有哪些？ 6. 用力推桌子，桌子动起来，力的效果是_____
通过观察、分析具体的实例和实验，理解"力的作用是相互的"，能用"力的作用是相互的"的规则解释生活中的某些力的现象	请回答下列问题： 7. 游泳时，手脚向后划水人就前进，这是为什么？ 8. 船在岸边，人用船桨推岸，船离岸而去，这是什么原因？ 9. 玻璃杯落在地上，杯子给地一个力，同时杯子也会破碎，这是为什么？ 10. 你能说出生活中还有哪些现象可以用"力的作用是相互的"规则来解释吗？

思考与练习

1. 测试题与教学目标有何关系？请加以分析。
2. 请为所选教学内容设计测试题目，填写表2-1中相应内容。

参考文献

［1］乌美娜. 现代教育技术［M］. 沈阳：辽宁大学出版社，1999.
［2］周小山，严开先. 教学设计思路与教学模式［M］. 成都：四川大学出版社，2002.
［3］尹俊华，等. 教育技术学导论［M］. 北京：高等教育出版社，2002.
［4］陈琦，等. 当代教育心理学［M］. 北京：北京师范大学出版社，2001.
［5］何文茜，高振环. 现代教育技术［M］. 北京：北京大学出版社，2009.
［6］彭绍东. 现代教育技术［M］. 北京：高等教育出版社，2013.
［7］何克抗. 教学系统设计［M］. 2版. 北京：高等教育出版社，2016.
［8］王润兰. 现代教育技术应用［M］. 北京：北京师范大学出版社，2016.
［9］Walter Dick, Lou Carey, James O. Carey. The Systematic Design of Instruction (Fifth Edition)［M］. 北京：高等教育出版社，2002.

第 3 章

教学媒体

☞ 学完本章，应做到：

◎ 能阐释教学媒体的含义和作用；

◎ 能分析教学媒体的分类、特性与功能；

◎ 能利用常用教学媒体进行教学；

◎ 能阐释多媒体教学系统的组成及教学应用方式；

◎ 能掌握网络教室基本功能和教学应用方式；

◎ 能阐述电子书包的含义和基本功能。

📖 **学习导航**

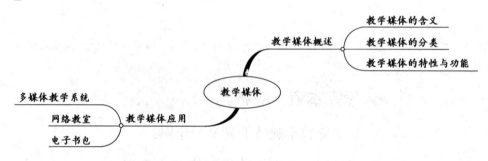

当今时代，我们不仅可以坐在明亮的教室里上课，还可以通过网络课堂来学习，甚至还能够通过太空课堂来学习。2013年6月20日，我国广大的中小学生们坐在教室里就上了一堂别开生面的太空课。在40多分钟的授课时间里，神舟十号的航天员王亚平在太空失重的环境下演示了质量测量、单摆运动、陀螺运动、制作水膜和水球5个基础物理实验。抽象的科学原理在宇航员讲解演示下变得曼妙直观，激发了无数青少年心中的科学梦想。我国首次太空授课科学试验教学活动的成功实现，充分展现了现代科技的强大功能，是综合运用现代信息技术、借助现代媒体手段才得以实现的。本章我们就来了解、学习在教育教学中常见的一些媒体，便于我们在学习和教学中更好地使用。

3.1 教学媒体概述

随着人类社会的不断进步和发展，信息的交流和传播与人们的工作、学习和生活日益密切相关，并加速渗透到人类社会活动各个领域的方方面面，尤其是在 21 世纪，信息已经成为一种重要的资源。而在信息的交流与传播过程当中，媒体有着不可或缺的重要作用。离开了教学媒体的支持，教学效果将大打折扣。

3.1.1 教学媒体的含义

1. 媒体的含义

媒体一词来源于拉丁语"Medium"（音译为媒介），原意是"介于两者之间"。在信息传播过程中，媒体是指携带和传递信息的物质工具或载体，也可以把媒体看作实现信息从信息源到受信者之间的一切技术手段。例如，报纸、书刊、广播、电影、电视、图片、幻灯机、投影仪、录音机、计算机，以及和各种机器配套使用的盘、片、带等都属于媒体。

媒体有两个层面的含义：

（1）承载信息所使用的符号系统，如语言、文字、符号、声音、图像、视频等，也可以理解为信息的不同表现形式。

（2）存储和加工、传递信息的实体，如书本、挂图、投影片、计算机磁盘、光盘、移动硬盘，以及相关的播放、处理设备等，即指信息的物理载体。

2. 教学媒体的含义

教学媒体又称教育媒体，是媒体的一个衍生概念，是指媒体在教育教学活动中的应用。因此，教学媒体就是指在学习和教学过程中，携带和传递教学信息的物质工具或载体。教学信息必须借助一定的教学媒体才能进行传授（传播）。

教学媒体用于教学信息从信息源到学习者之间的传递，具有明确的教学目的、教学内容和教学对象。教学媒体是教学系统的重要组成部分，构成了教与学的资源环境。随着科学技术的发展，在信息技术普遍应用的今天，教学媒体在现代课堂教学中得到了广泛而深入的应用，给教育教学带来了深刻的影响。

3. 教学媒体的表现形态

从外在形态来说，教学媒体包括硬件和软件两种表现形态。

（1）硬件。

记录、存储、传输和呈现教学信息的实体或设备称为硬件，如幻灯机、投影仪、录音机、录像机、电视机、摄像机、计算机、语言实验室、多媒体网络教室等。

（2）软件。

记录和承载教学信息的载体或媒介称作软件，如幻灯片、投影片、录音带、录像带、光盘、优盘、移动硬盘等，也被称为教学媒体材料、电子教材、教学资源。软件记录、承载了教学信息，需要通过相应的硬件设备进行播放、呈现。

在教学活动中使用媒体一般需要硬件和软件恰当组合、配套使用,才能很好地发挥媒体在教育教学中的作用,进而有效地实现优化教学。

4. 教学媒体的作用

加拿大著名的传播学者马歇尔·麦克卢汉(Marshall Mcluhan)在其著作《理解媒介:论人的延伸》(Understanding Media: The Extensions of Man)一书中提出"媒介是人的延伸"著名论点。他认为,"媒介是人体功能的延伸",如文字与印刷媒介以及摄影机都是眼睛及其视觉的延伸,无线广播是耳朵及其听觉的延伸,电话是嘴和耳听说功能的延伸,电视则是全身感官及触觉的延伸,传声器是嘴巴的延伸,电脑是人脑的延伸等。麦克卢汉最著名的警句"媒介即是信息"强调了任何传播媒介的使用产生的冲击力,远远超过它传播的特定内容的重要意义;其早期提出的"地球村"的概念通过广播电视、互联网已经变为现实。因此可见,不同媒体对受信者的感官刺激有所不同,在信息传播中的作用也有所不同,媒体在信息传播过程中具有十分重要的作用。

教学媒体自产生以来就为人类的教育发展做出了不可磨灭的贡献,在教育教学信息的承载呈现、记录保存等传播过程中具有重要的作用。尤其是广播、电视、计算机网络等现代教学媒体在扩大教学规模、提高教学质量、增进教学效率和办学效益、改变教学模式、改进教材结构、改善师生关系、促进教学改革等方面都具有积极的作用。

例如,通过广播教学,可以扩大听众范围;在课堂教学中播放录音,能够传递标准规范的语音信息,可以用来进行外语教学、示范朗读、音乐欣赏等;通过播放电视录像、动画视频等多媒体信息,能够呈现直观形象、生动活泼的画面和语音解说,在带来视觉冲击力的同时,能给学生提供具体感性的知识,有利于他们进行观察感受和体验思考。总之,教学媒体在激发学生的学习兴趣、加深其对知识的理解与掌握等方面具有显著的作用,在改善教学效果、提高教学质量等方面具有积极的影响。

2013年6月20日,我国首次实现太空授课,地面课堂与太空讲台成功连线,天宫一号上的宇航员讲解、演示了牛顿第二定律等基础物理原理,并与地面课堂的师生进行了互动交流,全国中学的六千余万名师生通过电视直播实时观看了这次太空授课。奇妙的太空实验激发了中学生们学习物理的极大兴趣,也激发了无数青少年的科学梦想和探索精神。图3-1为神舟十号航天员太空授课场景,图3-2为神舟十号太空授课示意图。

图3-1 神舟十号航天员太空授课场景

图3-2 神舟十号太空授课示意图

随着现代信息技术的发展,计算机、智能媒体、3D打印、虚拟现实、虚拟演播室、虚拟实验室等现代高科技应用开始走进课堂、走进教育活动过程当中,教学媒体正迎来一个全新的发展时期,必将会对学生的学习产生革命性的影响。

3.1.2 教学媒体的分类

随着科学技术的不断进步，教学媒体的种类越来越多。由于着眼点不同，对媒体分类的方法也不尽相同。

目前，教学媒体分类有多种方式：按其产生的时代划分，可分为传统媒体和现代媒体；按其呈现信息的形态和特点划分，可分为印刷媒体和非印刷媒体；按其传递信息的流动方向划分可分为单向媒体和双向（交互）媒体；按其媒体的组合方式划分，可分为单项媒体和多项媒体或多媒体组合系统；按其作用于人的不同感官划分，可分为视觉媒体、听觉媒体、视听综合媒体和交互媒体；按照技术特点划分，可分为数字媒体和非数字媒体等。

为了方便起见，本书主要结合不同时代和不同感官分类法对教学媒体进行综合分类（见图3-3）。

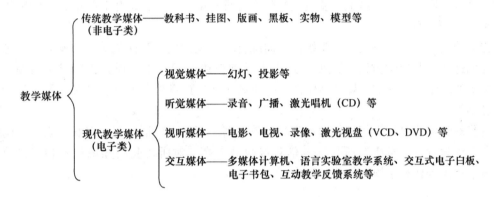

图3-3　教学媒体的分类

随着科学技术的飞速发展，形态各异、功能强大的新媒体不断产生，如数字媒体、感觉媒体、触觉媒体、虚拟现实技术装备等媒体的产生与应用将会催生出新的分类，而新媒体在教育教学中的应用，也给教育教学活动带来神奇和新的活力。

1. 传统教学媒体

传统教学媒体一般指现代科技出现之前的媒体，也可以理解为不使用电的媒体。主要包括教科书、挂图、版画等印刷材料以及黑板、实物和模型等教学用具，在人类教育教学活动过程中使用历史悠久，是最基本、最常用的教学媒体。即使是在现代科技飞速发展的信息时代，传统教学媒体在教育传播过程中仍然发挥着不可或缺的重要作用。

2. 现代教学媒体

现代教学媒体是基于现代科学技术而产生和发展起来的，一般包括幻灯、投影、广播、录音、电影、电视、录像、CD、VCD、DVD、计算机以及目前普遍使用的多媒体教学系统、网络教室等。

现代教学媒体与传统教学媒体相比具有记录信息方便并且可以重复记录、传播速度快、存储量大、再现容易等特点，其优势主要体现在以下方面：

（1）形声性。

现代教学媒体主要以图像和声音的形式有效地传递教学信息，它提供的图像和声音是一种替代经验，能使教育教学内容接近客观事物的本身，具体、生动、形象地作用于学生的感官，能有效地激发学生的学习兴趣，加速其感知和理解事物的发展变化过程。因此，在教学中要充分发挥现代教学媒体形声方面的优势,要求学生眼、耳并用,视、听并举,增强学习效果。

(2) 再现性。

运用现代教学媒体再现"事物",既可以源于"事物",又可以高于"事物",并且具有极其丰富的表现力。它能根据教学需要,将所要表现的具体事物在虚实、快慢、大小、远近、局部和整体之间相互转换和变化,使教学内容所涉及的事物、现象、过程不受时空限制,重新再现于课堂。如火箭升空、航天活动、天体天象、历史回忆、异国风光、生物细胞和物质的微观结构等,引导人们观察、思考、发现、理解和掌握,使教学内容向更广、更深的方向发展,从而实现深度学习、有效学习。

(3) 先进性。

现代教学媒体设备功能齐全,能满足教学上的各种需要,如广播录音、电视录像、多媒体计算机、网络教室、虚拟实验、全息教室等日益微型化、自动化和智能化,能够给教学带来极大的方便。

伴随着当代科技的发展,教学媒体正向综合化、现代化、智能化等方向发展。先进教学媒体的运用,在教学方法上改变了过去由教师口述面授的单一模式,形成了新颖、多样、灵活的教学方法,如多媒体教学法、微格教学法、计算机辅助测验系统以及虚拟现实仿真教学等。

现代教学媒体对教学信息传输速度快、效率高,例如,广播电视、多媒体教学、网络教学、远程教育等,学生对所传播的信息接收效率高,对所接受的知识理解和记忆效果好,这些正是现代教学媒体的优势所在。

3.1.3 教学媒体的特性与功能

随着社会的不断发展和科技进步,种类繁多的媒体在教学中得到广泛应用。各种不同的媒体虽然功能有所不同,但从根本上来说,都具有工具的属性,能够帮助人们借助媒体达到各种感官的延伸,从而实现信息的有效传递。

1. 教学媒体的特性

教学媒体的特性即指教学媒体的特有属性和特征,教学媒体特性主要体现在以下五个方面:

(1) 表现力。

表现力是指教学媒体表现事物的空间特征、时间特征和运动特征的能力。例如,语言借助语义、语调及音响的抑扬顿挫、轻重缓急来表现事物的特征;电影电视以活动的图像呈现正在变化中的过程和动向,体现事物和现象所包含的时间因素和空间特征等。

(2) 重现力。

重现力是指教学媒体不受时间限制、不受空间限制,把存储的信息内容重新再现的能力。例如,我国 2013 年 6 月 20 日的太空授课科学试验教学活动,多年以后我们还可以重新播放当年宇航员授课的视频画面,能够让人们再次感受到神奇的太空科学之梦。

(3) 接触面。

接触面是指教学媒体把信息同时传递到学生的范围。例如,电视和无线电广播接触面很广,使用投影仪、播放录像、板书则只能限制在一定的空间(教室)范围内。网络远程教育的学习者可以遍及全球的不同国家。

(4) 参与性。

参与性是指教学媒体在发挥作用时，学生参与活动的机会，包括感情参与和行为参与。

(5) 受控性。

受控性是指教学媒体接受使用者操纵的难易程度。不同的教学媒体在教学过程中表现出来的教学功能各异，在运用教学媒体时，应具体分析每种媒体的教学功能和特性，恰当选择，在使用中注意扬长避短。常用教学媒体的性能比较参见表3-1。

表 3-1 教学媒体的性能比较

教学特性		媒体种类 教科书	板书	模型	广播	录音	幻灯	电影	电视	录像	计算机	投影仪	视频展示台	交互电子白板
表现力	空间特性	√		√	√	√	√	√	√	√	√	√	√	√
	时间特性	√	√		√	√			√		√		√	√
	运动特性							√	√	√	√			
重现力	即时重现		√			√			√				√	√
	事后重现	√		√		√	√	√		√	√		√	√
接触面	无限接触	√			√				√					
	有限接触		√	√		√	√	√		√	√	√	√	√
参与性	感情参与				√	√		√	√					
	行为参与	√	√				√				√			
受控性	容易控制	√	√	√		√	√			√	√	√	√	√
	难以控制				√			√	√					

2. 教学媒体的功能

(1) 视觉媒体的教学功能。

视觉媒体可以呈现静止的视觉画面，形象、具体、直观，供学生直接观察感受认知，有利于形成感性认识。

(2) 听觉媒体的教学功能。

听觉媒体能够播放声音信息，常用的听觉媒体有录音机和 CD 等。听觉媒体经济实用，简便易行。听觉媒体的教学功能主要体现在以下几个方面：

① 可以根据需要自主播放，还可以自制录音教材；

② 录音教材用于广播，能进行远距离教学，扩大教学规模；

③ 在课堂教学中提供效果逼真的声音，帮助教师解决某些课程中的难点，如乐器的音色辨别、声调的高低等，通过声音还可以创设情境、渲染氛围、激发情感、引人入胜；

④ 利用录音可以范读课文、欣赏音乐、陶冶情操，在英语学习的听力与朗读训练中尤其重要，对培养学生的听说能力发挥着重要作用，利用听觉媒体有利于进行个别化学习。

（3）视听媒体的教学功能。

视听媒体能够在呈现视觉信息的同时播放声音信息，声画并茂，视听结合，表现力丰富。视听媒体的教学功能主要体现在以下几个方面：

① 视听媒体播放动态的画面与声音，能够提供丰富多彩、生动形象的感性材料，有利于学生对教学内容的理解和感知；

② 视听媒体可以突破时间与空间的限制，多视角、多手法表现宏观与微观、瞬间与漫长的过程与事物，有利于学生的观察和思考，丰富知识，扩展视野；

③ 视听媒体通过声情并茂的画面和多变的技术手法，激发学生的学习兴趣，调动其学习的积极性；

④ 视听媒体播放的活动画面和逼真的声音可以创设教学情境，犹如身临其境，有效激发学生情感，有利于强化教学效果。

（4）交互媒体的教学功能。

交互的基本含义是互相、彼此、替换，在计算机中是指参与活动的对象可以相互交流，双方面互动。交互是一个双向的信息传送过程。学习中的交互是教学系统与学习者之间，包括相关信息交换在内的、实时的、动态的、相互的。简单地说，具有交互功能的媒体叫作交互媒体。交互媒体能够借助人机交互技术，通过计算机输入输出设备，以有效的方式实现人与计算机对话。交互媒体在课堂教学中的应用，使教学不再是单向的信息传播，教师和学生可以参与和控制，能够自主选择学习内容并获得反馈而具有主动性。

交互媒体先进、高效，人机交互是其显著特点。尤其是多媒体计算机呈现信息多样性、集成性、交互性的特点，在现代教学中深受广大师生的青睐。交互媒体的教学功能主要体现在以下几个方面：

① 具有记忆、存储信息的功能，检索信息迅速，方便教学；

② 能够按照预先的设计自动运行程序，有利于实现个别化教学；

③ 具有即时输入和呈现信息的功能，便于师生之间的信息交流与反馈；

④ 超文本功能可以实现对教学信息最有效的组织与管理；

⑤ 人机交互的多媒体形式，有利于促进学生多种感官接收信息刺激，有效激发学生的学习兴趣与探究的欲望，充分发挥其想象力与创造力。

总之，在传授知识、培养技能和开发智力、转变态度等方面，每种媒体都有各自的功能和特点，不存在对任何信息、对任何学习都适用的"超级媒体"和"万能媒体"。在实际教学中，应根据教学任务和要求，灵活、恰当地选用媒体。既不能否认传统教学媒体，也不能片面追求教学媒体使用的数量和种类；要从教学实际出发，注意传统教学媒体和现代教学媒体恰当地结合，做到扬长避短、优势互补，以实现教学过程的整体优化。

思考与练习

1. 请简述教学媒体的概念、分类及其特性。
2. 常见的教学媒体有哪些？
3. 如何认识教学媒体的作用？
4. 教学媒体的功能体现在哪些方面？

> 学习活动建议

1. 调查在教学中常用的教学媒体，分析其使用情况、效果与问题。
2. 通过网络了解教学媒体的发展历程。
3. 搜集本专业教学案例，分析在本专业教学中使用教学媒体的必要性。

3.2 教学媒体应用

随着信息技术的飞速发展，越来越多的现代媒体在教学中得到广泛应用。信息技术与课程教学深度融合正成为当代教育工作者努力的方向。下面介绍几种在当前学校教育活动中常见的教学媒体系统。

3.2.1 多媒体教学系统

多媒体教学在当今教育教学中得到了普遍的应用，多媒体教学系统是学校开展多媒体教学的重要设施，是指以多媒体计算机和外围设备组成的、用于多媒体教学的系统。多媒体教学系统能够呈现形象逼真、生动直观的知识过程，以教学效果显著提高、使用灵活方便而深受广大师生喜爱。

图3-4是在学校课堂教学中最常见的多媒体教学系统，该系统主要由多媒体计算机、多媒体投影仪、视频展示台、电子白板和高保真音响系统、中央控制系统等构成，计算机等设备输出的信号通过多媒体投影仪投射到屏幕或电子白板上。

多媒体教学系统具有强大的多种媒体演播功能、集成控制功能和网络接入功能，被广泛应用于课堂演播教学、培训、远程网络教学、会议报告和各种演示等方面。

图3-4 多媒体教学系统

多媒体教学系统可通过文字、图形图像、视频和动画等多媒体信息的演播来展示事实、模拟过程、创设情境，开展多种模式的教学。

下面介绍几种典型设备：

1. 视频展示台

视频展示台是一种随着视频技术的发展而出现的视觉媒体，兼备多种功能于一体，操作简单、方便，可以展示实物、幻灯片、投影片、印刷图文资料等，在多媒体教学中具有广泛的用途。

（1）视频展示台的原理。

视频展示台实际上是一个图像采集设备，其作用是将摄像头拍摄下来的景物，通过与多媒体投影仪、电视机等显示设备连接，不但能将透明胶片上的内容投影到屏幕上，更主要的是还可以将各种实物甚至是活动的影像（如演示实验）投影到屏幕上，便于对细节部分的展示与讲解，通过调焦和变焦按钮能够调整放映图像的虚与实、远与近、大与小，在课堂教学中使用起来非常方便。

（2）视频展示台的结构。

视频展示台的结构如图3-5所示，基本包括伸缩臂及其锁定按钮、主臂及其锁定按钮、电源开关、摄像头及其旋转钮、显示器、红外遥控接收窗、辅光灯、背照灯、辅光灯臂、麦克风插座及音量调节按钮、控制面板等几部分。背面结构包括RGB（VGA）输入输出端口、RS-232控制端口、USB端口、AV输入输出端口、电源插座和保险管等部分。不同产品结构略有不同。

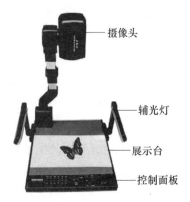

图3-5 视频展示台

（3）视频展示台的功能。

① 放映普通的（透明）投影胶片。打开视频展示台的电源开关，切换灯光控制按钮，使展台底部的灯亮，这时就可以放映透明的投影片、幻灯片，起到传统幻灯机、投影仪的作用。

② 实物投影。通常在展示台上可以展示的实物为图片或文字资料及一些简单模型或教具等，切换展台的灯光控制按钮，使展台上方的两个侧灯亮起，调整图像的清晰度与焦距远近，就可以取得良好的放映效果，如课堂上欣赏摄影杂志、画报、图书、学生作业等教学材料。

③ 实验演示。对一些理科类的教学内容，如物理、化学学科可以在视频展示台上直接进行一些小型实验演示，放大的影像投射到大屏幕上，可以让每个学生仔细观察思考；生物、医学类的知识也可以通过展示台镜头的配用（显微镜头等），让学生观察到实物放大的图像。

④ 切换音像信号。视频展示台背面设置有相应的信号输入输出端口，需要时可以接入其他音像设备产生的音视频（AV）信号，经视频展示台转换后输出给多媒体投影仪投射到显示设备上。

2. 交互式电子白板

电子白板是汇集了尖端电子技术、软件技术等多种高科技手段研发的高新技术产品，它通过应用电磁感应原理，结合计算机和视频投影仪，可以实现无纸化办公及教学。电子白板由普通白板发展而来，随着科学技术的快速发展以及市场的需要，出现了交互式的电子白板。目前，电子白板伴随着多媒体教学的兴起已经走进高校及中小学教室，尤其是在中小学课堂教学过程中的应用案例越来越普遍，电子白板已成为沟通传统教学方式与现代化多媒体教学最佳的桥梁。交互式电子白板教学应用场景如图3-6所示。

图3-6 交互式电子白板教学应用场景

(1) 交互式电子白板原理。

交互式电子白板是通过多媒体投影仪将计算机的显示内容投射到电子白板上，当利用相关软件和感应笔直接在电子白板上操作或书写时，反馈到计算机中并迅速通过投影仪投射到电子白板上，从而实现各种应用操作。从硬件原理来说，交互式电子白板融合了大屏幕投影技术、精确定位的测试技术等。

(2) 交互式电子白板的教学功能。

随着信息技术的发展，交互式电子白板的功能越来越强大，一些产品不断在更新换代，给广大师生教学应用带来极大的便利，一些抽象、复杂的知识内容能够在电子白板上直观、形象地进行展示和操作，极大地激发了学生课堂上参与教学的积极性和对学习的兴趣。交互式电子白板的教学功能主要有以下几个方面：

① 互动功能：通过与电脑、投影仪组成交互式演示系统，配套的电子笔完全代替鼠标，可以直接操控电脑。电脑的一切操作均可在电子白板上实现并同步显示，在电子白板上的操作也均可在电脑上同步显示，并可存储。

② 书写功能：利用电子笔在电子白板上可以进行书写、标注、擦除，更有普通笔、毛笔、荧光笔、排笔等多种书写、标注的笔形选择，可根据需要调整笔的粗细、颜色以及颜色的透明度。

③ 手写识别：利用手写识别输入软件或软键盘，即可在电子白板上实现标准的中英文输入，并可对文本进行编辑。

④ 编辑功能：可以对每一个对象进行编辑，包括复制、粘贴、删除、组合、锁定、图层调整、平移、缩放、旋转等。

⑤ 文档操作功能：可直接打开 Office 文档及 PDF 文档，可对文档直接进行注解和修改，并可保存为 Word、PowerPoint 格式。

⑥ 回放功能：所有书写和标注的过程可自动记录、回放、存储、打印和发送电子邮件。

⑦ 屏幕幕布：实现上下、左右拉幕，对屏幕上的内容进行遮蔽，仅留出有针对性的信息进行展示，在教学中方便知识内容有重点、有步骤、按照学习思路进行演示。

此外，交互式电子白板还有放大镜、探照灯、喷桶工具、多媒体功能、超强的画图功能工具以及照相机、库功能、导入导出、网络功能和个性化设置等许多功能，为课堂教学活动提供了极大的便利，有利于形成良好的师生互动课堂氛围。

交互式电子白板有多种使用模式，一般常用的有控制模式、标注模式和窗口模式以及全屏模式等。在不同模式下可以启用相应的教学功能，在课堂教学中可以根据实际需要切换使用。除了在课堂教学中可以直接在交互式电子白板上操作应用，也可以通过电子白板软件在电脑上进行模拟操作使用练习。

(3) 交互式电子白板的教学应用。

① 直接在电子白板（屏幕）上操作电脑。可以使用电子笔在白板上操作电脑，打开文件、运行程序、上网等，方便地调用电脑资源，展示精心准备的各种电子资源，使授课不再是单一静态的幻灯片形式，也可以是 Word、Excel 文件或者网页，不必在电脑与屏幕之间来回走动，学生能通过投影观看到操作的过程和应用的结果，方便、直观。

② 替代白板或黑板进行电子板书，内容可以保存回放。可以方便切换成白板或黑板进行书写板书，如传统教学一般。笔的颜色、粗细和橡皮大小可以随意调节。板书的内容可随时保存，可快速回放，方便回顾、复习，可以生成电子讲义，并可打印输出，解除记

笔记的烦恼，避免理解上的偏差。

可插入任意图形、利用工具绘制标准的几何图形等，实现诸如画图、英语单词连线、物理电路图连线等烦琐工作，减少每次重画的重复劳动，实现真正电子化备课。

③ 直接在 Word、Excel、PPT、图片、电脑桌面上进行标注、书写、图画并保存。

在授课或运用程序时，对需要特别强调的内容可以画线、画圈进行标注，随时书写、图画进行补充说明。对展示报告、课程内容的注释、标识能引起学生对重要部分的注意，加深认识，实现即时互动。

④ 具有快照（探照灯）、遮屏下拉（局部编辑）、重点显示（局部放大）、键盘输入等快捷键功能。对屏幕上需要特别保存的内容可以快照定格保存；对文字、图片下面不想同步显示的内容可以遮屏逐渐下拉或编辑；对重要内容可以重点突出显示、局部放大；在需要输入标准文字、字母、数字时，可使用快捷键输入。

⑤ 配套附带中小学各学科的资源库。学科资源图片库丰富齐全，课堂教学中可以随时插入需要的图片，免去学科教学找图、画图的麻烦，比如数学中的函数几何图像图形、物理化学中的各种实验器材图形、语文英语教学中情景插图等，授课内容更加生动、丰富，有效吸引学生互动参与，丰富的图片库资源还可以重复使用。

总之，交互式电子白板与多媒体计算机和投影仪结合使用，构建了一个课堂教与学的协作环境，有利于教师导学、助学，有利于学生发挥学习主体作用：可以借助多媒体课件将一些教学难点充分展示出来，帮助学生理解；有效组织教学内容，提高课堂效率，帮助学生回顾记忆；可以让学生更多地参与到教学中去，调动了学生的学习兴趣和注意力，提高了学生参与课堂教学的主动性，有效体现学生学习的主体性，能够较好地实现课堂互动教学。

3. 互动反馈教学系统

随着教育信息化的发展，信息技术与课程教学深度融合在课堂教学中逐步得到体现。相较于传统的课堂教学而言，一些新型教学系统在部分学校课堂已经开始进行探索和应用，给教学改革带来新的活力。互动反馈教学系统（Interactive Response System，IRS）强调学生对于课堂的参与，每个人都可以直接参与到每个活动中来，进行记名或不记名作答或表决，使得课堂活动就像我们日常看电视竞猜节目一样精彩、有趣。

（1）互动反馈教学系统的原理。

互动反馈教学系统就是在原来多媒体教室的基础上增加了一种教学工具——遥控器，也就是我们在电视屏幕上看到的电视娱乐节目现场观众使用的抢答器。利用互动教学软件把接收器、教师控制器以及学生反馈器联系到一起，在课堂教学中师生人手一个遥控器，接收器连接到多媒体计算机上，运行相应的互动教学软件后，师生就可以通过遥控器进行多种形式的课堂互动活动。互动反馈教学系统可以即时统计、分析、显示学生的反馈信息，帮助教师准确、即时地掌握全班每一个学生的学习情况，教师针对反馈情况及时调整授课进度和引导方向，从而提高课堂教学效率和教学质量。互动反馈教学系统对课堂学习过程进行记录、统计，能自动生成多种统计报表，追踪学生和班级的学习过程，利用大数据为全面评价学生提供客观依据。

（2）互动反馈教学系统的构成。

互动反馈教学系统在多媒体教室的基础上构成，主要由多媒体计算机、多媒体投影仪、遥控器（教师控制器、学生反馈器）及相应控制软件以及显示设备构成，可以轻松实现互动式课堂教学。由于采用物联网技术，互动反馈系统可以同时供几百人正常使用，在课堂教学中使用非常方便、高效。互动反馈教学系统基本构成参见图3-7。

(3) 互动反馈教学系统的应用。

互动反馈教学系统一般具有课堂测评、活动互动和记录统计以及教学管理等功能。采用互动教学反馈系统使课堂氛围活泼有趣、学生人人参与。在课堂教学中老师利用教师遥控器在投影上讲解内容，设置互动问题对学生进行提问；学生利用自己手中的遥控器发表自己的看法，就像现场电视观众评分投票一样点按选择，计算机软件自动做出判断并输出结果统计图；老师能立即知道学生对教学知识的掌握情况，学生也能知道自己理解上的偏差。通过随堂检测学习效果，教师可以及时调整授课进度；除了能够准确记录、进行评价、追踪课堂学习情况，还可以进行记录考勤、应答测试、抢答游戏、淘汰比赛、投票选举、问卷调查、打分评选、电子举手等多种形式的应用。图3-8为互动反馈教学系统的模拟应用场景。

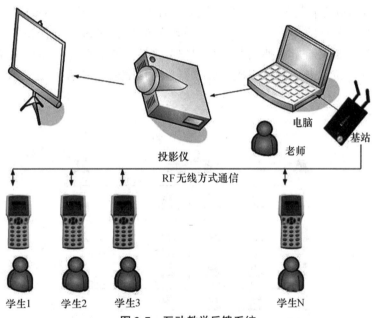

图3-7 互动教学反馈系统

图3-8 互动反馈教学系统应用

例如在语文、英语的语言学习、写作学习课堂教学中,师生借助互动反馈教学系统可以形成一个交流开放、互动互利、生动活泼的课堂学习氛围,学生的学习兴趣远远胜过传统刻板的教师单纯讲授模式,有效体现学生学习的主体性、主动性、参与性、互动性,真正实现"寓教于乐",有效培养学生的交际能力、写作能力和学习能力。

3.2.2 网络教室

多媒体网络教室简称网络教室,是指分布在一个教室范围内,用于课堂教学的计算机局域网络。在目前现代化的教育环境下,网络教室在学校教学中应用比较广泛,一些操作性、体验性的学科知识内容需要安排在网络教室进行上课学习。学生每人一台计算机,有充分的机会动手操作练习,可以利用服务器或网络上的资源辅助学习。

1. 网络教室的基本构成

网络教室的组成比较简单,用多个集线器(Hub)或交换机(Switch)和网线把教室里的所有计算机连在一起。可以选择一台配置较好的计算机做服务器,用来存放教学资源库,供各个客户机共享资源使用及进行用户管理等。在教学中使用的网络教室主要由教师机和若干学生机以及服务器组成,服务器也可以兼做教师机使用。网络教室构成参见图3-9。

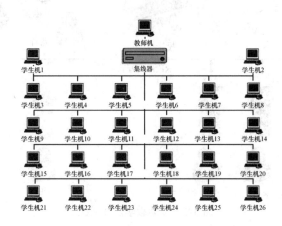

图3-9 网络教室构成

2. 网络教室的基本功能

随着信息技术的飞速发展,出现了多种多媒体网络教室管理软件,网络教室的功能越来越强大。网络教室的基本功能如下:

(1)屏幕广播。

在教师机上的屏幕操作内容可以在学生机屏幕上呈现,也可以单独进行语音广播。

(2)学生演示。

在学生机上的屏幕操作可以在教师机上演示呈现。

(3)监控转播。

教师机可以监控学生机屏幕上的操作,也可以把某个学生机屏幕内容转播给其他学生。

(4)远程控制。

教师可以对学生机实行远程管理控制,如锁屏、黑屏、关机等远程操作。

(5) 电子点名。

在学生机屏幕上出现一个活动窗口，学生需要输入学生机 ID 信息，如学号、姓名以及班级信息等。

(6) 文件分发。

文件分发，即文件传输，教师机可以向学生机分发文件或收取文件。

(7) 在线考试。

教师编制好试题后可以让学生在学生机屏幕上进行答题操作，在学生提交后教师机屏幕上可以看到学生的答题结果以及测试统计情况。

由于多媒体网络教室教学管理系统开发单位不一，管理平台功能各有特点侧重，教学功能丰富多样，其他还有语音广播与对讲、屏幕录制与回放、分组讨论教学等多种功能，极大地方便了广大师生的网络教学应用。

3. 网络教室教学应用

多媒体网络教室可以有效完成多种教学任务，其应用形式主要有以下几种：

(1) 多媒体课堂教学。

利用网络教室可以开展多媒体课堂教学，可以对一些突出的问题进行集体演示讲解。

(2) 学生进行网络练习。

对一些操作性较强的学习内容学生可以在网络教室进行模拟操作练习，如计算机、会计电算化等。

(3) 网络测试（测验、考试）。

一些课程考试可以采用网络方式进行，学生在答题、提交后还可以立即看到考试结果，方便、快捷、公平、公正，如大学英语、信息技术基础等一些公共课程的测试。

(4) 利用网络资源自主学习。

学生可以在网络教室进行自主学习，通过网络查找所需要的资源、完成课程作业等。

3.2.3 电子书包

随着教育信息化的发展，出现了一种被称为"电子书包"的新型高科技教育电子产品。它取代了传统意义上的沉重书包，相比传统意义上的书包增添了许多强大而又实用的功能。"电子书包"的出现被认为是一场学习的革命，它不仅能给学生减轻负担，还能够有效增强学生的学习兴趣。

1. 电子书包简介

电子书包（Electronic Schoolbag）是我国教育信息化的重要组成部分，2001 年 11 月我国第一批电子书包产品"绿色电子书包"通过教育部认证，开始在北京、上海等四地试用。经过这些年的实验，电子书包在我国基础教育领域逐步得到推广。2010 年 12 月，教育部教育信息化技术标准委员会电子课本与电子书包标准专题组起草了《电子书包教育教学应用标准（规范）目录》《电子书包定义及基本术语》，用以规范电子书包的开发与应用。

随着信息技术的发展、教育理念的变革，电子书包的功能在发展，人们关于电子书包的认识也在深化。

华东师范大学祝智庭教授的研究具有代表性。他在《电子书包系统及其功能建模》一文中提到"从硬件设备角度上讲，电子书包就是一种个人便携式学习终端"。从电子书包教育教学的系统功能架构视角来看，"电子书包是学生的个人学习环境"，电子书包的建构发展必须同时考虑"移动终端＋教育内容＋服务平台"三个核心要素。

首先，电子书包是能够提供一个借助信息化设备进行数字化教学的便携式终端。终端可以是电子纸阅读器、平板电脑等智能学习终端。

其次，电子书包提供了丰富的数字学习资源。电子书包一般提供诸如教材配套系列资源，如教学辅助读物、图书的电子文档、多媒体素材、课件、教案、文献资料、历年试卷档案，以及陆续推出移动数字图书馆、移动数字期刊、移动数字报纸、移动数字广播、移动数字校园、移动第二课堂、移动作业、移动评价和移动通信簿等各类型数字资源。

最后，电子书包需要网络服务平台的支持。比如，以"人教网"等基础教育资源网站为后台支撑，以无线技术作为基本互联方式，实现数字化教学和移动阅读、练习、测评，以及师生互动、家校沟通等功能。

经过多年的发展，电子书包能够提供丰富的数字资源及智能化功能，针对中小学教育应用，有利于开展智慧教育、智慧学习。除了传统的家校通信功能，还提供数字化教育资源以及学生的学习成长记录，包含电子课本、电子作业、错题集等多种模块，具有数字阅读和上网通信等主要功能，是学生们学习和生活的有力助手，可以集成为一个真正的智慧书包。

2. 电子书包的功能

电子书包能够为学生提供一个良好的个人学习环境，学生的主体地位能够得以体现。不同的电子书包产品功能各有特点，个性化、移动性、按需服务等是电子书包的关键特征。电子书包一般设有电子课本，教辅资源（数字化阅读），虚拟学具（如电子词典、工具软件），学习服务支持（如学习记录、管理与评价）等模块，具体功能大致有：收发通知（集体发布），收发消息（个人之间），账号管理（家长、学生，教师角色分配），班级管理（教学班级创建），发布作业（布置、查看、统计），测试发布成绩（发布、查看），作业练习，讨论笔记以及考勤管理，家教秘书等。图3-10为某品牌电子书包应用界面。

图3-10　某品牌电子书包应用界面

3. 电子书包教学应用

电子书包改变了传统课堂上"黑板粉笔+课本"模式，数字化教育资源、移动网络平台以及智能化功能创设了新的电子课堂氛围和学习环境，提供了学与教、服务与管理等多种功能的平台整合，包括教师的备课上课平台、学生的学习平台、学校的行政管理与服务、家校互动平台等。在课堂上可以恰当应用其丰富的数字化资源创设学习情境，以利于学生的体验和感知，既能激发学生的学习兴趣，通过交流讨论、点评互评等互动活动还能有效促进个性化学习和主动学习，从而有效培养其自主学习能力。电子书包在教学中的应用具体来说主要体现在以下几个方面：

（1）利用其丰富的数字化教学资源开展教学与学习；
（2）提供相关学习辅助资源，进行延伸拓展学习；
（3）发布作业、完成作业、提交作业等；
（4）提供学习测评与统计反馈；
（5）师生交流互动与沟通；
（6）提供学习工具，如相关软件资源；
（7）教学管理；
（8）家校通信交流与沟通等。

使用电子书包可以开展高互动的课堂教学，教师可以实时发题，学生实时答题，教师对学生完成情况进行学情统计，学生可以进行同步书写、电子笔记，便于开展师生互动、生生互动等自主学习活动。通过电子书包教师可以和学生私下交谈，了解学生学习情况，可以针对性个别指导和因材施教。电子书包可以作为一种便携式学习终端、一种未来的学习工具，其含有丰富的数字化资源可以供学生随时随地地学习、交流与评价。把电子书包引进课堂，用电子课本代替传统纸质课本，电子书包项目在我国许多地区展开了试点和推广，在小学语文阅读写作教学、数学、生物、英语等诸多学科都得到了探索和应用。

目前流行的翻转式课堂，就很好地发挥了电子书包的教育功能，不仅能够方便地实现学校、家长、学生之间的通信交流和沟通，电子课本以及丰富的数字化教学资源更是给学生们提供了一片新的天地。电子书包作为一种现代化的学习工具，改变了传统教学内容枯燥、形式单一的学习形式，能把学生从"灌输式"的教学方式中解放出来。学生们可以利用电子书包的数字化资源进行灵活、方便地学习。延伸拓展、阅读教材、书写作业、教师发送题目等通过一个小小的电子书包就能够实现，从真正意义上实现了信息技术与教学的深度融合。

电子书包作为教育信息化过程中出现的一种新型教育产品，正潜移默化地渗入到义务教育阶段不同学科教学活动过程当中。网络出版、电子书技术把人们带入无纸书籍学习新时代。电子书包及配套资源数字化工程已成为"十二五"规划时期数字出版产业发展的重点项目。基于云技术的云电子书包标准也已开启研究，电子书包在教育领域的应用势必会对教与学的活动过程产生深刻影响，个性化学习、互动学习、终身学习都需要一个交互性、开放性的信息化学习环境。电子书包项目的实施能够真正推进信息技术与学科教学融合，能够促进教学内容、教学手段、教学方法的现代化，从而有效促进我国教育理念和教学模式的深刻变革与创新。

思考与练习

1. 常见的多媒体教学系统有哪些组成设备和功能？
2. 网络教室有哪些功能？应如何利用网络教室开展教学？
3. 视频展示台应如何应用于课堂教学中？
4. 试述电子书包的教学功能。

学习活动建议

1. 调查中小学多媒体教室、网络教室的使用情况、使用效果，并进行分析。
2. 搜索电子书包教学应用案例，进行观摩学习与评价。
3. 通过网络了解新媒体及其在教学中的应用情况。

参考文献

[1] 科普中国. 太空授课 [EB/OL]. http://news.xinhuanet.com/science/2016-06/20/c-135445240.htm, 2016-04-12.

[2] 保罗·莱文森. 数字麦克卢汉——信息化新纪元指南 [M]. 何道宽, 译. 北京: 社会科学文献出版社, 2001.

[3] 李曦珍. 理解麦克卢汉 [M]. 北京: 人民出版社, 2014.

[4] 黎加厚. "电子书包"的遐想 [J]. 远程教育杂志, 2011, (04): 113.

[5] 祝智庭, 郁晓华. 电子书包系统及其功能建模 [J]. 电化教育研究, 2011 (04): 24—34.

[6] 互动百科. 互动反馈教学系统 [EB/OL]. http://www.baike.com/wiki/, 2016-03-20.

[7] 360百科. 电子书包功能 [EB/OL]. http://baike.so.com/doc/5410359-5648442.html, 2016-05-20.

[8] 何文茜, 高振环. 现代教育技术 [M]. 北京: 北京大学出版社, 2009.

[9] 王润兰. 现代教育技术应用 [M]. 北京: 北京师范大学出版社, 2016.

数字资源的收集与处理

☞ 学完本章,应做到:

◎ 能了解网页、P2P、数据库、网盘等数字资源的检索方法;

◎ 能灵活使用检索技巧高效、快速地获得资源;

◎ 能熟练掌握文本、图像、声音、视频资源的获取途径;

◎ 能对声音和视频资源做简单的处理。

学习导航

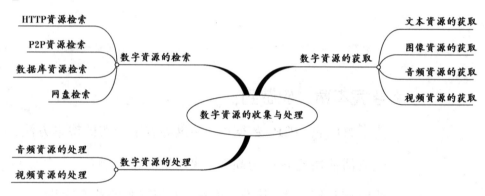

当需要上网下载一部电影的时候,我们可能首先想到的是百度一下,但是如果通过搜索引擎搜不到这部电影的下载地址,该怎么办呢?还有其他的下载办法吗?当下载了这部电影,可是在教学中只需要用到其中的一段声音,不需要画面,又该怎么办?该用什么办法把需要的声音信息提取出来?如果我们需要把两段视频合成在一起,又该如何处理?……本章将带你学习数字资源常用的检索、获取与处理方法。

4.1 数字资源的检索

网络信息浩如烟海,并且种类繁多、类型多样,想要从中快速获得自己需要的信息,必须借助一定的检索工具与方法。不同的检索方法,其特点、原理、作用不同,适用条件和范围也不同,下面介绍几种常用的检索方法。

4.1.1 HTTP 资源检索

HTTP 资源,也称 WWW 信息资源或网页资源,采用超文本传输协议(HyperText Transfer Protocol, HTTP)在 WWW 客户端和服务器端之间传输,建立在超文本、超媒体等技术之上,集文本、图形、图像、声音、视频等为一体,以网页的形式存在于 Internet 上。

1. 常用中文搜索引擎检索

HTTP 资源检索,主要借助搜索引擎实现,表 4-1 是常用的中文搜索引擎。

表 4-1 常用中文搜索引擎

搜索引擎	网址	简介
百度	http://www.baidu.com/	全球最大的中文搜索引擎,最大的中文网站
搜狗	http://www.sogou.com/	搜狐推出的全球首个第三代互动式中文搜索引擎
雅虎	https://www.yahoo.com/	最著名的目录索引
必应	http://cn.bing.com/	微软推出的搜索引擎,整合的信息更全面
360 搜索	http://www.so.com/	原名为"好搜搜索",属于全文搜索引擎
搜搜	http://www.soso.cn/	腾讯旗下的搜索引擎
有道	http://www.yodao.com/	网易旗下的搜索引擎,搜索结果由 360 提供

在众多的搜索引擎中,百度是目前使用最广泛的中文搜索引擎。

百度除网页搜索外,还提供 MP3、文档、地图、影视、学术、理财、团购等多样化的搜索服务,率先创造了以贴吧、知道、百科、空间为代表的搜索社区,将无数网民头脑中的智慧融入了搜索。

如果想要更快、更准确地找到自己需要的信息,可以单击百度页面中的【更多产品】按钮,打开【产品大全】,进行更详细的搜索。下面介绍几种在学习中常用的百度产品:

(1) 百度传课。

百度传课是中国教育领域新兴的在线教育平台,采用网络互动直播和点播的授课模式,提供在线直播课和线下课,具有测验、笔记、答疑、咨询等功能,为广大的学生群体提供了高效、快捷的网络学习环境。

(2) 百度学术。

百度学术是一个提供海量中英文文献检索的学术资源搜索平台,涵盖了各类学术期刊、会议论文、图书、专利等,旨在为国内外学者提供最好的科研体验。

(3) 百度文库。

百度文库是百度发布的供网友在线分享文档的平台，其文档由百度用户上传，需要经过百度的审核才能发布，百度自身不编辑或修改文档内容，使用者可以在线阅读和下载这些文档。百度文库的文档包括教学资料、考试题库、专业资料、公文写作、法律文件等多个领域的资料。百度用户上传文档可以得到一定的积分，下载有标价的文档则需要消耗积分。当前平台支持主流的 doc（docx）、ppt（pptx）、xls（xlsx）、pot、pps、vsd、rtf、wps、et、dps、pdf、txt 等文件格式。

(4) 百度百科。

百度百科是一个内容开放、自由的网络百科全书平台。截至2018年7月，百度百科已经收录了超过1500多万的词条，参与词条编辑的网友超过650万人，几乎涵盖了所有已知的知识领域。

(5) 百度云盘。

百度云盘是百度推出的一项云存储服务，首次注册即有机会获得2TB的空间，已覆盖主流PC和手机操作系统，包含Web版、Windows版、Mac版、Android版、iPhone版和Windows Phone版，用户可以轻松将自己的文件上传到云盘上，并可跨终端随时随地查看和分享。

(6) 百度贴吧。

百度贴吧是结合搜索引擎建立的一个在线交流平台，让那些对同一个话题感兴趣的人们聚集在一起，自由地进行交流和经验分享。贴吧是一种基于关键词的主题交流社区，它与搜索紧密结合，依靠搜索关键词，不论是大众话题还是小众话题，都能精准地聚集大批关注点相同的网友，展示自我风采，结交知音，搭建别具特色的"兴趣主题"互动平台。

(7) 百度阅读。

百度阅读是百度阅读类资源的统一引入平台，包含面向版权方的百度阅读开放平台和面向阅读类用户的各个展示终端。版权方可以通过该平台上传、管理、销售自己的版权资源，阅读类用户可以通过多终端享受阅读。

(8) 百度知道。

百度知道是一个基于搜索的互动式知识问答分享平台，用户提出具有针对性的问题，通过积分奖励机制发动其他用户来解决问题。这些问题的答案又会进一步作为搜索结果，提供给其他有类似疑问的用户，达到分享知识的效果。

除此之外，百度还设置了百度地图、百度翻译、百度外卖、百度魔拍、百度理财等既实用又时尚的功能，在此不再一一介绍，读者可自行体验。

2. 利用搜索引擎检索的步骤

(1) 明确检索需求。

在开始一个检索之前，应该首先仔细分析检索需求，明确所要检索的是什么样的信息，这是一个进行信息检索的重要前提。

(2) 选择合适的搜索工具。

工欲善其事，必先利其器。每种搜索引擎都有不同的特点，只有选择合适的搜索工具，才能得到最佳的搜索结果。

(3) 确定检索范围。

网络信息纷繁复杂，要想检索出相关信息就必须对网络信息资源进行选择，合适的检索范围在很大程度上影响着检索的结果。检索范围过于宽泛或过于狭窄，对检索效果都会产生影响。

（4）选择合适的关键词。

关键词是反映主题概念的词或词组。搜索引擎会根据输入的关键词，自动检索出包含关键词的信息。关键词的恰当选择决定了检索结果的相关性和有效性。

（5）构造合适的检索表达式。

检索表达式是用户检索需求的计算机可识别形式，它由检索词和操作符根据一定的语法规则组合而成。检索词应该是可以用于检索的正式词，操作符包括逻辑操作符、位置操作符、截词操作符、字段操作符等。检索表达式的构造是否充分反映用户需求决定了检索结果的质量。

【例】假如搜索《春》（朱自清）一文的写作背景，关键词应该是"春+写作背景"，而若以"朱自清+写作背景"为关键词，则找到的是朱自清生平、朱自清作品集等。

又如要查找描写春天的古诗，就不能用"描写春天的古诗"为关键词，而用"春天+古诗"则比较准确，这里的"描写"和"的"会影响搜索结果。

（6）正式检索。

这一步通常不需要用户亲自执行，用户只需按"检索"或"开始"等按钮即可，计算机检索系统会根据用户提供的检索表达式自动搜索数据库，并把匹配结果显示给用户。

（7）评价检索结果。

对检索得到的结果进行评价，看是否能够满足自己的检索要求。如果能够满足检索要求，则利用该检索结果，不再对其他检索过程进行任何处理；否则，再回到以上各个步骤，重新分析检索需求、确定检索范围、选择检索工具，必要时修改关键词以及检索表达式，重新进行检索。

3. 利用搜索引擎检索的技巧

（1）布尔逻辑检索。

布尔逻辑检索是在网络信息资源检索中应用最广泛的检索功能，常见的三种逻辑符号"与"（AND）、"或"（OR）、"非"（NOT），应用于具体的搜索引擎的表现方式有所不同：有的搜索引擎只允许大写的"AND""OR""NOT"，有的大小写通用，有的将逻辑符号用"&""｜""！"符号或者加减号、空格等其他符号表示，有的则不支持或仅支持其中的某个运算符。

逻辑"与"：一般用加号"+"或空格表示，使用逻辑"与"连接两个或两个以上的关键词进行检索时，在搜索结果中会同时出现所输入的关键词。

【例】搜索所有既包含关键词"教育"又包含关键词"技术"的中文网页。

检索表达式："教育+技术"或"教育 技术"

逻辑"或"：通常用"OR"或"｜"表示，使用逻辑"或"连接两个或两个以上的关键词进行检索时，在搜索结果中会出现含有输入关键词中的任何一个关键词的相关信息，以提高检索的全面性。

【例】搜索所有包含关键词"教育"或包含关键词"技术"的中文网页。

检索表达式："教育 OR 技术"或"教育｜技术"

注意：小写的"or"，在查询的时候将被忽略，这样上述的操作实际上变成了一次"与"查询。另外，在关键词与操作符之间需要有空格隔开。

逻辑"非"：通常用减号"－"来表示，在使用逻辑"非"连接两个或两个以上的关键词进行检索时，在搜索结果中会出现包含减号之前的关键词的页面信息，但排除包含减号之后的关键词的页面信息。

【例】搜索所有包含关键词"白洋淀"但不包含关键词"旅游"的中文网页。

检索表达式："白洋淀-旅游"

注意：这里的"＋"和"－"号，是英文字符，而不是中文字符的"＋"和"－"。

（2）词组检索。

词组检索也称短语检索或字符串检索，它是将一个词组或短语用双引号（" "）括起来作为一个独立运算单元，进行严格匹配以提高检索准确度的一种方法，对于英文搜索尤为重要，几乎所有的搜索引擎都支持词组检索。

【例】搜索包含"long long ago"词组的页面。

检索表达式：long long ago 或 "long long ago"

（3）截词检索。

截词检索也称前方一致检索，通常使用右截断，截词符多采用通配符"＊"表示，用它可以表示多个字符。绝大多数搜索引擎都支持截词检索，但对于每个具体的搜索引擎的截断方式，截词符的表示方法会有所不同。

【例】输入"虚拟＊"，则会搜索出虚拟机、虚拟专用网、虚拟函数、虚拟现实、虚拟仿真、虚拟技术、虚拟人、虚拟投资等信息。

（4）字段检索。

字段检索可以把要查询的网络信息的检索范围限定在标题（title）、统一资源定位地址（URL）或超链接（link）等部分。

对搜索的网站进行限制："site"表示搜索结果局限于某个具体的网站（如www.sina.com.cn）或是某个域名（如com.cn）等；如果是要排除某网站或域名范围内的页面，只需用"-网站/域名"。

【例】搜索中国教育科研网（www.edu.cn）上关于教育技术的页面。

检索表达式：

现代教育技术 site：edu.cn

在某一类文件中查找信息："filetype"是一个非常强大、实用的搜索语法，可以搜索pdf、doc、ppt、xls、swf等不同类型的文档。文档类型只要与用户的搜索相关，就会自动显示在搜索结果中，其中最常见的文档搜索是PDF文档搜索。PDF是Adobe公司开发的电子文档格式，现在已经成为互联网的电子出版标准。PDF文档通常是一些图文并茂的综合性文档，提供的信息一般比较集中、全面。

【例】搜索关于现代教育技术的PDF文档。

检索表达式：

现代教育技术 filetype：pdf

4.1.2　P2P 资源检索

P2P（Peer-to-Peer），是指对等网络，国内将其翻译为"点对点"或"端对端"，指的是网络的参与者共享他们所拥有的一部分硬件资源（处理能力、存储能力、网络连接能力、打印机等），这些共享资源通过网络提供服务和内容，能被其他对等节点直接访问。

目前，海量的网络资源分布于各个 P2P 网络中，为了方便用户分享和利用 P2P 网络资源，基于不同 P2P 网络的网站应运而生。

1. 用搜索引擎搜索 P2P 资源网站

P2P 网络在长期发展中形成了一些通用的关键术语，以这些术语为关键词搜索 P2P 资源网站就可以找到相应资源。

（1）inurl：P2P。

有的网站由于提供的相关服务涉及多个 P2P 网络，因此就直接把 P2P 融合到域名和网址里，以 P2P 做关键词进行搜索即可，如 inurl：p2p。但是，在搜索结果中的部分网站属于 P2P 金融类，筛选起来则比较麻烦。

（2）BT（BitTorrent）。

BT（BitTorrent）一直以来都是最大的 P2P 网络之一，其需要种子文件进行下载（文件后缀为 .torrent），也需要服务器（tracker）支持。随着网络的发展，一方面产生了 pt 这样的分享优化的升级网络，另一方面产生了去中心化的无服务器网络磁力链 magnet。所以，主要用 bt、BitTorrent、torrent、tracker、pt 与 magnet 等关键词来搜索网站。如 inurl：torrent。

（3）电骡（eMule）。

电骡（eMule）是从电驴（eDonkey）发展来的，基于 ed2k 协议，后来又发展了 kad 网络，用 eMule、mule、eDonkey、ed2k、kal 作为关键词搜索即可，如 inurl：emule。

（4）Foxy。

Foxy 网络有很多中文用户，直接以 Foxy 作为关键词搜索即可，如 inurl：foxy。

（5）影音类 P2P 网络。

以百度影音为代表的影音类 P2P 网络也有很多。百度影音的协议是 bdhd，种子文件扩展名为 bsed，所以用 bdhd、bsed 作为关键词搜索即可，如 inurl：bdhd。

【例】在百度影音中搜索电影《机遇之歌》，可在百度搜索中输入"机遇之歌 inurl：bdhd"即可。

总之，用搜索引擎搜索 P2P 资源网站的核心方法就是 URL 搜索和关键词提取。

2. 用 P2P 软件搜索 P2P 资源

P2P 软件是采用 P2P 原理实现高速下载的软件，常用的 P2P 软件有：Bitcomet、比特精灵、μTorrent、eMule 官方版、eMule VeryCD 版、PPLive、PPStream、QQ 直播、TOM-Skype、迅雷、POCO、酷狗（KuGou）等，将软件下载、安装后，在搜索条中输入关键词检索即可。

4.1.3　数据库资源检索

数据库资源是借助于 Internet，以网络为检索平台，提供信息检索服务的数据库，它是数据库技术和网络技术结合的产物。数据库资源可分为免费数据库和付费数据库两种。

网络数据库将数据存放在远程服务器上,用户可以通过网络直接访问,也可以通过服务器访问。付费数据库一般是由单位购买了某些数据库,在该单位局域网中的任何一个终端都能免费访问该数据库。

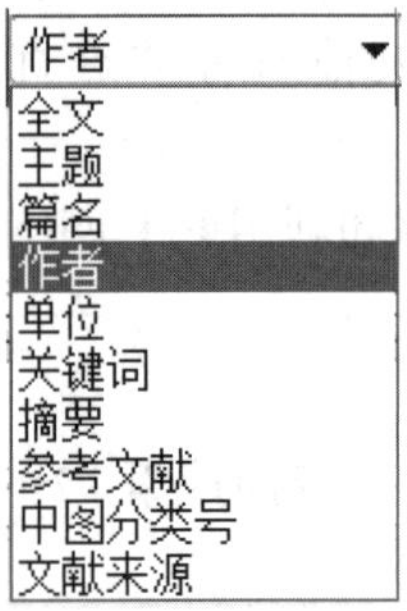

1. 数据库资源检索方法

常用的数据库检索方法主要有两种:简单检索和高级检索。

(1) 简单检索。

当检索目标明确、主题单一时,可以选择检索项中的某一项直接搜索,比如我们要查找"何克抗"的文章,那么在检索项中选择"作者"(见图4-1),然后在后面的检索框中输入"何克抗"就可以了。当我们明确数据库检索项的某一项具体信息时,就可以选择相应的检索项,然后输入检索词即可。

图 4-1 检索项

(2) 高级检索。

当检索词有多种拼法或有几个同义词、检索结果过多或过少、检索结果精度不够的时候,要选择减少或增加限定条件,放大或缩小检索结果,让检索结果更符合自己的要求。

【例】如果要检索 2013 年 1 月 1 日至 2016 年 12 月 31 日期间的关于"翻转课堂"的文献,就可以在检索项中选择"主题",后面输入"翻转课堂",然后限定发表时间,这样检索更准确,如图4-2所示。

图 4-2 高级检索

2. 中文电子图书数据库

(1) 超星数字图书馆。

"超星数字图书馆"是目前世界最大的中文在线数字图书馆,是北京世纪超星公司联合国内几十家大型图书馆开发的数字图书馆,馆内不仅藏书丰富,还提供大量的学术视频。超星数字图书必须使用超星阅读器阅读和下载,超星阅读器可以对数字图书进行文字识别、裁切图像、添加书签、滚屏阅读、更换阅读背景等操作。

(2) 北大方正的 Apabi 数字资源平台。

北大方正的 Apabi 数字资源平台的电子图书虽然没有超星那么多,但已有的电子图书对高校教学和学习针对性较强。Apabi平台为读者提供了在线浏览、借阅等功能，甚至还提供预约电子书的服务，也需要用专门的阅读软件来阅读。

除此之外，图书数据库还有畅想之星随书光盘库、书苑数字图书馆等，以及各类专业图书馆。

3. 中文电子期刊数据库

中国学术期刊网络出版总库、中国知网硕博学位论文库、维普中文期刊全文数据库和万方学位论文期刊全文库是国内影响力和利用率很高的综合性中文电子期刊全文数据库，这几个数据库已经成为大多数高等院校、公共图书馆和科研机构文献信息保障系统的重要组成部分。在互联网中，这几大数据库也成为中文学术信息的重要代表，体现了我国现有的中文电子文献数据库的水平。

此外，网上图书馆资源还包含各类考试学习资源库、专业资源库、报刊资源库、工具书资源库等，由于篇幅所限，在此不做介绍。

4. 信息资源引用规范

在网络环境下，我们在享受资源下载和使用方便、快捷的同时，无意中也可能造成侵犯他人知识产权后果。通常，为了学习、引用、评论、注释、新闻报道、教学、科学研究、执行公务、陈列、保存版本、免费表演等目的，可以不向版权人支付报酬而使用其作品，这种使用是"合理使用"，但在使用时需要标明文献出处。下面是常见的参考文献类型和参考文献引用格式：

（1）参考文献类型。

在使用教学资源时，一般需要标明信息资源的来源，目前，常见的参考文献的主要类型有以下几种：

① 论著报告类：普通图书［M］、会议录［C］、汇编［G］、报纸［N］、期刊［J］、学位论文［D］、报告［R］、标准［S］、专利［P］、档案［A］。

② 电子文献类：数据库［DB］、计算机程序［CP］、电子公告［EB］。

③ 电子文献的载体类：网上数据库［DB/OL］、光盘图书［M/CD］、磁带数据库［DB/MT］、磁盘软件［CP/DK］、网上期刊［J/OL］、网上电子公告［EB/OL］。

（2）参考文献引用格式。

① 专著、论文集、学位论文、报告。

格式规范：［序号］主要责任者．文献题名［文献类型标识］．出版地：出版者，出版年份：起止页码（可选）．

【例】［1］南国农，李运林．电化教育学［M］．2版．北京：高等教育出版社，1998：23—24.

［2］伍蠡甫．西方文论选［C］．上海：上海译文出版社，1979.

［3］刘伟．汉字不同视觉识别方式的理论和实证研究［D］．北京：北京师范大学心理系，1998.

［4］白秀水，刘敢，任保平．西安金融、人才、技术三大要素市场培育与发展研究［R］．西安：陕西师范大学西北经济发展研究中心，1998.

② 期刊文章。

格式规范：［序号］主要责任者．文献题名［J］．刊名，年，卷（期）：起止页码．

【例】[1] 祝智庭. 教育信息化：教育技术的新高地[J]. 中国电化教育, 2001, (2)：5—8.

[2] Yidirim, S. *Effects of an educational computing course on preservice and inservice teachers: a discussion and analysis of attitudes and use.* Journal of Research on Computing in Education, 2000, 32 (4)：479—495.

③ 报纸文章。

格式规范：[序号] 主要责任者. 文献题名[N]. 报纸名, 出版日期（版次）.

【例】[1] 谢希德. 创造学习的新思路[N]. 人民日报, 1998-12-25 (10).

④ 电子文献。

格式规范：[序号] 主要责任者. 电子文献题名[电子文献及载体类型标识]. 电子文献的出版或获得地址, 发表更新日期/引用日期.

【例】[1] 王明亮. 关于中国学术期刊标准化数据库系统工程的进展[DB/OL]. http://www.cajcd.edu.cn/pub/wml.html, 1998-08-16/1998-10-01.

4.1.4 网盘检索

网盘，又称网络U盘、网络硬盘，是由互联网公司推出的在线存储服务，向用户提供文件的存储、访问、备份、共享等文件管理功能。用户可以把网盘看成一个放在网络上的硬盘或U盘，不管是在家中、单位或其他任何地方，只要能连接到因特网，就可以管理、编辑网盘里的文件，不需要随身携带，更不怕丢失。

目前国内使用量比较高的网盘有：360安全云盘、百度云盘、天翼云盘、115网盘、金山快盘、51咕咕网盘、联想企业网盘、搜狐企业网盘等。

网盘资源的检索，可以通过搜盘网等网盘搜索引擎直接搜索，也可以通过别人分享的地址和提取码来获得。

学习活动建议

1. 尝试使用搜狗、必应、搜搜、有道等搜索引擎，感受其功能不同之处。
2. 在"百度传课"上申请一门你喜欢的课程进行学习，体验在线课程。
3. 通过百度学术搜索，搜索一本关于教育技术的图书，并下载。
4. 在"百度贴吧"中找一个感兴趣的话题，参与交流或学习。
5. 申请一个"百度文库"的账号，上传分享自己的文档，并下载自己需要的文档。
6. 从"百度知道"中搜索一个你想知道的问题，如："为什么说汉字是一种表义文字？"
7. 请注册"百度云盘"或其他网盘，并上传、分享文件，体验云存储。
8. 请下载数字图书馆手机客户端，检索、阅读你需要的资源。
9. 请从中国知网上下载一篇最近发表的关于"虚拟现实"的论文。

4.2 数字资源的获取

数字资源的获取，主要是指文本、图像、音频、视频等资源的获取。

4.2.1 文本资源获取

文本资源的获取方式主要有键盘输入、语音输入、复制粘贴、文档下载、文字识别等。

1. 键盘输入

键盘输入是最直接的获取文本的方式，但是，键盘输入有两个前提：一个是知道字音，用拼音（音码）输入即可；另一个是知道字形，用五笔（形码）输入即可。对于大多数人来说，或者掌握拼音输入法，或者掌握五笔输入法。对于一个只会拼音输入法的人来说，如果遇到一个知道字形、但不知道如何拼读的文本，应该如何应对？

如果我们掌握一种音码和一种形码，问题当然迎刃而解。但是，对大多数人来说，不太适用。现在部分拼音输入法兼具两种输入方式，如搜狗拼音输入法、QQ拼音输入法。

下面我们以搜狗拼音输入法为例，为大家介绍 U 模式输入，它适合于习惯使用拼音输入法，知道字形、但不知道字音的人。

（1）拆分输入。

对于文字结构比较明显、能拆分的文字来说，可以输入"u"和拆分后的文字的读音。

【例】汉字"犇"，可以拆分为三个"牛"字，输入"u"和三个拆分的"牛（niu）"即可。

此时，我们不仅输入了汉字，还认识了拼音。拆分输入，也可以做部首拆分输入。

【例】汉字"沥"，可以拆分为"氵"和"力"，输入"u"和"水（shui）""力（li）"即可。

具体偏旁部首的拼写输入，请参考表 4-2。

表 4-2 U 模式输入常见的部首拼写输入对照表

偏旁部首	输入	偏旁部首	输入
阝	qu	忄	xin
卩	jie	钅	jin
讠	yan	礻	shi
辶	chuo	廴	yin
冫	bing	氵	shui

续表

偏旁部首	输入	偏旁部首	输入
宀	mian	冖	mi
扌	shou	犭	quan
纟	si	幺	yan
灬	huo	皿	wang

（2）笔画输入。

对于无法拆分的字，输入"u"和这个汉字的笔顺首写字母就可以了。

【例】如要输入汉字"朩"，可以输入"u"和其笔顺"横竖撇捺"的首写字母u'hspn

1.朩(pin)，此时，文字和读音都显示出来了。

笔画拆分的按键详情，请参考表4-3。

表4-3 U模式输入笔画与按键对照表

笔画名称	笔画	按键	数字键
横/提	一	h	1
竖/竖钩	丨	s	2
撇	丿	p	3
点/捺	丶	d 或 n	4
折	㇆	z	5

注意：【忄】的笔顺是点点竖（dds），不是竖点点、点竖点，当然也可以按照部首输入"xin"。

（3）笔画拆分混输入。

有些汉字，一部分能拆分，另一部分很难拆分，则对能拆分的部分用拆分输入，对不能拆分的部分用笔画输入。

【例】如要输入汉字"翆"，可输入"u"+"羽（yu）"+"横撇竖（hps）"
u'yu'hps
1.翌(yì) 2.预(yù) 3.需(xū) 4.鲕(ér) 5.颙(yóng)

2. 语音输入

想要电脑能够做到语音识别，首先在 Windows 7 的控制面板【轻松访问】→【语音识别】中启动语音识别，并设置好麦克风，然后通过百度语音即可在 PC 端做语音识别。

如果在移动端进行语音输入，可以下载讯飞输入法或讯飞语音云的录音宝，将语音输入直接转换为文字。

还有很多小软件也可以将语音识别为文字，只是对语音的要求必须是普通话，否则识别不准确。

3. 复制粘贴

对于网上的纯文本，如果允许复制，则直接复制粘贴，为己所用。

4. 文档下载

如果文本是以 word、txt、pdf 等形式保存的文件，如百度文库、豆丁中的文档，则可以直接下载使用。

5. 文字识别

文字识别主要是将图片或 PDF 文档中的文字，识别为可编辑的文字。

（1）CAJViewer 阅读器。

中国知网的 CAJViewer 阅读器，可以直接将图片或 PDF 中的文字识别为可编辑文字。将需要识别的图片或 PDF 文档用 CAJViewer 阅读器打开，单击工具栏中的【文字识别】，然后按住鼠标左键拖动，选择需要识别的范围，稍后在弹出的【文字识别结果】窗口中，就会显示识别的结果，可将其复制粘贴到 Word 文档中。由于图片清晰度的原因，可能识别不是特别准确，需要按照原文进行校正。

（2）汉王 OCR。

汉王 OCR 软件文字识别的正确率比较高，支持批量处理，支持灰度、彩色、黑白三种色彩的 bmp、jpg、pdf 等多种格式的文件，可以识别简体、繁体、英文等多种语言。识别时，将文件用汉王 OCR 打开，单击识别菜单，在屏幕下方显示识别结果，然后对照原文校正识别结果，将校正好的文字输出到 Word 文档即可。

除此之外，还有一些在线文字识别转换、PDF 转 Word 软件，甚至 Office 也具有一部分文字识别功能，在此不再一一介绍。

4.2.2 图像资源获取

图像资源获取常用的方法有通过照相机/扫描仪等设备输入、网络下载图片、通过软件直接绘制图像、视频播放器截取图像、抓图等。在此，重点介绍一些抓图的方法。

1. Print Screen 键抓图

在电脑键盘上有个 Print Screen 键，按下 Print Screen 键，将会截取全屏幕画面。截图后，图片并没有被保存，需要粘贴到其他的文件中保存，比如可粘贴到画图以及 Word 或 PPT 等 Office 文档中。

在使用 Print Screen 进行屏幕抓图时，若同时按下 Alt 键，则会只抓取当前活动窗口，然后按上述方法保存即可。

2. 社交软件截图

目前，很多人在打开电脑的时候，习惯性地会登录各类社交软件，如 QQ、阿里旺旺、微信等。这些软件都自带了截图功能，使用起来很方便，只需按住鼠标左键，拖出需要截屏的区域，松开鼠标即可，并且这些社交软件的截图功能都有对应的快捷键，如 QQ 的 Ctrl + Alt + A、阿里旺旺的 Shift + Alt + Z，使截图更加方便、快捷。

3. 专业软件截图

目前，截图软件非常多，如 Snagit、HyperSnap、红蜻蜓抓图精灵、FastStone Capture、Winsnap 等，其中使用率最高的是 Snagit。

相对于其他截图软件来说，Snagit 捕捉的种类繁多，不仅可以捕捉静止的图像，还可获得动态的图像和声音，并且能在选取的范围内只获取文本；Snagit 捕捉的范围非常灵活，可以选择整个屏幕，也可以是某一个静止或活动窗口，还可以是自定义区域；并且，Snagit 的输出选择较多，可以把捕捉到的信息以文件的形式输出，也可以直接发邮件，还可以编辑成册；Snagit 还具有一定的编辑处理功能，可以对图像、视频等进行进一步的编辑、修改。

Snagit 具有图像捕捉、文字捕捉、视频捕捉、网络捕捉、打印机捕捉五种捕捉模式，如图 4-3 所示。就图像捕捉而言，Snagit 不仅可以做屏幕、窗口等基本捕捉，还可以捕捉菜单、滚动窗口、剪切板等活动区域。Snagit 捕捉图片的具体方式可参考表 4-4。

图 4-3　Snagit 捕捉模式

表 4-4　Snagit 捕捉图片的方式及说明

捕捉方式	说明
屏幕	抓取整个屏幕
窗口	抓取由用户选定的窗口
活动窗口	当用户打开多个窗口时，只抓取当前使用的窗口
对象	抓取打开的窗口中的某个局部，如工具栏、菜单栏等
菜单	抓取打开的程序中的多级菜单，如下拉菜单、右键菜单等
滚动窗口	抓取可以滚动的窗口或区域中的内容
手绘区域	采用类似于画笔工具的形式，来徒手绘制需要抓取的区域
剪切板	将剪切板中的内容捕捉为图像
图像及程序文件	捕捉图像或程序文件中的信息
DOS 屏幕	捕捉 DOS 下的整个屏幕
DirectX	从视频或游戏中捕捉一幅图片
墙纸	将电脑桌面的墙纸捕捉下来
多重范围	在每次捕捉时，可以一次性选择多个区域进行捕捉
扫描仪/数码相机	对连接到电脑上的扫描仪/数码相机中的图像进行捕捉
网页捕捉	从网络上保存大量的图像
连续捕捉	使用捕捉定时器设定捕捉频率，将会按指定频率来抓取窗口

4.2.3　音频资源获取

音频资源获取常用方法有：录制声音、视频文件中提取声音、网络下载声音文件等。网络下载声音与下载视频的操作方法基本相同，相关内容将在"视频资源获取"部分进行介绍,下面重点介绍其他两种方法。

1. 录制声音

电脑能够成功录制声音,要保证:电脑声卡驱动必须安装正确,必须配置声音输入设备,如话筒、麦克风或带声音输入功能的 USB 摄像头等。

以 Windows7 为例,打开【控制面板】,单击【声音】按钮进入,然后在打开的窗口中,切换至【录制】选项卡,选中可用的声音输入设备(如麦克风),单击【属性】按钮。在【属性】窗口中,切换至【侦听】选项卡,勾选【侦听此设备】项。切换至【级别】选项卡,将【麦克风】音量调整到"100"或比较高的级别,以保证比较大的声音输入。

方法一:使用电脑自带录音机录制声音。

设置好声音输入之后,单击【开始】菜单,从【所有程序】→【附件】中选择【录音机】。在打开的【录音机】主程序界面中,单击【开始录制】按钮就可以正式进入声音的录制过程。录制声音完成后,只需要单击【停止录制】按钮就可以停止声音的录制过程,并将所录制的声音文件进行保存,如图 4-4 所示。

图 4-4　使用电脑自带录音机录制声音

方法二:使用录音软件录制声音。

录音软件种类繁多,目前使用比较广泛的有 Audition、Cool Edit、GoldWave、蓝光影音 MP3 录音机、EOP 录音大师等。这些录音软件使用便捷、功能强大,除具有录音功能之外,大多具有声音处理功能,比如降噪、裁剪、合成等,具体内容将在"音频文件的处理"部分进行介绍。

2. 从视频文件中提取声音

可通过视频播放器或格式转换工具实现将声音从视频中提取出来。

方法一:播放器转换。

很多视频播放器都具备将声音从视频中提取的功能,比如 QQ 影音、暴风影音的暴风转码等。下面以 QQ 影音为例介绍一下转换过程:

使用 QQ 影音打开需要提取声音的视频文件,单击 QQ 影音右下角的影音工具箱,如图 4-5 所示,单击【转码】,打开【音视频转码】对话框,在【输出设置】下拉列表中,选择【纯音频文件】;也可以选择【参数设置】,详见图 4-6,对输出的视频进行格式、码率等更详细的设置。设置完成后,选择保存位置,单击【开始】进行转码,这样视频中的声音就被提取出来了。

方法二:通过格式转换工具提取。

常用的格式转换工具有狸窝全能视频转换器、格式工厂、艾奇全能视频转换器等。将视频文件导入格式转换软件中去,选择需要转换的格式,如 mp3、wma 等格式,就可以进行转换了。

图 4-5　QQ 影音工具箱

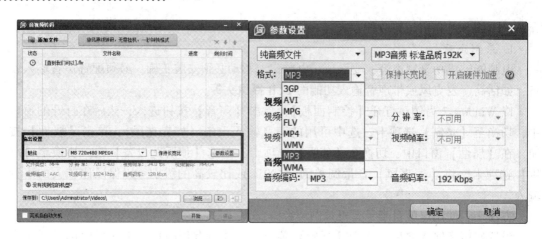

图 4-6　QQ 影音转码设置

4.2.4　视频资源获取

视频资源可以通过购买，手机、相机、摄像机等拍摄，网络下载，录屏，从影视作品中截取等方式获取。

1. 下载视频资源

方法一：通过搜索引擎查找想要的视频资源，找到后，直接单击鼠标右键【目标另存为】下载，也可以在找到资源地址后，使用专门的下载工具（如迅雷、脱兔、BT、FlashGet 等）下载，或者直接利用下载工具自带的搜索引擎搜索并下载。

方法二：利用专业网站或专题网站进行检索下载。与教育相关的专题网站很多，如K12、小学资源网等，可以在这些专业网站浏览查找所需资源并进行下载。

方法三：有些视频网站由于版权等问题，不提供下载服务，可以通过查找其属性或源代码等方式下载。

方法四：对于在网络传播中广泛使用 flv 格式的视频，可以通过专用工具（硕鼠、维棠）进行下载。

下面我们以硕鼠软件为例，介绍利用专业工具下载 flv 格式视频的方法：

首先，打开硕鼠软件官方网站，先找到该视频所在页面，并复制其地址，将视频地址粘贴到硕鼠官方网站首页的【视频地址】栏中，如图 4-7 所示，单击【开始 GO！】地址开始解析。

硕鼠软件官网

地址解析后，会出现所要下载的视频的名称，如图 4-8 所示，如果有多种清晰度可选，建议选择高清晰度，然后选择【用硕鼠下载该视频】。

此时，会出现两种下载方式，如果电脑上已经安装了硕鼠客户端，则选择【硕鼠专用链下载】，否则，选择【获取临时下载器（免安装）】下载，如图 4-9 所示。

若选择【硕鼠专用链下载】，则直接进入硕鼠下载界面；若选择【获取临时下载器（免安装）】，则打开新建任务窗口，确定视频需要保存的位置，单击【开始】，进入图 4-10 所示下载页面开始下载。

2. 录屏获取视频

录屏软件很多，如屏幕录像专家、Camtasia Studio、Snagit 等，在本书第 6 章将进行详细讲解，在此不再赘述。

图 4-7 硕鼠官网

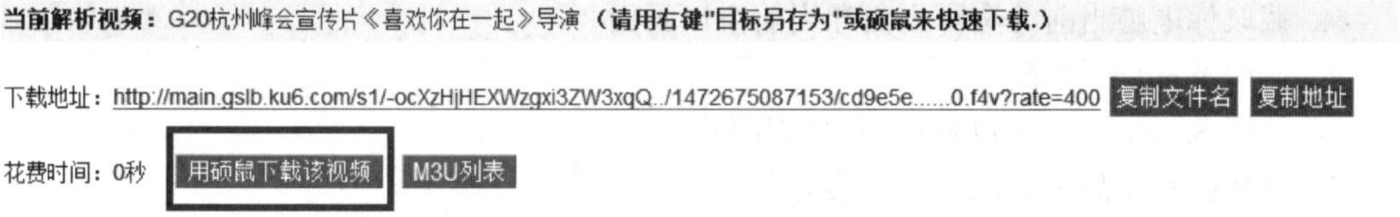

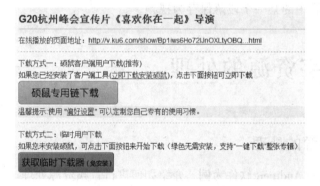

图 4-8 用硕鼠解析下载地址

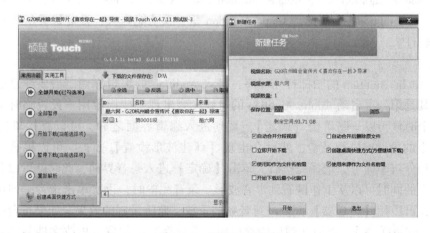

图 4-9 硕鼠下载方式选择

图 4-10 硕鼠下载页面

3. 截取视频

很多播放器都有视频截取的功能，如 QQ 影音、暴风影音等，也可以通过狸窝等格式转换工具截取，不论采用哪种截取方式，只需设置好开始和结束的时间点，就可以将中间的视频截取下来。

学习活动建议

1. 请用 U 模式输入练习输入下列汉字：弄、槑、夶、苶、厷、叵、叐。
2. 把本书中的某一页翻拍成照片，然后通过文字识别，以 Word 文档保存。
3. 将你喜欢的某部电影的一格画面保存为图片。
4. 截取你电脑当前的全屏画面和当前窗口画面。
5. 截取 Word 右键菜单。
6. 使用 Snagit，从图片网站批量捕捉图片。
7. 请从影视作品中提取一段经典对白。
8. 请用硕鼠或维棠软件从央视网下载一期你喜欢的电视节目。
9. 请用 Snagit 将数字故事《泰迪的故事》下载为视频。
10. 请截取电影中的某一个段落保存为视频。

4.3 数字资源的处理

4.3.1 音频资源的处理

本部分以 Adobe Audition 软件为例，介绍如何进行音频资源处理。

Adobe Audition 软件的前身是 Cool Edit Pro，后被 Adobe 公司收购，之后 Adobe 公司陆续推出了 Adobe Audition 1.0、Adobe Audition 2.0、Adobe Audition 3.0 等版本，目前最新版本是 Adobe Audition CC 2018。Adobe Audition 是一款功能强大、性能优异的多轨录音和音频处理软件。

1. 录音

双击 Adobe Audition 的图标打开程序，进入 Audition 的编辑界面。需要注意的是：有时候，尤其是第一次启动 Adobe Audition 的时候，会出现一些提醒用户设置临时文件夹的界面，这个时候可以一路单击【确定】，直到进入编辑界面之后，可以直接单击【传送器】面板上的录音键进行录音，然后会出现【新建波形设置】面板。可以根据需要，选择采样率和分辨率即可，选择完毕后，单击【确定】进入录音界面，此时就可以开始录音了，在录音的同时可以从工作区看到声音波形。录音完毕时，再次单击录音键即可结束录音。此时，可以用【传送器】面板进行音频的重放，监听录制的效果。如果符合标准，选择【文件】→【另存为】，然后在弹出的窗口中，选择保存的位置，更改文件名之后，单击【保存】即可。

需要注意的是，在开始录音之后，应该先录制 10 秒左右的环境噪声，然后再正式录音，以便于后期进行降噪处理。

2. 单音频的处理

对于单个音频的处理，主要涉及删除不必要的部分音频、降噪等。删除音频文件中不必要的部分，只需单击工作区上方的时间选择工具，选中不需要的部分，然后按 Delete 键就删除了。

录音时，由于硬件设备和环境的原因，或多或少会存在一些噪声，通过对音频进行降噪，可以使录制的声音更干净、清晰。

可以先选中一段噪音，然后打开左侧【效果】面板中的【修复】→【降噪器】，打开【降噪器】面板，如图 4-11 所示，按照提示单击【获取特性】按钮，扫描当前选择的噪声波形并以此作为要消除的噪声基准。获取完成后，会形成相应的图形，单击【保存】，将其保存为噪声样本，然后关掉降噪器，单击工作区，使用快捷键 Ctrl + A 将全部剩余波形选中，再打开【降噪器】，单击【加载】，将刚才保存的噪声样本加载进来，然后修改噪音级别。噪音的消除最好不是一次性完成，因为这样可能会使录音失真，所以第一次降噪时，将噪音级别调得稍微低一点（如 10% 左右），设置好噪声级别，单击【确定】，软件会自动进行降噪处理。

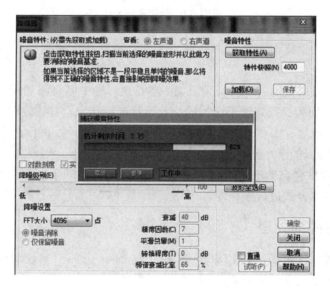

图 4-11 Adobe Audition 降噪器

完成第一次降噪之后，可以再次在噪声部分重新进行采样、降噪，重复上述操作。每降噪一次，噪音级别提高一些。一般经过三次降噪之后，噪声基本上就消除了。

3. 多音频的处理

多音频的处理需要在多轨模式下进行，选择素材框上的按钮【多轨】，编辑界面就进入多轨模式。

选择【文件】→【导入】，将两个声音文件（一个是录音文件，另一个是背景音乐文件）导入到素材框中，然后将这两个文件，分别拖放到【音轨 1】和【音轨 2】的轨道上，此时可以对两个音频进行编辑。

首先，将声音中不需要的部分，用时间选择工具选中，按 Delete 键删除。

多音轨处理时，很多时候需要将音频分切成几个小段，方便声音的对齐，只需用时间选择工具单击需要切开的地方，然后选择【编辑】菜单下的【分离】选项，或者直接用快捷键 Ctrl + K，就可以将音频切割，如图 4-12 所示。

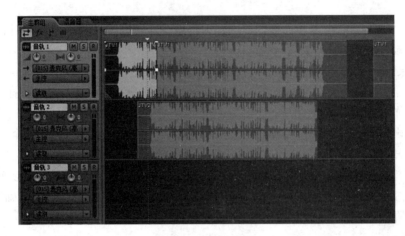

图 4-12 分割音频块

其次，利用移动工具（工具栏中的箭头工具）拖动各个切割后的音频块，调整其位置，将其对准。

对准完成后，可以根据需要对音频添加一些特效：选中需要添加特效的音频块，然后选择左侧【效果】面板，找到需要添加的特效后双击打开，设置特效即可。

多音轨编辑完成后，需要进行文件输出：选择【编辑】菜单下的【混缩到新文件】，打开【会话中的主控输出（立体声）】，如果需要输出单声道，则选择【会话中的主控输出（单声道）】，软件会自动进行混缩，并在单轨模式下自动生成一个混缩文件。此时，只需按单轨编辑保存方式进行保存即可。

4.3.2 视频资源的处理

视频资源处理软件很多，如 EDIUS、Adobe Premiere 等相对来说专业性较强，在此不做介绍。一般情况下，不需要对视频做复杂的编辑、特效等工作，只需要进行简单的裁剪、合成。这些基本功能，用视频播放器（如 QQ 影音）或格式转换工具（如格式工厂、狸窝）等就可以轻松实现。

下面以"狸窝"为例，简单介绍视频的裁剪与合成。

在狸窝全能视频转换器安装完成后，会出现【使用与操作向导】界面，如图 4-13 所示，按照操作向导，单击

图 4-13 狸窝全能视频转换器操作界面

左上角的【添加视频】，将要准备截取的视频源文件导入进来，在预设方案中改变文件输出格式。如果选择音频格式，则将视频中的声音提取出来；如果选视频格式，则是对视频进行格式转换。

在通常情况下，我们可能只需要一个视频中的一部分，所以需要对视频进行截取：单击【添加视频】右侧的【编辑视频】，打开【视频编辑】界面，在【截取】选项卡中设置【开始时间】与【结束时间】；也可以拖动滑块，添加开始点与结束点，开始点与结束点之间的视频就是要截取的片段。

当需要将多段视频合成为一段视频时，需要将所有裁剪好的视频片段按顺序导入，设置好预设视频格式和输出目录，勾选右侧的【合并成一个文件】，单击【转换】按钮，即可实现多段视频的合并。

学习活动建议

1. 请录制一段声音，并做降噪处理。
2. 请下载一首背景音乐，为你录制的声音添加背景音乐。
3. 将来源不同的视频片段裁剪，合并为一个视频文件。

参考文献

[1] 李培. 数字图书馆的原理及应用［M］. 北京：高等教育出版社，2004.
[2] 王勇，彭莲好. 现代信息检索基础教程［M］. 武汉：华中科技大学出版社，2010.
[3] U 模式输入［DB/OL］. http://pinyin.sogou.com/help.php? list =3&q =8,2016-9-29.
[4] 于新国. 网络数字信息资源的 8 种强行下载获取方式［J］. 科技文献信息管理，2013，(10).
[5] 倪楠. 完美下载工具——脱兔 Tuotu［J］. 互联网天地，2016，(06).
[6] 于新国. 网上免费电子图书资源的获取与利用［J］. 图书馆杂志，2005，(01).

演示型课件的设计与制作

☞ 学完本章,应做到:

◎ 能了解演示型课件及其开发工具;

◎ 能从大纲、结构、导航等方面整体设计幻灯片的框架结构;

◎ 能对幻灯片中的文字图片等进行编辑、排版和美化设计;

◎ 能熟练应用各类图表,做到图形化表达;

◎ 能理解动画设计、多媒体设计与交互设计;

◎ 能掌握必要的幻灯片演示管理技巧;

◎ 能设计、制作出专业的 PPT 演示文稿。

学习导航

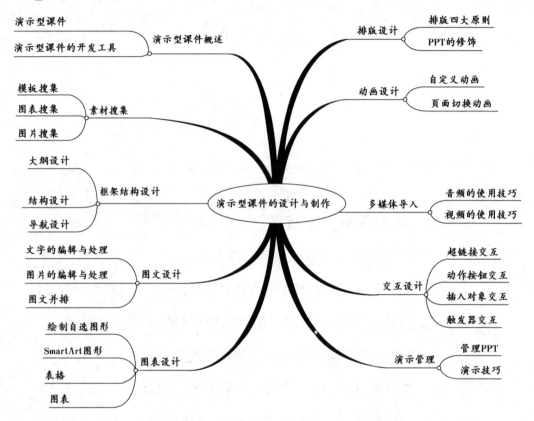

通过第 4 章的学习，我们已经能够收集并按需要处理教学资源。为了更好地使用这些资源，我们往往需要将资源进行集成、管理。演示型课件是教学中最常用的一种资源集成和管理载体，是各级学校教学中最常见的课件形式。演示型课件的制作质量是影响教学效果的重要因素，值得我们关注和研究。

5.1 演示型课件概述

演示是指通过一些方式和工具，将信息传达给他人，是一种信息传达的行为方式，其本质在于展示或者说明一个观点、一种创意、一件产品，向观众传达或解释某些东西。

5.1.1 演示型课件

演示型课件是多媒体课件的一种，这种模式的课件主要应用于课堂教学，在多媒体教室或多媒体网络环境下，由教师向全体学生播放，用于演示教学过程、创建教学情境或进行标准示范等。这种教学软件是为了解决某一学科的教学重点与教学难点而开发的，它注重对学生的启发、提示，反映问题解决的全过程，其设计的主要目的是揭示教学内容的内在规律，将抽象的教学内容以形象、具体的形式表现出来。

5.1.2 演示型课件的开发工具

目前，多媒体课件开发工具较多，常用的有 Authorware、Flash、Director、PowerPoint 以及国产软件方正奥思、课件大师等。好的开发工具可以成功地实现设计思想，提高课件开发效率，减少课件开发时间。我们应根据课程类型以及所要开发课件的特点，选择合适的开发工具。

演示型课件的开发工具主要有以下几种：

1. PowerPoint（PPT）

PowerPoint 是微软公司的演示文稿软件，也是目前使用最为广泛的演示软件。许多软件可以打开 PPT 演示文稿，有时还可以把文件存储成 PPT 格式。

2. WPS

WPS 是由金山软件股份有限公司自主研发的一款办公软件套装，可以实现办公软件最常用的文字、表格、演示等多种功能，覆盖 Windows、Linux、Android、iOS 等多个平台。此外，WPS 支持桌面和移动办公，且 WPS for Android 在应用软件排行榜上领先于其他竞争对手。

3. Keynote

Keynote 是苹果电脑 Mac 系统 iWork 的一部分，只适用于苹果 Mac 系统。Keynote 可以打开 PPT 文档，也可以把文档保存为 PPT 格式，从而可以在 PC 机上阅读。

4. Impress

Impress 是 Apache 开源协议的 OpenOffice 套件之一，也是一个免费的演示文稿软件。它虽然没有 PPT 或 Keynote 那么强大和先进，但是它能方便地在 Windows、Mac、Linux 等操作系统上使用。

本章以应用广泛的 PowerPoint 演示文稿为例，介绍演示型课件的设计与制作。

5.2 素材搜集

制作演示性课件的第一步需要有素材，包括模板、图表、图片等数字素材。

5.2.1 模板搜集

模板相当于演示文稿的骨架，标准模板应该包含主题字体、主题效果和背景样式等内容。一套好的模板可以让一篇演示文稿的视觉效果得到提升，大大增加可读性和观赏性，同时也可以使文稿思路更清晰、逻辑更严谨，更方便处理图表、文字、图片等内容，表5-1和表5-2为一些国内外优秀的PPT模板网站。

表5-1 国内部分模板网站

名称	网址	简介
锐普PPT	www.rapidppt.com	国内领先的专业PPT设计，独具中国特色，大量原创作品，部分模板收费下载
无忧PPT	www.51ppt.com.cn	国内最早的PPT素材网站，资源多，门类广
第一PPT	www.1ppt.com	PPT综合素材网站，部分精品模板收费下载
扑奔PPT	www.pooban.com	国内最活跃的PPT论坛
演界网	www.yanj.cn	中国首家演示设计交易平台

表5-2 国外部分模板网站

网址	简介
www.presentationload.com	德国专业的PPT制作公司，模板、图表风格简洁大方
www.animationfactory.com/en	美国PPT素材提供商，以GIF动画著称
www.themegallery.com/english	韩国PPT模板提供商，模板、图表以立体水晶质感见长
www.bizppt.com/main.aspx	韩国顶级PPT公司，风格统一
www.templatemonster.com	美国怪兽模板公司

5.2.2 图表搜集

在PPT设计中，我们应尽量将抽象的文字、数据转换为形象、直观的图表。PPT图表主要有数据图表（饼状图、柱状图、折线图等）和图示（表示各种关系的逻辑结构图或框架图）两大类。在浏览器中输入"PPT图表"，能搜索出大量免费的PPT图表。目前流行的PPT图表主要有扁平化风格、韩式风格、欧美风格和个性化风格四种类型，可直接下载、备用。

5.2.3 图片搜索

高质量有创意的图片能够为PPT增色，可增强可视性与审美性。获取高质量图片的途径主要有图片素材网下载、创意设计网站下载、搜索引擎直接搜索、自己拍摄。除此之外，众多摄影网站也提供高质量的图片下载。表 5-3 中所示是一些高质量的图片网站。

表 5-3 部分图片素材网站

名称	网址	简介
站酷	www.zcool.com.cn	设计师互动平台
Flickr	www.flickr.com	全球图片素材交流中心
全景	www.quanjing.com	中国最大的图片库和素材库
视觉中国	www.gettyimages.cn	中国领先的创意图片、视频等提供商
创意设计网	www.vedy.cn/tupian	大量的创意设计网站

素材准备除准备模板、图表、图片外，有时还需要下载一些案例、声音文件等。所有素材准备完毕后，分类整理，以备后用。

学习活动建议

将目前流行的四种类型（扁平化风格、韩式风格、欧美风格和个性化风格）的 PPT 图表分别下载一套，并比较其在设计上有哪些不同。

5.3 框架结构设计

设计一份好的 PPT 就像建设一栋大楼，牢固、稳定的框架是其成功的基础，框架设计正是将整个 PPT 的结构清晰地呈现出来。框架结构设计主要涉及大纲设计、结构设计和导航设计三部分。

5.3.1 大纲设计

PowerPoint 中的大纲视图主要用于查看、编排演示文稿的大纲。如果制作的演示文稿结构比较复杂，可以在大纲视图下先组织自己的想法，建立思路，为后面的设计做好铺垫。在大纲视图下，可以直观地看到文稿的主体（见图 5-1）。

在大纲视图下，可以通过显示/隐藏大纲内容、降低大纲标题级别、提升/降低子标题级别、上下移动文本等来管理大纲，从而达到组织、管理幻灯片的目的（见图 5-2）。

图 5-1　PPT 中的大纲视图　　　　　图 5-2　PPT 中的大纲视图工具

1. 展开

可以在大纲标题下显示当前所选幻灯片的全部正文文本。

2. 折叠

可以隐藏当前所选幻灯片的全部正文文本到大纲标题中。

3. 升级

可以将所选文本的级别提升一级。例如,由子标题提升到主标题,提升后自动更新为上一级标题的样式和格式。

4. 降级

可以将所选文本的级别降低一级。例如,由主标题变为子标题,降级后自动更新为下一级标题的样式和格式。

5. 下移

将所选择的文本移动到下一个大纲项目之下。

6. 上移

将所选择的文本移动到上一个大纲项目之下。

5.3.2　结构设计

常见的 PPT 结构主要有说明式、罗列式和故事式等形式。

1. 说明式

说明式 PPT 结构主要用于课堂教学、毕业答辩、研究报告、产品介绍、情况发布等,主要是针对一个知识点、一个事物、一种现象等从不同角度进行分析、解释,结构线索清晰,是目前使用最为广泛的一类结构形式,其结构图如图 5-3 所示。

2. 罗列式

罗列式 PPT 结构适用于作业点评、成果展示、产品演示等,在正文页中每张幻灯片的内容基本上是性质相似、内容相近的信息,既可以按照时间或地域特征罗列出来,也可以无差别呈现,起到并列展示的目的。这类结构一般没有目录页,其结构图如图 5-4 所示。

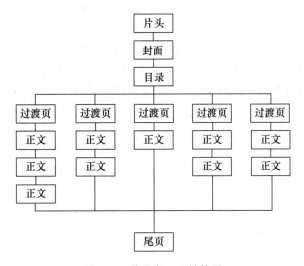

图 5-3　说明式 PPT 结构图

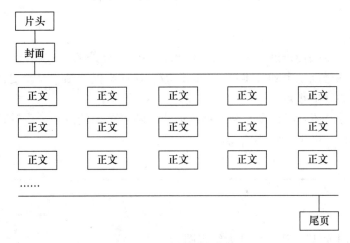

图 5-4　罗列式 PPT 结构图

3. 故事式

故事式 PPT 结构主要适用于一些轻松、娱乐、抒情或启迪、教育、反思等主题。以轻松、娱乐、抒情为主题的故事式 PPT 结构多用在晚会、聚会、沙龙等场合,以启迪、教育、反思为主题的故事式 PPT 结构多用在教学导入、教学分享等场合。这类幻灯片一般按照时间、地点、事件的发展或者人物内心的变化等为线索来展开叙事。

这类结构一般没有固定的形式,可以有过渡页,也可以没有,直接从正文页开始讲故事;可以有标题、解释性的文字等,也可以只用图片不用文字;音乐的配合能够为故事增添氛围,引人入境。

此外,还有剖析式、抒情式等结构,在此不做赘述。

5.3.3　导航设计

导航是说明式 PPT 结构必不可少的一项内容。导航设计的核心是目录和过渡页的设计，常见的导航主要有标准型、网页型、图表型、进度条型等。

1. 标准型

标准型是传统 PPT 最常见的导航模式，在正文开始之前先有一个总目录，类似于书籍的章节目录，不同的是，每章开始前都会有一个过渡页，把本章的标题强调出来。这类导航设计制作方便、结构清晰，适合于比较正式和严谨的场合，如毕业答辩、工作报告、学术报告、商务报告等。当然，纯粹的文字会很抽象、乏味，所以在设计的时候，可以通过字体、质感、色彩、布局、线条等使标准型导航变得更灵活、更具有审美性。

2. 网页型

网页型导航借鉴了网页、电子杂志等多媒体的目录表现形式，就像一个网站一样，上面有导航条，下面是正文；宽屏设计可以左边是导航条，右边是正文。使用时可以单击相应的链接进入不同的内容页，也可以在不同的章节之间自由跳转。这种导航最大的特点就是突破了 PPT 线性播放的限制。

3. 图表型

图表型导航是在标准导航的基础上演化出来的，是借助 PPT 中的 SmartArt 图或自己设计的图表来美化和表现标准型导航的目录。通过图表的变化、美化，设计出来的导航更加形象、生动、美观。

4. 进度条型

进度条型导航是模仿进度条的形式与理念，多以长方条的形式线性地表现整个内容，按照内容的长度在进度条上划分出每部分的区域。这样不仅使结构呈现更清晰，而且还能让使用者更清楚教学的重点。

此外，PPT 导航还有场景型、图片型等形式。随着技术的进步、设计理念的更新，更多、更有吸引力的导航形式将不断涌现。

学习活动建议

1. 选择本书中的某一章，设计大纲视图。
2. 上网检索标准型、网页型、图表型、进度条型、图片型等导航类型的 PPT 模板，思考各类导航适用的条件。

5.4 图文设计

5.4.1 文字的编辑与处理

文字是演示文稿中出现频率最高的一种资源，它直接体现演示文稿的中心思想。但是，演示文稿毕竟不等同于演讲稿，演示文稿中的文字应该是精练的、排列有序的。文字在整个演示文稿中起到提示、注释和装饰作用。

1. 文字的精简

大部分演示文稿制作之前都会有一个文字稿。文字稿简化需要用最少的文字表达完整的思想，受众在很短的时间内就能获得完整的信息。只有这样，教师才能有时间与学生进行互动交流。

文字精简大致分以下三步。

第一步：断句。通过多次回车将段落分成若干个句子。

第二步：分层。分析句子的主要内容作为要点，将解释性信息再次断开，列为若干短语。

第三步：提炼。根据需要对句子进行删减，提炼出关键词，并图片化展示。

例如，图 5-5（a）中的这段文字经过（b）（c）两步的简化之后，变成最后（d）所呈现的图片化表达效果，显得形象、直观。

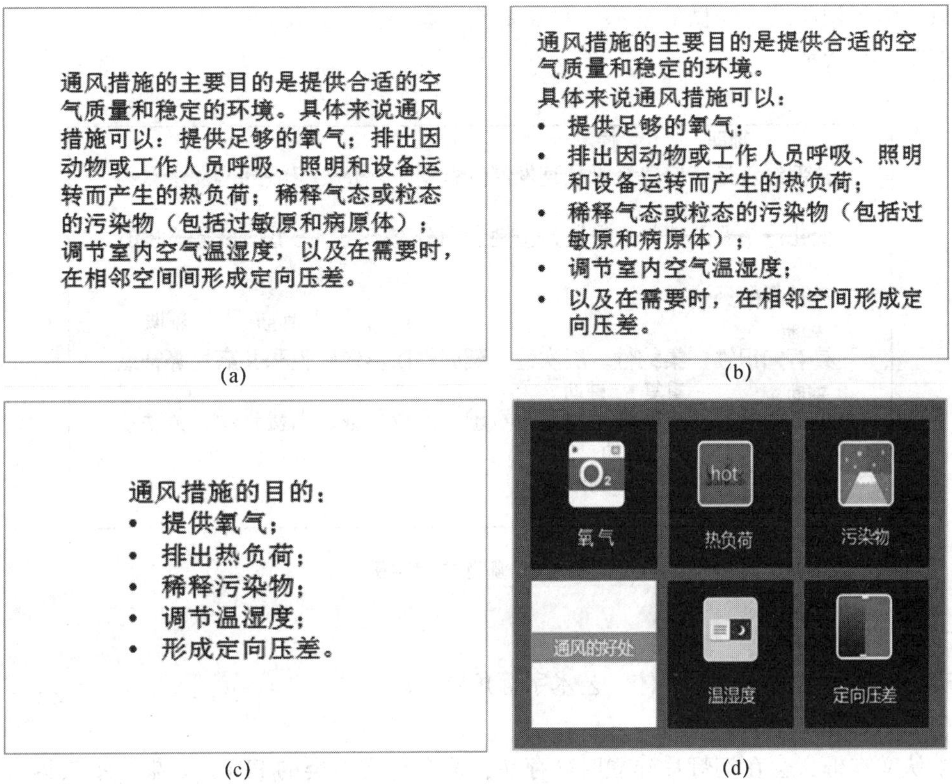

图 5-5 简化文字稿实例

在精简文字过程中，下列五类文字需要删除：

（1）原因性文字。

在文字稿中，经常会出现表述原因的一些关联词，如因为、所以、由于、基于、于是等，其实观众真正关注的是结果或结论，也就是"所以""于是"后面的文字。因此，表示原因性的文字需要删除，只保留结果性的文字即可。

（2）解释性文字。

在文字稿中，常常出现一些关键词后添加冒号或者括号，以表示备注、补充、说明、展开介绍等解释性的文字。在 PPT 页面中，这些文字是需要演示者口头表达的，不用出现在演示页面中。

(3) 重复性文字。

在文字稿中，为了文章的连贯性和严谨性，常常会出现一些重复性的语言，如在第一段中会出现"在文字稿中……"，第二段中还会用"在文字稿中……"开头，这类相同的文字如果反复出现在 PPT 中，就显得重复、累赘，因此需要删除。

(4) 辅助性文字。

在文字稿中，经常会使用"截止到……时候""目前""已经""但是""然而"等辅助性文字，主要是为了文章的完整和严谨，但 PPT 需要展示的是关键词、关键句，而不是整段文字，所以这类文字需要删除。

(5) 铺垫性文字。

在文字稿中，经常出现"根据……""经过……""在……的领导下"等语句，这些语句只是为了说明结论而做的铺垫，只需要演示者口头表达即可。

如图 5-6 所示。

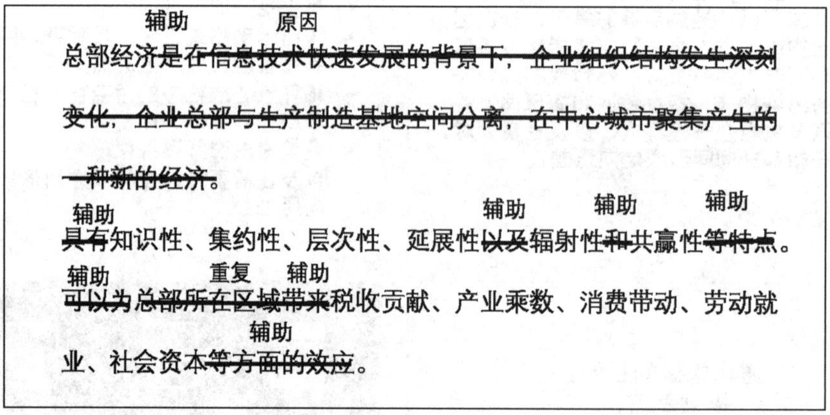

图 5-6　删除文字实例

2. 文字的美化

美化文字可从文本框、字体、艺术字等角度考虑。

(1) 文本框的选择。

默认文本框，会在幻灯片建立时就存在，适合纯文本类的 PPT。如果演示文稿有很多图片、图表等，默认文本框修改起来就比较麻烦，就应该选择自定义文本框。自定义文本框便于设计文字，也便于文字与图表、图片等素材配合。

(2) 字体的选择。

宋体：严谨、工整、大方，显示清晰，通常作为正文字体使用，也是 PPT 的默认字体。

黑体：端庄、肃穆、严谨，引人注意，具有浑厚、凝重的感觉，通常作为稳重、醒目的标题字体使用，或用在需要强调的地方。

隶书：造型优美，笔画生动，具有流动性，文字略扁，有时作为标题字体使用。

楷体：古朴秀美，字体温和，常用于注释的字体，但其投影效果不佳。

除这些常用字体之外，还有一些比较特殊的字体用于特定主题的幻灯片，如方正卡通、方正胖娃、方正剪纸等字体常常用于儿童题材的 PPT，方正古隶、方正祥隶、方正魏碑等字体常用于古代题材的 PPT。

（3）艺术字效果。

输入文字，选择默认的艺术字效果即可。如果默认艺术字效果不能满足需要，可以设计自定义艺术字：打开【设置文本效果格式】对话框，如图 5-7 所示，在【文本填充】选项卡中，可以对文字的颜色、填充效果、渐变效果和纹理效果进行设置；在【文本边框】选项卡中，可以修改文字的边框样式；在【阴影】选项卡中，可以设置文字的阴影效果；在【发光和柔化边缘】选项卡中，可设置文本的发光效果；在【三维格式】选项卡中，能够改变文字的棱台效果；在【三维旋转】选项卡中，可以改变文字的变形效果……总之，熟练应用【设置文本效果格式】对话框，就能够设计出符合自己需求的艺术字。

图 5-7　【设置文本效果格式】对话框

3. 文字的排列

第一，文字的排列要根据文字间的密切程度把关系密切的文字集中到一起，把关系相对疏远的文字间隔一定的距离。

【例】如图 5-8 所示，左右两图中的文字内容完全一致，只是文字的位置、字号有区别。相比之下，右边的文字比左边的文字更容易让人抓住重点，条理也更清晰。

第二，文字的排列应突出核心内容，可以将一段文字或部分文字设置成不同的格式，以起到突出显示的效果。通常通过改变文字的颜色、字体、字号，为文字添加背景、下划线、加粗、倾斜等效果来突出文字，如图 5-9 所示。

5.4.2　图片的编辑与处理

图片是视觉化传达的重要工具，其直观的形象往往令人印象深刻。对于演示型课件，图片的应用不仅使幻灯片更活泼、直观，还能起到美化、装饰幻灯片的作用。

图 5-8　文字排列的集中与间隔

图 5-9　文字排列实例

1. PPT 常用图片

在 PPT 制作过程中，经常用到以下三类图片：

（1）位图。

位图是最常见的一种图片，手机和相机拍摄的图片、计算机绘制的图片、大多数网络图片基本都属于此类，其特点是色彩丰富、形象逼真，但是放大时其清晰度会降低。PPT 使用的位图大多是 JPG 格式，常常用来做背景或素材。

在使用位图时，要确保图片的像素足够高，以免出现马赛克或模糊的现象；同时，要注意画面的质感，明显的光线效果会使图片质感得到提升；最重要的是，PPT 中使用的图片要具有创意，所选的图片应巧妙、幽默、新奇，让人眼前一亮、过目不忘，有创意的图片还能使 PPT 的内涵得到提升。

(2) GIF 图片。

GIF 图片的兼容性非常好，几乎所有的软件均支持，所以在网站建设、软件开发等领域应用非常广泛。其特点是灵活、生动，往往以小动画的形式存在，形象卡通、幽默，但相对于位图来说，GIF 图像色彩不够丰富。

由于 GIF 动画都是循环动作的，无法人为控制速度、节奏或是否停止。如果在 GIF 动画中主体的动作比较夸张，很有可能会一直吸引观众的注意力，导致冲淡主题、喧宾夺主。所以，在 PPT 设计中，GIF 动画应慎用。

(3) PNG 图片。

PNG 图片与其他格式图片的最大不同之处在于，它能设置图片透明属性，这对于 PPT 设计来说非常重要。从视觉角度来说，一幅图片如果有背景，插入 PPT 之后将会被作为一个主体形象理解，如果没有背景，插入之后将会被视为背景存在。按照主体比背景优先被人感知的规律，如果所选图像不是作为主体，而是作为烘托，那么把图片设置为 PNG 格式会比较适合。

【例】比较一下图 5-10 中的两页幻灯片，在左边的画面中，白色图片设有一个黑色背景，白色图片作为页面的一个主体元素而存在，观众的注意力会集中在白色图片上，进而忽略了左侧的文字。而在右边这幅画面上，背景"消失"了，人物融入了 PPT 的黑色背景中，页面左侧的文字就成了页面的主体内容，文字得到突出。

图 5-10　透明背景比较

2. 删除图片背景

当把不同图片放置到同一背景中，很有可能会出现因为图片各自的背景不同而导致其很难融合到同一个环境中去，甚至各自的背景互相遮挡，最好的处理办法就是把某些图片的背景删除。

【例1】删除纯色图片背景

(1) 将图片插入 PPT 中，双击图片，打开图片格式面板，如图 5-11 所示。

(2) 单击最左侧的【删除背景】，打开【背景消除】面板，可以看到已经进行粗略的背景消除，被紫色覆盖的地方即为要删除的内容，如图 5-12 所示。

(3) 通过拉动图片上的选择框，将其四个边角拉至与图片边框重合，这时能看到图片中需要保留的内容全部呈现出来了，如图 5-13 所示，单击【保存更改】即可，这样背景就变成透明的了。

删除纯色图片背景操作

图 5-11　图片格式面板

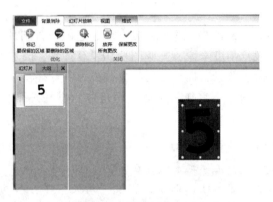

图 5-12　粗略删除背景

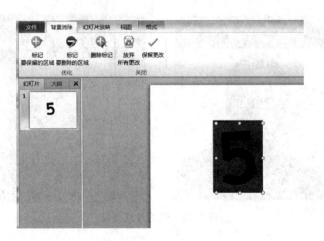

图 5-13　完全删除背景

【例2】删除普通图片背景

本操作的（1）、（2）、（3）步骤与"删除纯色图片背景"的操作方法基本一致，只不过，将选中点拉至与图片一样大小的时候，背景还是没有完全删除，而且人的部分衣服被删除了，如图 5-14 所示。

（4）利用【标记要保留的区域】对细小的地方修改。单击【标记要保留的区域】，鼠标指针变成笔形，单击要保留的衣服区域，如果一次单击不能完全消除，可多点击几次。每单击一次鼠标，画面中就会出现一个加号，表示这是继续消除的部分，如图 5-15 所示。

图 5-14　未完全消除的背景

图 5-15　标记要保留的区域

（5）利用【标记要删除的区域】对细小的地方修改。单击【标记要删除的区域】，鼠标指针变成笔形，点击要删除的没有被紫色覆盖的头部附近区域。如果点击一次不能完全消除，可多次点击。每单击一次鼠标，画面中就会出现一个减号，表示这部分不需要消除。当图片中需要保留的内容全部呈现出来，如图 5-16 所示，单击【保存更改】，背景变成透明，如图 5-17 所示。

图 5-16　标记要删除的区域

图 5-17　背景变成透明

利用上述方法，可以实现 PPT 抠图功能。如果将删除背景后的图片保存，将发现图片变为 PNG 格式，背景透明，便于以后使用。

3. 填充图片背景

当图片背景删除后，可以为其添加其他背景。可填充的背景可以是纯色背景、渐变背景、纹理背景，也可以是任意图片背景。

选中已经删除背景的图片，单击鼠标右键打开【设置图片格式】选项卡，选择第一项【填充】，即可为图片填充各类背景。具体填充效果见下例。

【例】图片背景填充效果

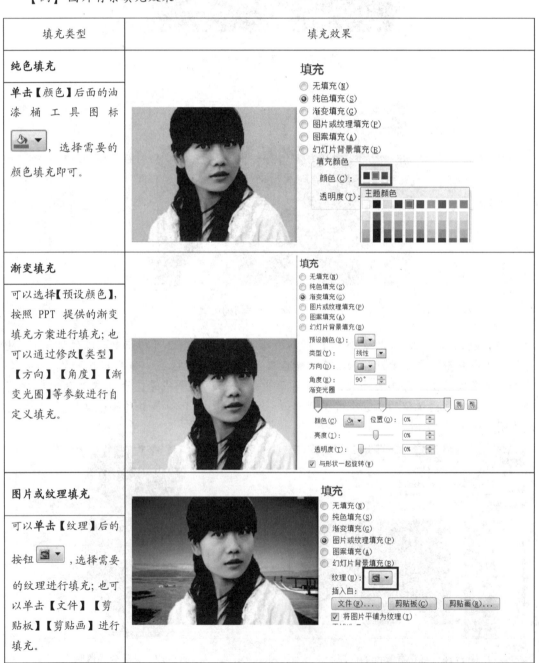

续表

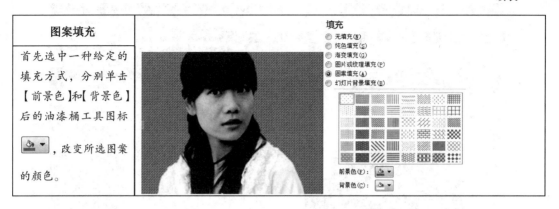

4. 裁剪图片

裁剪操作通常用来隐藏或修整部分图片，以便进行强调或删除不需要的部分。

在 PPT 中双击要裁剪的图片，打开【格式】选项卡，选择最右侧的【裁剪】，看到图片的周围出现 8 个裁剪控制点。若要裁剪某一侧，就将该侧的中心裁剪控制点向里拖动；若要同时均匀地裁剪两侧，就要在按住 Ctrl 键的同时，将任一侧的中心裁剪控制点向里拖动；若要同时均匀地裁剪图片四边，需要在按住 Ctrl 键的同时，选择四个边角裁剪控制点中的任何一个向里拖动，然后按回车或按 Esc 键完成裁剪。

注意：执行【裁剪】操作并不是把图片真的裁剪掉了，而是暂时隐藏；如果反方向拉伸控制点，被隐藏的部分又将显示出来。

利用裁剪工具，不仅可以水平和垂直地裁剪图片，还可以把图片裁剪为特定形状。单击【裁剪】下列菜单，选择【裁剪为形状】，然后选择任意一种形状即可，如图 5-18 所示，将图片裁剪为"＋"形状。

5. 压缩图片

随着人们对可视化要求越来越高，PPT 需要大量插入图片、声音、视频等多媒体素材，这很容易造成 PPT 的"臃肿"，也就是文件过大，不利于分享和传播，所以，PPT 需要"瘦身"。

经验显示，90%的 PPT 文件过大是由于插入了过多的图片所致。我们可以使用 PowerPoint 自带的图片压缩功能实现图片压缩。

压缩方法具体为：打开需要"瘦身"的 PPT，选择其中任意一张图片，双击图片，打开【格式】面板，选择【压缩图片】工具，如图 5-19 所示。

单击图 5-19 中的【压缩图片】，打开【压缩图片】选项卡，如图 5-20 所示，勾选上【仅应用于此图片】，则仅压缩当前选中的这张图片；如果取消勾选，则压缩整个 PPT 文档中的所有图片；勾选上【删除图片的裁剪区域】，则把经过裁剪的图片进行压缩。这里的压缩，和前面说的"裁剪图片"不同，裁剪图片仅仅是将不需要的部分隐藏了，而"压缩图片"则是将隐藏的部分真正删除。【目标输出】选项可以根据自己的使用环境进行选择。

注意：压缩图片功能要慎用，因为这个功能是不可逆的，一旦压缩之后，图片精度是不可恢复的，所以在压缩之前最好将文件进行备份。

图 5-18　裁剪特定图形

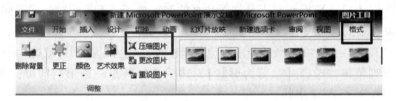

图 5-19　压缩图片工具

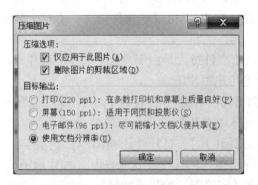

图 5-20　压缩图片选项卡

6. 调整图片

当选择的图片在画面效果上无法满足需要时，可以对图片进行必要的调整，可通过【更正】【颜色】【艺术效果】三项来实现。双击图片，打开【格式】面板，如图 5-21 所示。

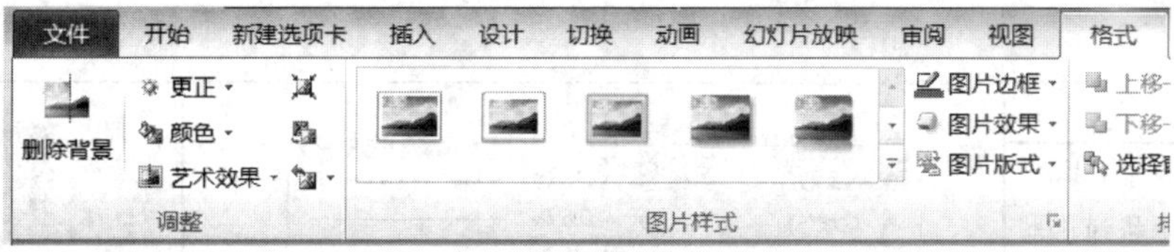

图 5-21 格式面板中的调整图像工具

【更正】功能,可实现图片锐化、柔化、更改亮度和对比度等功能。使用时,在弹出的菜单中选择 PPT 预设效果即可;如果不能满足需要,可以单击【图片更正选项】命令,打开【设置图片格式】对话框,选择【图片更正】,通过更改各项参数进行更细致的修改。

【颜色】功能的作用是更改图片的色彩属性,包括"颜色饱和度""色调""重新着色""其他变体"等属性。使用时,在弹出的菜单中选择 PPT 预设的效果即可;如果不能满足需要,单击【图片颜色选项】,打开【设置图片格式】对话框,选择【图片颜色】,通过更改各项参数进行更细致的修改。

【艺术效果】功能类似于 Photoshop 中的滤镜功能,可以为图片添加特殊效果。使用时,在弹出的菜单中选择 PPT 预设的效果即可;如果不能满足需要,单击【艺术效果选项】,打开【设置图片格式】对话框,选择【艺术效果】,通过更改各项参数进行更细致的修改。

7. 添加图片边框

图片的边框既可以凸显图片,使图片与背景分割开来,又可以对图片进行装饰美化。下面我们举一个添加图片边框的例子。

【例】添加图片边框

添加图片
边框操作

	操作步骤	效果
默认边框	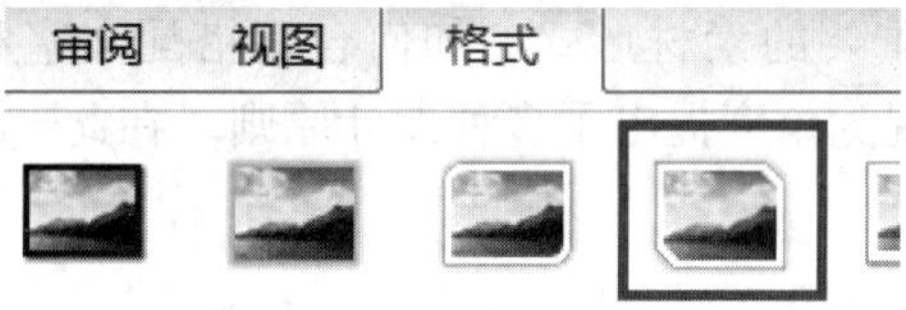 双击图片,打开【格式】面板,选择其中任意一项边框效果即可。右图效果选择的是"斜裁对角线,白色"效果。	
边框颜色	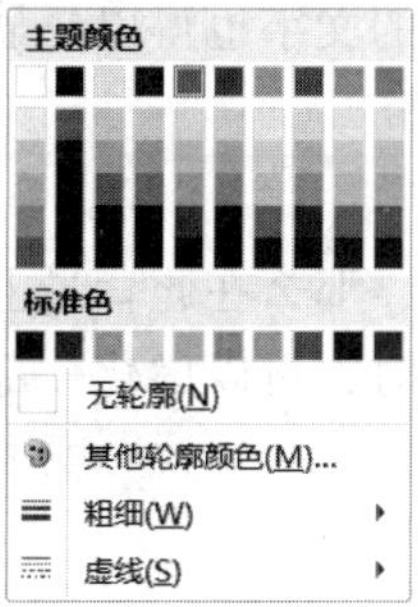 选择【图片边框】,在颜色面板中任选一种需要的颜色。右图为"黑色"边框。	

续表

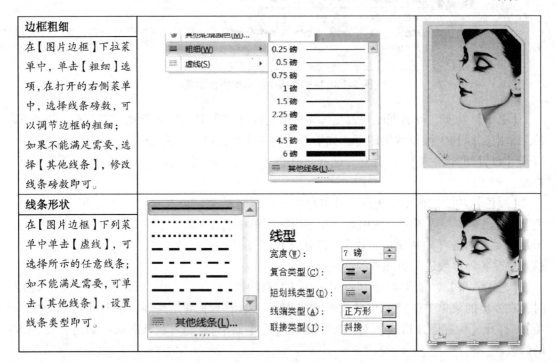

8. 图片立体化

PowerPoint 提供了丰富的图片立体化效果，包括三维预设、阴影、映像、发光、柔化边缘、棱台、三维旋转等。这些立体效果的应用，使 PPT 视觉冲击力更强烈；但如果使用不当，往往会喧宾夺主。

5.4.3 图文并排

文字和图片是幻灯片中最重要的素材形式，如何合理搭配文字和图片就显得尤为重要。研究者从设计学的角度或视觉角度提出了多种设计原则。在此，我们只介绍几种常见的图文并排的方法。

1. 变图片为背景

在幻灯片中插入图片之后，图片本身的背景或颜色将会与幻灯片的背景或色调形成鲜明的对比，通常的做法是把图片的背景抠掉，或者把图片中不需要的背景内容抠掉，这样图片的背景就与幻灯片的背景融合到一起了，相应的文字也得以凸显，具体效果可参看图 5-10。

2. 虚化图片，突出文字

如果将一幅较为复杂的图片设置为幻灯片背景，那么在此背景上的文字将会和背景混杂在一起，造成视觉上的混乱，文字很难凸显。此时，可以虚化一部分图片，给文字留出展示的空间，如图 5-22 所示。

图5-22　虚化图片，突出文字前后对比

3. 图片添加色块展示文字

如果图片上没有可供文字展示的区域，那么就给图片添加一部分色块区域，把文字放在色块上，类似于给文字添加了背景。

4. 图片中包含文字

有些图片中本身就包含文字，如果该文字内容与幻灯片要表达的主题一致就可以直接使用。

5. 利用装饰物

在图片上添加可以书写文字的文本框，然后利用回形针、大头针、胶带等小物件搭配文本框，既起到装饰作用，又不影响大图的表达。该方法适用于图片较为复杂的情况。

6. 图片重复使用

当无法找到高质量、高分辨率的大图的时候，可以重复使用小图，达到一种重复的美感。

7. 小图配大字

习惯了大图配小字的视觉感受，不妨换个思维——小图配大字。如果感觉文字整齐排列不美观，那就变化一下字体、字号和颜色。不过这些文字不应该是随意排列的，要符合视觉接受规律。

色块展示
文字实例

图片中包含
文字实例

利用装饰
物实例

图片重复
使用实例

小图配大字
实例

学习活动建议

1. 请将下列文字做精简处理，并设计 PPT 页面。

"互联网＋"是创新2.0下的互联网发展的新业态，是在知识社会创新2.0推动下的互联网形态演进及其催生的经济社会发展新形态。互联网＋是互联网思维的进一步实践成果，推动经济形态不断地发生演变，从而带动社会经济实体的生命力，为改革、创新、发展提供广阔的网络平台。

通俗地说，"互联网＋"就是"互联网＋各个传统行业"，但这并不是简单的两者相加，而是利用信息通信技术以及互联网平台，让互联网与传统行业进行深度融合，创造新的发展生态。它代表一种新的社会形态，即充分发挥互联网在社会资源配置中的优化和集成作用，将互联网的创新成果深度融合于经济、社会各领域之中，提升全社会的创新力和生产力，形成更广泛的以互联网为基础设施和实现工具的经济发展新形态。

2. 上网下载一幅纯色背景图片和一幅普通背景图片，练习删除纯色背景和删除普通背景。

3. 某同学要报名英语四级考试，需要蓝底一寸电子照片一张。目前，她的一寸电子照片是白底的，请你帮她用 PPT 修改成满足需要的照片。

4. 请将下图中左边图形裁剪为右边图形的效果。

5. 请在 PPT 中输入"现代教育技术"6 个字，并将其设置成"粉笔素描"效果。

6. 自选主题，按照图文并排的方法，制作一个 10～15 页的 PPT。

5.5 图表设计

图表是用于展示数据的视觉化工具，是 PPT 演示文稿中非常重要的部分，主要包括饼状图、柱状图等图表，表示关系、结构或框架等的 SmartArt 图表，以及自己绘制的图表和表格。图表的使用，一方面能让数字所承载的信息变得更简洁、直观；另一方面，造型各异的图表又能使人们对枯燥的数据充满好奇，获得更多的关注。

5.5.1 绘制自选图形

PowerPoint 系统为用户提供了线条、矩形、基本图形、箭头汇总、公式形状、流程图、星与旗帜、标注、动作按钮等 9 大类 170 多个基本形状，便于用户快速绘制图形，如图 5-23 所示。

【最近使用的形状】：在一个PPT中使用到的形状都会在此显示。	
【线条】：利用右边图中最后三个图形（曲线、任意多边形、自由曲线）可绘制任意平面图形。	
【矩形】：除矩形之外，其他图形都可以任意调整边角弧度等。	
【基本形状】：这是PPT中的常用图形，熟练使用是绘图的基本要求。	

图 5-23 图形工具简介

【箭头总汇】：箭头种类繁多，使用时，一个PPT中的箭头尽量形式统一。	
【公式形状】：这些公式图形，有时候会被直接使用文本框输入加、减、乘、除替代。	
【流程图】：流程图的样式是固定的，只能调节大小，不能调节边角弧度等形状。	
【星与旗帜】：星与旗帜常用来强调一些文字或做动画，但是形状本身有点粗糙。	
【标注】：右边图示中的前几个图形经常被使用到。	
【动作按钮】：绘制动作按钮时，会自动出现动作设置提示。	

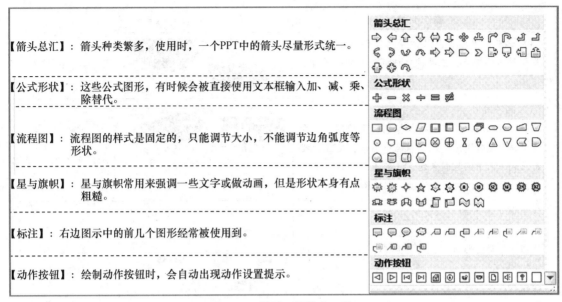

图 5-23　图形工具简介（续）

下面我们举三个有关图形绘制的例子。

【例 1】 编辑图形

操作步骤	效果
（1）在【绘图】中选择【椭圆】工具，按住 Shift 键拖动鼠标，画出正圆。 技巧：用 Shift 键能绘制标准图形，如直线、正方形、正圆、等比例拉伸等效果。	
（2）在【绘图】中选择【圆角矩形】工具，按住鼠标左键拖出一个圆角矩形，然后设计圆角矩形角度。 选中图形之后，图形周围会出现一个或多个黄色菱形控制点，拖动黄色菱形控制点不仅可以调整形状角度，还可以将规则图形变为任意图形。 选中黄色菱形控制点，按住鼠标左键，向右拖动，调整圆角矩形的边角，使之更加圆滑。	
（3）如果规则的形状不能满足需求，可双击图形，打开格式面板，选择【编辑形状】下拉菜单中的【编辑顶点】。	

续表

操作步骤	效果
（4）选中的图形上会显示黑色控制点，选择需要调整的控制点，拖动控制柄调整线条的弧度。	
（5）翻转图形。 技巧：可以选中图形，按住绿色圆形控制点，左右旋转，翻转图形；也可以选中图形，把鼠标指针放到下面中间控制点处，鼠标指针变为上下箭头，按住鼠标左键向上拖动，翻转图形。	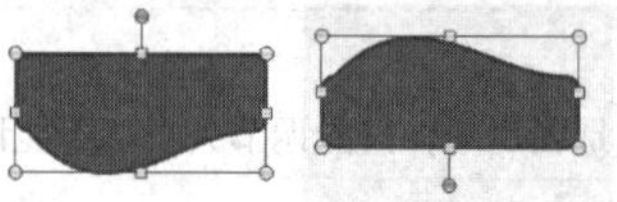
（6）将调整好的形状复制五个，分别放置在正圆周围。 技巧：复制图形可以先选中图形，然后按"Ctrl+C"键和"Ctrl+V"键；也可以选中图形后，按住 Ctrl 键，当鼠标指针变成"＋"号后，按住鼠标左键向空白处拖动，拖出五个同样的图形。	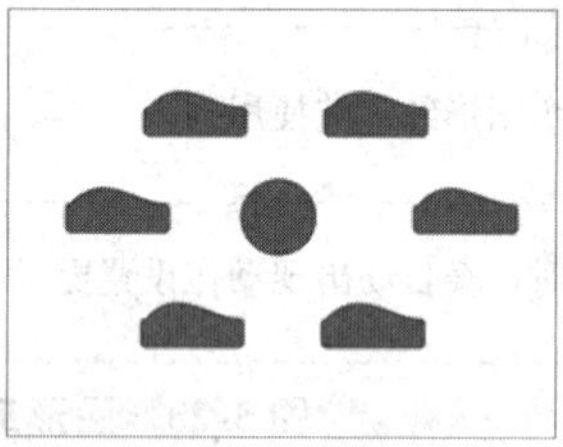
（7）为绘制好的图形填充不同的颜色。	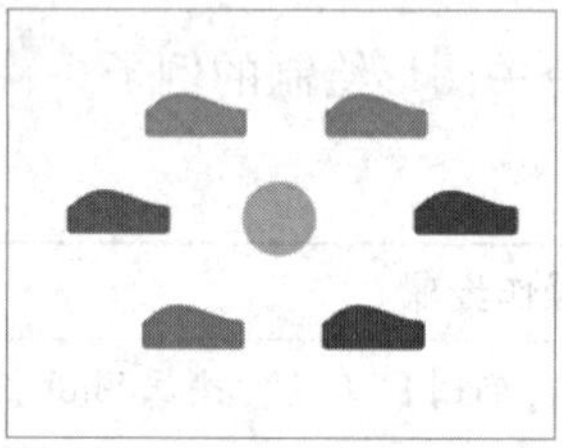
（8）选择【绘图】中的【箭头】工具，绘制箭头，标示出各个形状之间的关系。 技巧：先绘制一个箭头，选中绘制好的箭头，然后按住 Ctrl 键拖出几个相同箭头，之后通过旋转和移动改变箭头的方向和位置。	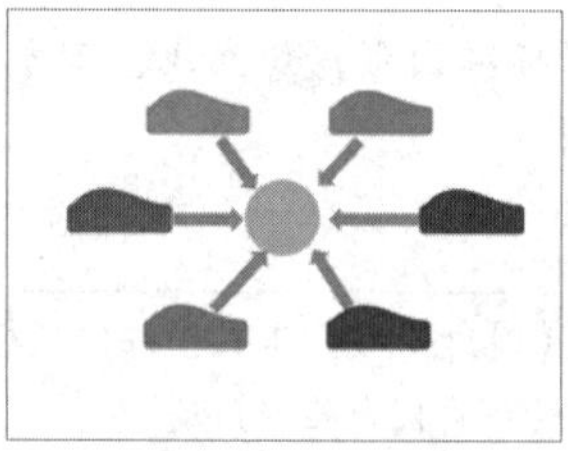
（9）为图形添加文字。 技巧：先在一个文本框中输入文字，并设置好字体、字号等，选中设置好的文本框，按住 Ctrl 键拖曳出几个相同的文本框，改变拖曳出来的文本框中的文字信息，并将其放到合适的位置，再根据情况做适当的调整。	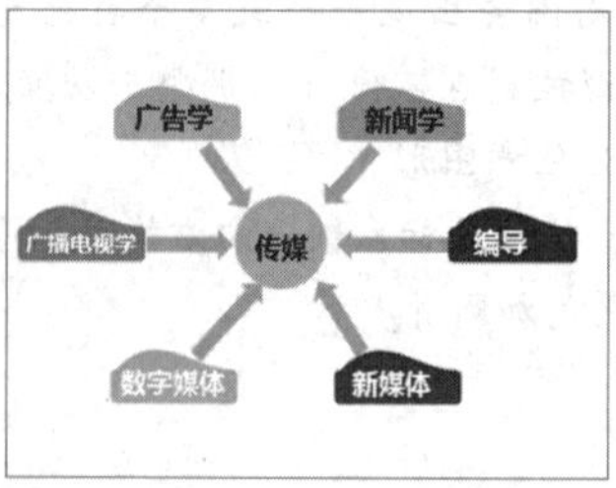

【例2】图形合并

图形合并功能在 PowerPoint 2010 之前的版本的默认功能区中无法看到，需要先将其添加到功能区菜单中才能使用，具体方法如下。

打开【文件】→【选项】，选择【自定义功能区】，在【从下列位置选择命令】菜单中选择【不在功能区中的命令】，在列表中找到【形状剪除】【形状交点】【形状联合】【形状组合】,将其添加到右边的【自定义功能区】,如图 5-24 所示。添加完成后,PPT 工具栏中就会显示新添加的功能,如图 5-25 所示,图形合并的具体效果如表 5-4 所示。

图 5-24 添加自定义功能

图 5-25 新添加的功能

表 5-4 图形合并前后对比

合并方式	合并前	合并后
形状剪除		
形状交点		
形状联合		
形状组合		

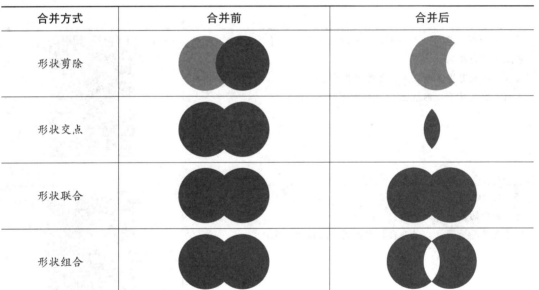

【例 3】运用自定义多边形设计海报

操作步骤	效果
(1) 将图片插入 PPT 中,在图形中选择任意多边形。将图中的任何一点作为开始点,沿着图形轮廓勾边,直到开始点与终止点重合,此时图形为闭合图形,系统默认填充。 技巧:如果细节不容易勾出来,可先将图片放大再勾边。	

续表

操作步骤	效果
（2）删除原始图片，此时，只剩下被勾出的两个形象。	
（3）分别对两个形象进行填充，并调整各自的位置。 注意：将两个形象的形状轮廓设置为【无轮廓】。	
（4）用矩形工具画一个矩形框，形状轮廓设置为【无轮廓】，并填充上合适的颜色。 注意：将矩形框置于底层，作为海报背景。 将两个形象置于矩形框上层，并调整大小和位置。	
（5）添加文字。 将画面中的各个部分全选，并组合。 把图形另存为图片，保存在指定位置，海报制作完成。	

5.5.2 SmartArt 图形

SmartArt 图形是信息和观点的视觉表现形式，可以通过对多种不同布局的选择创建 SmartArt 图形，进而快速、轻松、有效地传达信息。SmartArt 图形为用户提供了诸如表示列表、循环、层次、关系等逻辑关系的图表模板。利用 SmartArt 图形用户能够快速制作专业图表。

1. 创建 SmartArt 图形

（1）建立图形：单击 PowerPoint 中【插入】面板下的【SmartArt】，单击任何一种图形，其右端将显示该图形的功能。按照需求，选择一种 SmartArt 图形。

（2）输入文字：单击图形上的【文本】输入文字，或者在左侧文本框中输入文字。

（3）更改颜色：选中 SmartArt 图形，单击面板中的【更改颜色】，选择系统提供的配色方案。如果不能满足需要，选择【形状填充】，填充自己喜欢的颜色。

（4）应用样式：在【SmartArt 样式】中选择适合的样式。

具体步骤详见图 5-26。

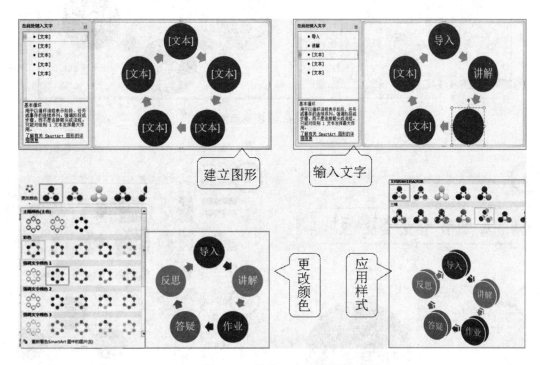

图 5-26　创建 SmartArt 图形

2. 添加与删除对象

图 5-26 中的循环结构默认有 5 个对象，若需要添加，则选择其中一个，在右键菜单中选择【添加形状】。添加之后，其他对象则按比例缩小并移动位置，如图 5-27 所示。如果需要删除对象，则直接选中该对象，单击 "Delete" 删除即可。

3. 将文字快速转换为 SmartArt 图形

如果在 PPT 中已经输入了文字，可以快速地将其转换为 SmartArt 图形。首先选中已经输入的文字，选择【开始】面板中的【转换为 SmartArt】，打开下拉菜单，选择适合的类型。由于文字没有分项目，系统视其为一个整体，所有文字出现在一个图形对象中。此时，需要在左侧文本框中每个关键词后按回车键，文字被分成一个个独立的对象，SmartArt 图形就创建好了，如图 5-28 所示。

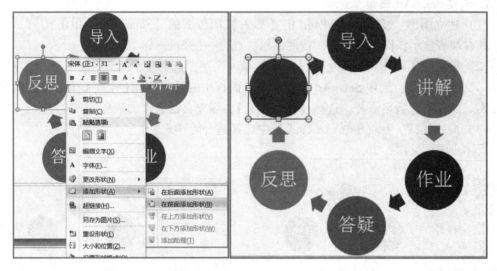

图 5-27　SmartArt 图形添加对象

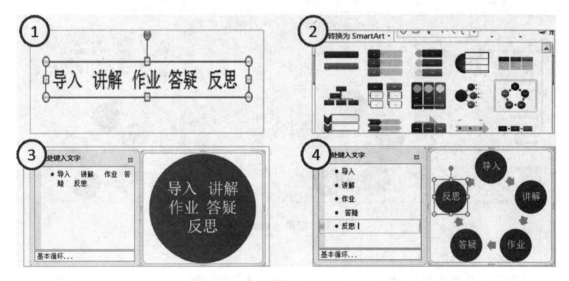

图 5-28　文字转换为 SmartArt 图形

除 PowerPoint 提供的 SmartArt 图形之外，还可通过网络下载图表模板。

5.5.3　表格

表格是一种表现数据的形式，通过其中行与列数据对比可以达到精确传递信息的目的，在教学、商务、统计等领域应用广泛。在日常使用中，我们经常把各类报表放在一张 PPT 上，报表数据量不大，数据也能看清楚。但由于数据主次不分，观众难以从表格中得出结论。为了便于观众迅速捕捉信息、分析问题、得出结论，就应该对表格进行精心设计。

1. 对比强调

使用对比的手法不仅能够凸显主要信息，起到强调、突出主要内容的目的，而且还能产生层次感。所谓强调，一般是强调关键数据。最简单的方法，就是为关键数据添加背景颜色，改变文字颜色，或者框选关键数据，让需要突出的数据与其他数据区分明显。

在图 5-29 中，左侧表格，我们难以抓住重点；右侧表格，首先映入眼帘的就是红色标示出来的第一季度的数据，红色与周围的灰色形成了鲜明的视觉对比，起到吸引和引导视线的作用，红色标识的数据当然也就是表格要表达的关键信息。

	一季度	二季度	三季度	四季度	全年
北京	-18%	7%	25%	2%	2%
上海	47%	-7%	26%	15%	17%
广州	16%	-5%	1%	7%	19%
天津	57%	10%	-3%	7%	13%
苏州	57%	6%	-3%	7%	13%

	一季度	二季度	三季度	四季度	全年
北京	-18%	7%	25%	2%	2%
上海	47%	-7%	26%	15%	17%
广州	16%	-5%	1%	7%	19%
天津	57%	10%	-3%	7%	13%
苏州	57%	6%	-3%	7%	13%

图 5-29 强调关键数据

2. 信息重新归类

当表格中的信息比较多时，表格的功能仅仅只是对信息的呈现。为了更好地传递信息、表达观点，往往需要对表格中的信息重新进行归类。

在图 5-30 中，左侧表格传达出的是人员的所有信息，这是一种笼统的表达，传递的重点不突出；而右侧表格表达的重点很明显——政治面貌。

姓名	政治面貌	年龄	民族
张三	党员	40	汉族
李四	党员	50	汉族
王五	团员	25	彝族
钱六	团员	26	白族
孙七	群众	30	汉族
李八	群众	35	汉族

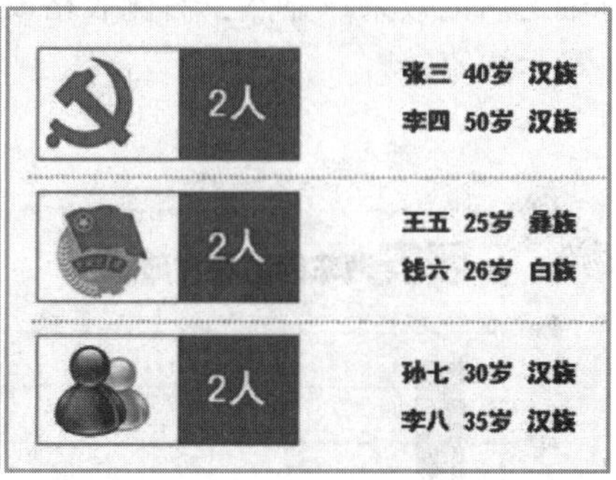

图 5-30 信息重新归类

3. 图形化表达

图形化表达就是把数据表格以图形的方式表达出来。如图 5-31 所示，左侧表格是最常见的一种形式，做到了数据的简单陈列，但直观性不够、对比不明显；而右侧图形将数据的变化表达得很清楚，数据对比一目了然。

九零后男女交通出行调查		
交通工具	男性	女性
飞机	63%	82%
火车	72%	60%
大巴	32%	18%
出租	29%	41%

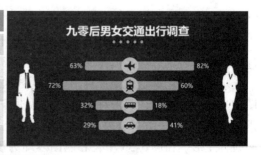

图 5-31 表格图形化

5.5.4 图表

图表就是以图形的方式显示数据表格，即图形化的表格，与普通表格相比，图表更直观，更具有说服力。

PowerPoint 为用户提供了柱状图、饼状图等多种类型和样式的图表，用户可将各类数据制作成直观的图表进行信息传递。

直接使用默认图表固然能传递信息，但为了让信息传递得更准确、更直观，视觉效果更吸引人，可以从下面几个方面美化图表：

1. 简化图表

将数据转化为图表之后，还要对图表进行简化，去除干扰图表表达的多余元素，更清楚地呈现核心数据信息。对于一般的图表，可以从三个方面进行简化。

（1）简化网格和坐标轴。坐标轴上的数据不要显得太拥挤，网格也不要太密集，网格的颜色要尽量淡一些。

（2）删除次要数据。没有必要将所有的数据都表示出来，只需要让观众把关键信息掌握即可。

（3）少用 3D 效果。3D 图表看起来华丽，但往往喧宾夺主，大大降低了图表的易读性。

图 5-32 中，左侧表格是将数据输入后直接生成的柱状图，右侧表格是删除了网格和纵向坐标轴之后的效果。显然，右侧表格没有网格的干扰，页面更干净；将数据标注在柱状图上，显示更直接。

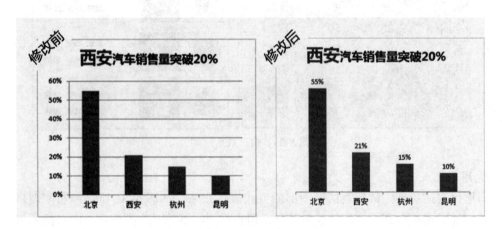

图 5-32 简化图表

2. 美化图表

经过简化的图表，虽然言简意赅，但比较枯燥，可以通过美化让图表变得生动、有趣。美化图表的方法有填充形象化、轮廓形象化和添加额外装饰元素等。

填充形象化就是用图片对图表中的数据对象进行填充。选择要填充的对象，如在柱状图中选定一个柱形，双击打开【设置数据点格式】，在【填充】选项卡中选择【图片或纹理填充】，单击下方的【文件】选择要填充的图片，并在下方勾选【层叠】，否则图片会被拉伸变形。在图 5-33 中，右侧图表即为填充效果，此时观众的视线会集中在图片填充的区域，正好符合此图表要表达的主题，强调了"西安"的销售量，信息传达更准确、更直接。

注意：在填充图形时，最好先将图片背景删除，并保存成 PNG 格式。这样，填充效果不受图片背景的影响，当然也可以用剪贴板或剪贴画填充。

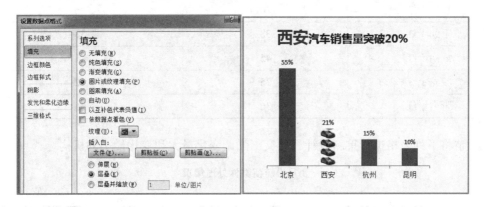

图 5-33　填充形象化

轮廓形象化就是通过赋予图表形象化的轮廓对图表进行美化。与图形填充相比，这种美化方法形式更新颖，但图表的精确度不够，如图 5-34 所示。

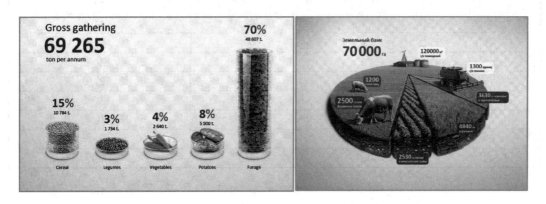

图 5-34　轮廓形象化

添加额外装饰元素是在不改变原有图表形貌的基础上，通过添加背景图片或者插图等美化图表。需要注意的是，添加的背景应该虚化以突出图表。

学习活动建议

1. 请将下列表格进行重新设计，并显示表格要表达的观点。

葡萄酒价格行情

单位：元

表格文本

品牌	本月价格	上月价格
张裕干红	38	32
长城干红	26	26
王朝干红	38	38
云南干红	45	41
威龙干红	35	32
野力干红	36	35

2. 请将下列表格进行重新设计，并突出强调变化最大和变化最小的机构。

8月份滞留案件处理情况

单位：个

表格文本

服务机构	8月初	8月末	变化
保定	298	278	20
沧州	224	210	14
承德	72	68	4
邯郸	104	92	12
衡水	97	83	14
廊坊	61	60	1
秦皇岛	70	61	9
石家庄	287	260	27
唐山	94	92	2
邢台	95	85	10
张家口	25	24	1
总计	1427	1313	114

5.6 排版设计

排版是在不增减页面内容的情况下，对文字、图片、图表等进行重新编排，使页面更加美观。

5.6.1 排版四大原则

按照视觉规律，排版一般遵循接近、对齐、对比、重复四项原则，这四项原则是罗宾·威廉斯（Robin Williams）在《写给大家看的设计书》一书中提出的，由于其简单、实用，被很多PPT爱好者视为经典。

1. 接近原则

接近是指将相关内容就近组织到一起。这样，一方面，能将杂乱无章的元素进行分组，因为在同一页面上，观众会认为位置比较接近的元素存在意义上的关联，所以将相关项目放在一起能帮助观众完成前期的信息组织，减轻阅读压力；另一方面，通过相近元素的聚拢为页面留出了更多的空白，避免页面的拥挤。

在图 5-35 中，（a）图文字行距平均分布、不分主次，而（b）图把相关的信息放到一起，以不同字号进行区分，条理更清楚，同时还能将关键信息凸显出来。

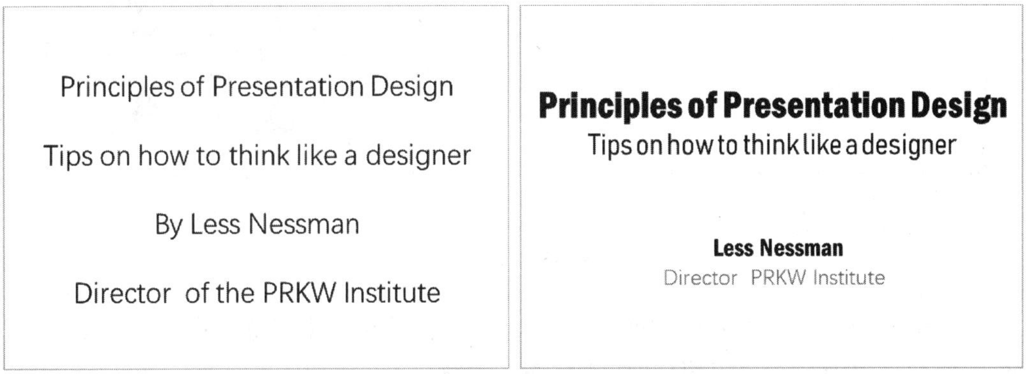

图 5-35 接近原则

接近原则的另一种处理方式就是区分段落。如果页面文字过多，那就把关键词提炼出来，当作标题；而非重点的语言，可以缩小字号，放在标题之后，然后通过添加编号或项目符号、首字放大等方法将段落区分得更明显，如图 5-36 所示。

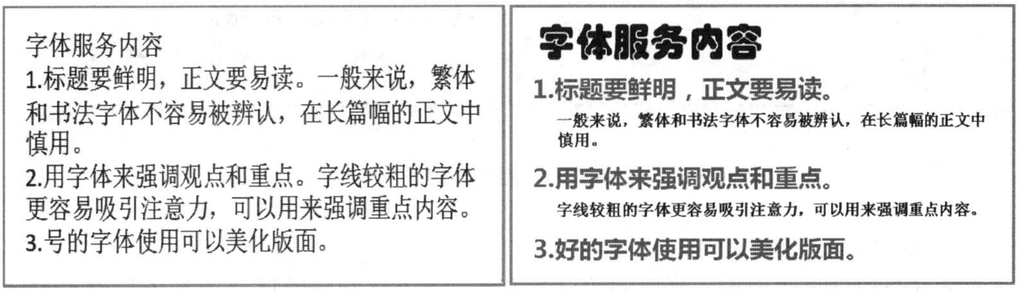

图 5-36 改变字号，区分段落

2. 对齐原则

对齐指的是页面中的每一个元素都应当与页面上的某个内容存在某种视觉上的联系。对齐可以使页面具有秩序感，画面中的元素不至于太零散，避免观众的视线频繁跳跃而影响了阅读的连贯性。通过对齐还可以展现元素之间的并列关系，一般形式相同的元素被默认为是并列的。

（1）版心线。

版心线规定了页面的主要内容范围，使用版心线可以保证每一页幻灯片都有统一的视觉效果，而且页面边缘还预留出了空白，使页面显得不那么拥挤。

在图 5-37 中,(a)图标示了版心线的位置,也就是规定了页面的边框,页面中的元素在设计时,可以以版心线为对齐参考;(b)图中的文字与图片分别以版心线为参考采取了左上对齐和右下对齐,页面布局工整、整齐。

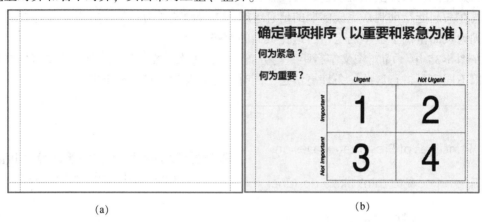

图 5-37　版心线

在图 5-38 中,(a)图看似排列整齐,大多数人也是这样操作的。但如果以版心线为参考,如(b)图所示,可以使页面更加工整、严谨。

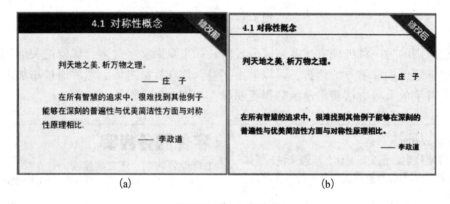

图 5-38　版心线对齐

(2)参考线。

对齐还可以通过页面内元素之间的对齐实现,元素之间是通过"参考线"对齐的。这些对齐参考线可以是直线,也可以是圆形等有规则的曲线,如图 5-39 所示。

"十"字具有平和、稳定的感觉,比如医疗上的红十字(见图 5-40)。画面如果按照"十"字结构布局,会带来平和、稳定的感觉。"十"字对齐不一定是正十字,可以有左十字、右十字、上十字、下十字、斜十字等。

"三分法"是指将主要元素放置到页面的三分线附近,或者放置在由横向和纵向四条三分线所形成的四个交叉点附近,而不是将主要元素放置在页面中心,如图 5-41 所示。

无论是"十"字还是三分法对齐,使用时,在【视图】面板下勾选上【参考线】,页面中即可显示用于对齐的虚线,如果虚线不够,可以按住 Ctrl 键,拖动其中一条参考线,来增加参考线,参考线的位置可根据需要任意安排。

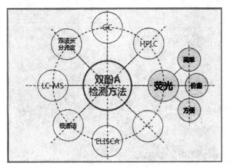 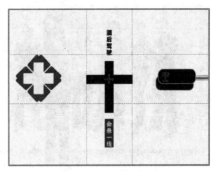

图 5-39　元素对齐　　　　　　图 5-40　"十"字线对齐

图 5-41　"三分法"对齐

（3）网格。

通过网格划分页面，然后将内容填入网格中。网格充当了收纳框的功能，页面内容越多，网格的收纳功能就越明显，如图 5-42 所示。

此外，文本与图片的边缘对齐也是一种常见的对齐方式，如图 5-43 所示。

图 5-42　网格对齐　　　　　　图 5-43　边缘对齐

3．对比原则

对比是把具有明显差异、矛盾和对立的双方安排在一起进行对照、比较的表现手法。

文字的对比，可以通过字体、字号、颜色、反白以及特效等不同来实现，在 5.4.1 节的"3．文字的排列"中已阐述，在此不再赘述。

图片的对比，可以在图片上使用箭头、线圈等进行标注以突出重点。如果要获得更强烈的对比，可以采用局部放大、背景黑白、虚化背景、局部遮盖等方式，如图 5-44 所示。

图 5-44　图片对比

下面我们来看一个有关图片对比处理的操作例子。

【例】局部遮盖突出重点

局部遮盖
突出重点
操作

操作步骤	注意事项	效果
（1）在 PPT 页面中插入图片。		
（2）使用矩形工具绘制一个与图片同等大小的矩形框，并填充为灰色，覆盖图片。	将矩形框的【轮廓形状】设置为【无轮廓】。	
（3）将矩形框的透明度调整为 30%。此时图片被蒙上一层遮罩，变为背景。	方法：选中矩形框，右键单击【设置形状格式】，在【填充】选项卡中，设置透明度。	
（4）选择椭圆形工具，按住 Shift 键，在人物头部附近绘制一个正圆。	将圆形的【轮廓形状】设置为【无轮廓】，填充任意颜色均可。	
（5）同时选中矩形框和圆形，单击【形状剪除】，则人物头部从遮罩中抠出来。	若 PPT 中没有【形状剪除】功能，请参照前面的例子"合并图形"进行操作。	

4. 重复原则

重复是指让设计中的视觉要素在整个作品中重复出现，可以重复颜色、形状、材质、空间关系、线宽、字体、大小和图片等。通过重复，既可以增加条理性，又可以在内容上建立关联。

需要注意的是，四大原则并不是单独使用的，往往需要综合应用。另外，这些原则也不是金科玉律、不可逾越，仅作为制作PPT的参考。

5.6.2 PPT的修饰

根据四项原则排版的页面已经条例清晰、重点突出。为了让PPT更美观，可以做一些简单的修饰。PPT的修饰可分为点、线、面（色块）三大类。

1. 点

PPT中的点，可以是项目符号，也可以是标点符号。

项目符号可以清楚地体现并列、层级等关系。直接添加的项目符号默认是黑色，其大小和颜色很难和文本完美搭配，所以通常使用的项目符号是自定义的颜色、形状、大小或图案。

标点符号也是一种常见的装饰元素，如引号、括号等。引号常用来修饰他人的言论，有时也表示引用；中文的方括号常用于文字的强调，突出关键词；而尖括号由于样子很像箭头，常用来作为指示标识。具体实例可参考图5-45。

2. 线

线是PPT中常用到的装饰元素，比如直线、曲线、线框等。用一两条直线修饰标题，可以起到引导观众视线的作用，还可以得到一个干净、整洁的页面（见图5-46）。

图5-45　标点符号的使用

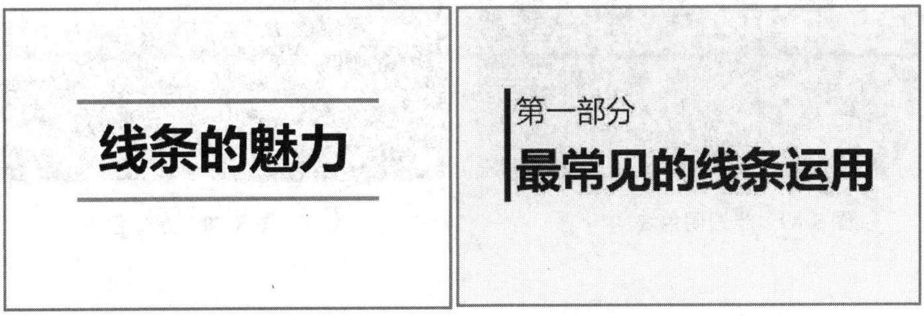

图5-46　直线修饰标题

3. 色块

在 PPT 中使用色块，一方面可以增加处于色块上方文字的视觉比重，起到突出重点的作用；另一方面可以装饰、拓展较小的图片。

（1）大面积色块。

大面积色块

大面积色块给人一种高端大气的感觉，使用最多的是矩形。在使用时要特别注意色块和图形颜色的统一，黑色和白色是通用颜色（见图5-47）。

（2）小面积色块。

小面积色块

小面积色块是一种类似于微软 metro 的设计风格，主要作用是"补位"，起到对齐、修饰的效果（见图5-48）。

图 5-47　大面积色块　　　　　图 5-48　小面积色块

（3）半透明色块。

半透明色块

半透明色块既融合了背景，又降低了背景图片对文字的干扰，能够产生一种若隐若现的朦胧美（见图5-49所示）。

（4）虚化色块。

虚化色块是一种常见的图片处理方式，是 IOS 风格设计中常见的方式。它通过虚化处理淡化背景对于文字信息的干扰（见图5-50所示）。

图 5-49　半透明色块　　　　　图 5-50　虚化色块

（5）微立体色块。

微立体色块在 PPT 中极为常见，并形成独特风格——微立体 PPT，通常通过阴影效果来实现，能够使 PPT 显得更立体、更具有质感（见图 5-51 所示）。

（6）装饰色块。

色块除了承载信息外，还有一项重要作用就是装饰。其制作方法十分简单，主要是考虑如何布局，这需要日常的观察与积累（见图 5-52 所示）。

微立体色块

装饰色块

图 5-51　微立体色块

图 5-52　装饰色块

学习活动建议

1. 自选主题，按照排版的四大原则，制作一个 10～15 页的 PPT。
2. 自选主题，设计一个以线条为主要风格的 10～15 页的 PPT。
3. 自选主题，设计一个以色块为主要风格的 10～15 页的 PPT。

5.7　动画设计

在 PPT 演示中，动画发挥着独特的魅力，虽不能与 Flash 动画相媲美，但它拥有强大的影响力和高效的视觉吸引力。例如，在教学 PPT 中，动画不仅可以用在开篇、衔接、图形图表、结尾等地方，以吸引学生的注意力，增加演示效果；同时还可以模拟实验演示、互动演示等，从而把抽象的知识转换为形象的演示。

PPT 动画主要有自定义动画和页面切换动画两大类。

5.7.1　自定义动画

自定义动画是指针对页面内的某个对象而做的动画，是 PPT 动画的主体部分。

1. 自定义动画的类型

自定义动画包括进入动画、强调动画、退出动画和路径动画四种类型。

进入动画：在幻灯片放映时，文本或对象进入放映界面的动画效果。
强调动画：在演示过程中，需要强调部分的动画效果。
退出动画：在幻灯片放映时，文本或对象退出放映界面的动画效果。
路径动画：用于指定幻灯片中某个对象在放映过程中动画所通过的轨迹。

2. 添加动画效果

下例中详细介绍了为对象添加动画前的准备工作、添加动画、更改动画、删除动画，以及设置动画效果等操作。

【例】添加动画效果

添加动画效果操作

内容	具体步骤	效果
添加动画前的准备工作	如果需要对一段文字中的一句话做动画，或者一句话中的某个字做动画，需要把这段文字先进行拆分，或者把要做动画的某个文字从句子中拆分出来，否则只能对整体做动画。	
添加动画	（1）选中需要做动画的对象。 （2）选择【动画】面板中的快捷动画，也可以选择【添加动画】下拉菜单中的快捷动画。动画添加完成后，会在对象左上角出现表现动画序列的数字。 （3）重复上述两个步骤，对其他对象添加动画。	
更改动画	（1）打开【动画窗格】。 （2）选择需要更改的动画效果，在上方的【添加动画】中重新选择动画效果。	
删除动画	（1）单击【动画窗格】中需要删除动画的右侧下拉菜单。 （2）在下拉菜单中单击【删除】即可。或者在页面中单击对象前的动画序列数字，按 Delete 键删除。 （3）当一个对象上添加了多个动画时，可选【动画】菜单下的快捷动画【无】，即把该对象上的多个动画全部删除。	
设置动画播放效果	（1）选择【效果选项】，对动画【方向】进行设置。 （2）要获得更详细的设置效果，需双击【动画窗格】中的动画效果，打开该动画的【效果】对话框，对动画的方向、声音、播放等进行更详细的设置。 （3）选择【效果选项】，对【序列】进行设置。	

续表

内容	具体步骤	效果
设置动画计时效果	双击【动画窗格】中的动画效果,打开该动画的【计时】对话框,对动画开始的时间、延迟、期间、重复等进行设置。	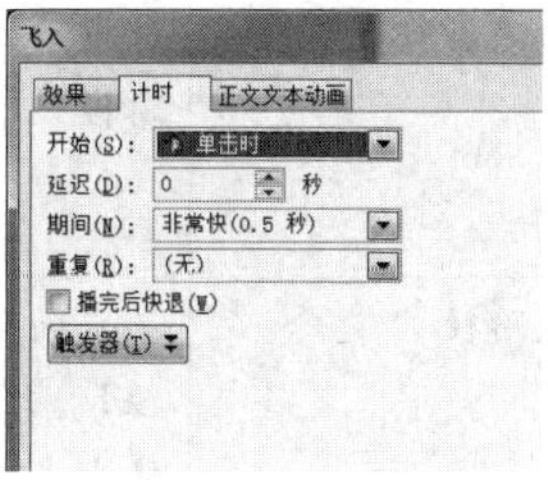

3. 设置动画路径

为了方便用户设计对象动作,PPT 预设了基本图形、直线和曲线以及特殊图形三大类的多种动作路径。下面通过两个例子,讲解预设路径和自定义路径的使用。

【例 1】预设路径

步骤	具体操作	效果
(1) 绘制小球	选择椭圆工具,按住 Shift 键,绘制小球,并填充。	
(2) 选择运动对象	单击选择小球作为运动对象。	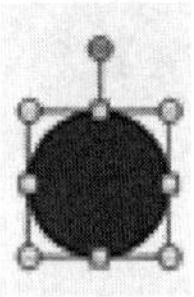
(3) 添加动作路径	① 打开【动画】面板; ② 选择【添加动画】下拉菜单中的【其他动画路径】; ③ 打开【添加动作路径】选项卡。	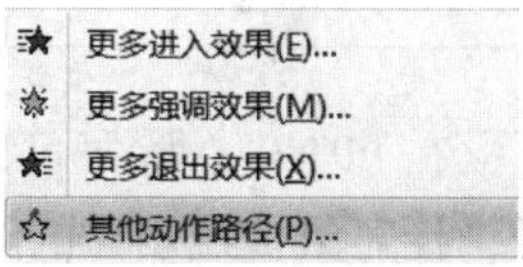
(4) 选择动作路径样式	在【添加动作路径】选项卡中,选择【基本】中的【圆形扩展】,希望小球做一个圆形运动。	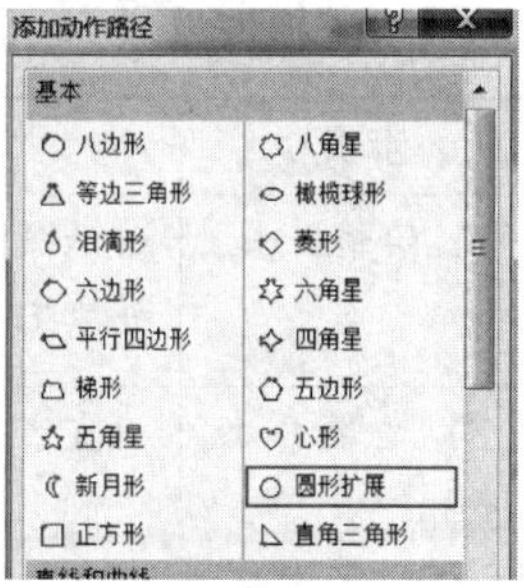
(5) 查看添加的动作路径	此时,在幻灯片中已经添加了路径动画,以绿色三角形表示动作开始位置,以红色三角形表示动作结束位置。 由于此时是圆形路径,也是闭合路径,所以起始位置与终止位置重合,所以不显示红色三角形。	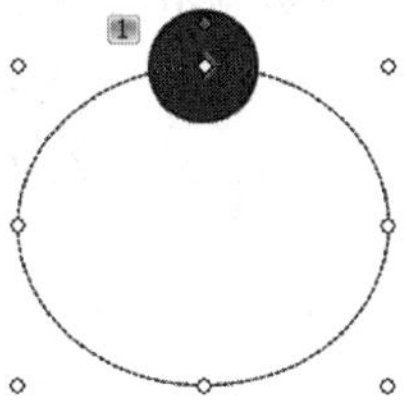

预设路径操作

续表

步骤	具体操作	效果
(6) 调整路径位置	选中动作路径，按住鼠标左键拖动，调整动作路径。	
(7) 开放路径	选中动作路径，在右键菜单中选择【开放路径】，此时闭合路径变为开放路径，起始点和终止点分开，出现终止点的红色三角形；反之，【关闭路径】则将开放路径变为闭合路径。	
(8) 调整路径形状	选择动作路径，在右键菜单中选择【编辑顶点】，单击路径上的每个控制点，出现控制手柄，通过调整控制手柄或者拖动路径，改变路径形状。	
(9) 反转路径方向	如果需要将动作方向反向进行，则在选择动作路径后，在右键菜单中选择【反转路径方向】，此时运动方向相反，起点与终点互换。	
(10) 删除路径	选择动作路径，按 Delete 键删除路径。	

在 PPT 中，除了可以为对象添加预定的动作路径外，还可以为对象自由绘制动作路径，让对象按照设计的路径运动起来。

【例2】自定义路径

自定义路径操作

步骤	具体操作	效果
(1) 绘制小球	选择椭圆工具，按住 Shift 键，绘制小球，并填充。	
(2) 绘制一段折线	用直线工具绘制。	
(3) 添加动作路径	打开【动画】面板，在【添加动画】下拉菜单中选择【动作路径】下的【自定义路径】。	

第 5 章 演示型课件的设计与制作

续表

步骤	具体操作	效果
（4）设计路径	按照页面中绘制的折线，绘制一条路径，让小球按照上述折线的轨迹进行运动。绘制到终点时，双击鼠标结束路径绘制。如果路径绘制不是很理想，可以通过【编辑顶点】进一步调整。	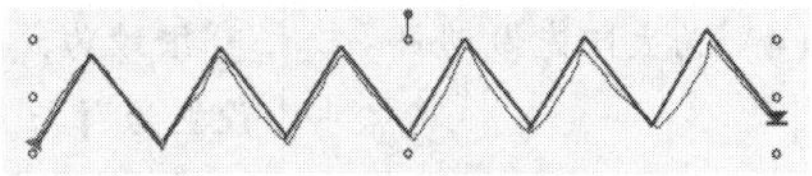
（5）调整动画速度	播放时，如果发现动画运动速度不太理想，可打开【动画窗格】双击动画，打开【自定义路径】选项卡，选择【计时】将【期间】进行调整。	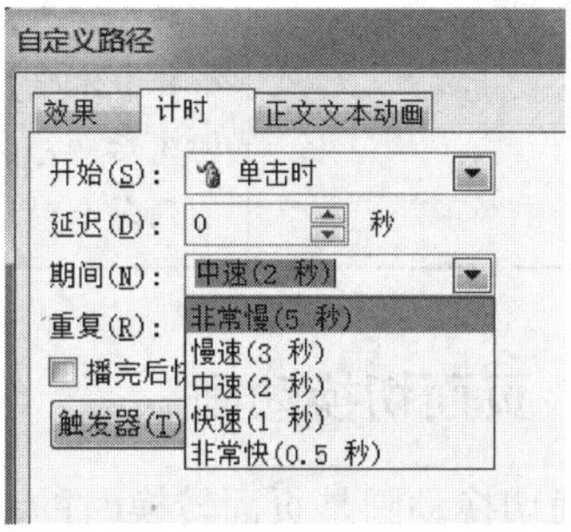

4. 设置多重动画

设置多重动画是指为一个对象设置两个或两个以上的动画效果，具体操作见下例。

【例】设置多重动画

设置多重动画操作

步骤	具体操作	效果
（1）绘制太阳	选择椭圆工具，按住 Shift 键，绘制太阳并填充。	
（2）绘制太阳光芒	用直线工具绘制太阳光芒，并将其合并为一个整体。	
（3）安排太阳与太阳光的位置	将太阳置于顶层。	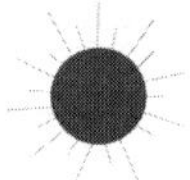
（4）为太阳光做动画	① 选择太阳光，添加动画【淡出】，【期间】设置为【中速（2秒）】。	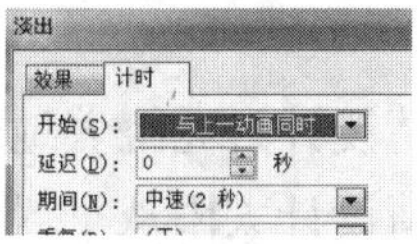
	② 继续为太阳光添加动画【放大/缩小】，效果选项设置为【较大】，【开始】设置为【上一动画之后】，【期间】设置为【快速（1秒）】，【重复】设置为【直到幻灯片末尾】。	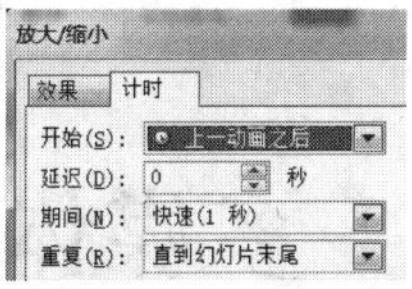

续表

步骤	具体操作	效果
（4）为太阳光做动画	③继续为太阳光添加动画【脉冲】，【开始】设置为【与上一动画同时】，【延迟】设置为【0.5秒】，【期间】设置为【非常快(0.5秒)】，【重复】设置为【直到幻灯片末尾】。	
（5）播放动画	此时，为太阳光添加了【淡出】【放大/缩小】【脉冲】3个动画，3个动画将按照时间先后顺序播放，从【动画窗格】中可以看到每个动画的播放时间。	

5.7.2 页面切换动画

页面切换动画是页面转换时的动画，与自定义动画不同。自定义动画的运动对象是页面内部元素，而页面切换动画的运动对象是整个页面，实现的是任意两个幻灯片页面之间的切换动画。

设置页面切换动画，可以在任意两张幻灯片之间设置切换效果，方法是：在功能区选择【切换】面板下的切换效果，并在右侧设置【效果选项】即可；也可以为全部幻灯片设置某一种切换效果，方法是：在页面左侧的预览框的列表中选择所有的幻灯片，逐一选择或者选择一张，然后按 Ctrl + A，然后选择【切换】菜单下的某种效果，设置【效果选项】，此时，所有的幻灯片之间切换效果完全相同。

除自定义动画和页面切换动画之外，PPT还有链接动画和VBA动画。链接动画是PPT动画效果的延伸，它本身并不是动画，但是和自定义动画相结合后，能发挥出超强的导航、互动效果，甚至可以用于制作互动性很强的PPT动画游戏；而VBA动画，需要进行编程处理，可以用来制作自定义动画无法实现的其他动画效果。

学习活动建议

1. 请设计月亮绕着地球转动的动画。
2. 请设计太阳从早晨升起到傍晚落下的动画。
3. 请设计一个走迷宫的动画。

5.8 多媒体导入

根据教学需要，我们有时需要在演示文稿中插入音频、视频素材。音频、视频素材的导入，可以增加演示文稿素材的丰富性、多元化，增强演示文稿的感染力。

5.8.1 音频的使用技巧

PPT 中应用的声音主要有背景音乐、动作声音和真人配音三种，常见的声音文件格式有 wav、mp3、wma、midi 等。

1. 背景音乐

背景音乐主要用于营造气氛。一般情况下，片头的背景音乐和内容页的背景音乐应分开，片头往往采用节奏感比较强的音乐，而内容页应采用较为轻柔的音乐，或者不用音乐。

下例描述了在 PPT 中添加背景音乐的操作方法。

【例】添加背景音乐

操作	具体步骤	效果
（1）插入背景音乐	选择需要开启音乐的页面，在工具栏选择【插入】→【音频】→【文件中的声音】，在弹出的对话框中选择合适的音乐。	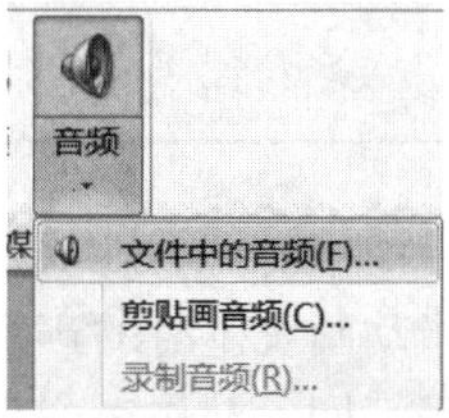
	此时，页面中出现一个小喇叭图标，打开【动画窗格】，会发现多了一个播放声音的动画。选中页面中的小喇叭图标，功能区面板将增加【格式】和【播放】两个菜单。	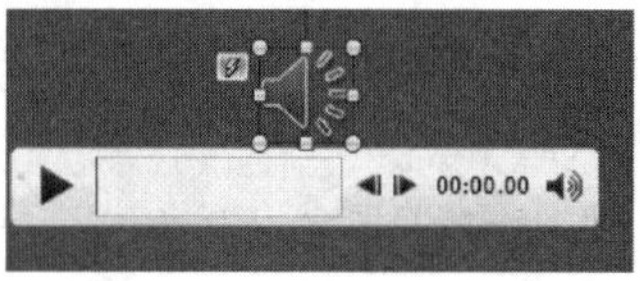
（2）播放时隐藏声音图标	方法一：选中小喇叭图标，在【播放】面板中，勾选上【放映时隐藏】。方法二：选中小喇叭图标，按住鼠标左键，将其拖到演示区之外。	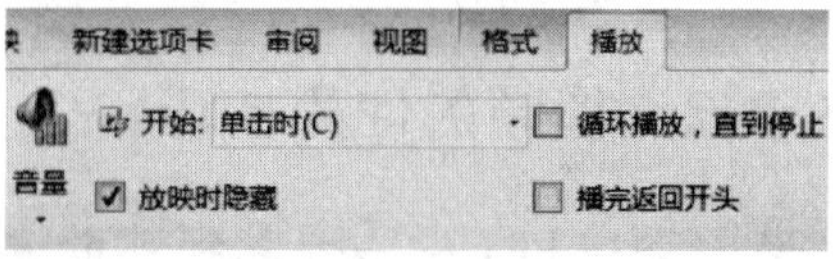
（3）背景音乐重复播放	当 PPT 的演示时间比背景音乐的时间长时，需要设置背景音乐循环播放。选择声音图标，在【播放】面板中，勾选上【循环播放，直到停止】。**注意**：在【播放】面板的【开始】下拉菜单中应选择【跨幻灯片播放】，否则当 PPT 跳转到下一页时，音乐会自动停止。	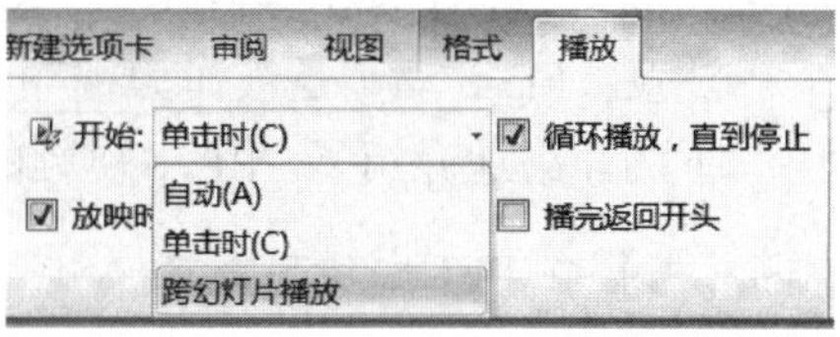
（4）设置音乐开始、结束时间	在【动画窗格】中，单击音乐动画下拉菜单中的【效果选项】，打开【播放音频】对话框，在【效果】中设置开始播放和停止播放的时间，也可以在【计时】中设置【延迟】等效果。	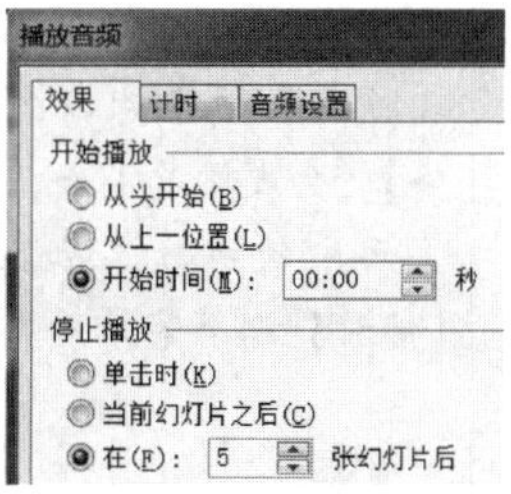

续表

操作	具体步骤	效果
（5）调节声音大小	在【播放】面板中，选择【音量】下拉菜单，软件提供了低、中、高、静音4个音量选项。	
（6）裁剪音频	在【播放】面板下，选择【裁剪音频】，打开【剪裁音频】对话框，通过左右拖动绿色起始点和红色终止点来截取需要的音乐。	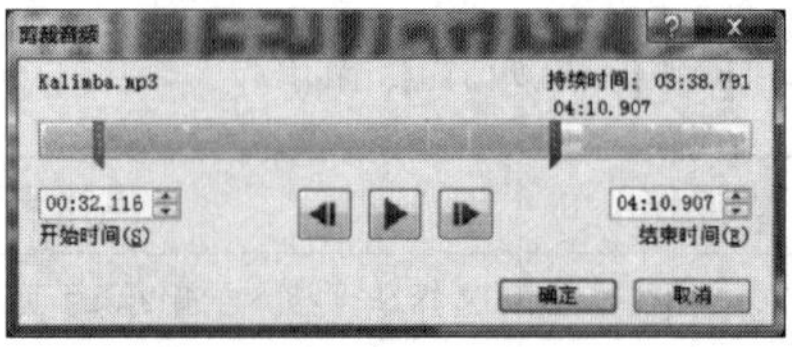

2. 动作声音

动作声音是指动画发生时的声音，通常有两种：幻灯片切换时的声音和自定义动画的声音。与背景音乐不同，动作声音只能采用 wav 格式的声音。在 PPT 演示中，动作声音一般不常使用，除非为了强调某种特定的声音效果。

3. 真人配音

在 PPT 中可以直接录制声音，录制好的声音文件直接嵌入到幻灯片，播放演示文稿时无须再从外部插入声音。

5.8.2 视频的使用技巧

视频在 PPT 中主要起到辅助说明的作用，在幻灯片中使用的视频文件主要有 avi、mpeg、mp4、mov、swf 等格式。

注意：Flash 动画是被作为视频导入 PPT 中的。

下例详细地介绍了 PPT 中视频的使用方法。

【例】在 PPT 中使用视频

操作	具体步骤	效果
（1）插入视频	选择【插入】→【视频】→【文件中的视频】，在打开的对话框中选择合适的视频文件。 此时，页面中出现视频窗口，打开【动画窗格】，会发现多了一个触发器动画；此时，选中页面中的视频，功能区中会多出【格式】和【播放】两个菜单。	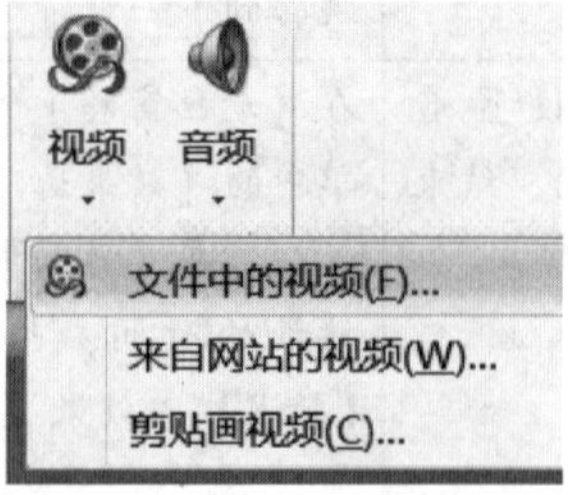

续表

操作	具体步骤	效果
（2）设置播放属性	在【播放】面板中，可以设置循环播放、全屏播放、音量、裁剪视频等，方法与音频设置相同。	
（3）美化视频	拖动视频的边缘，可以调整视频窗口的大小。 按住鼠标左键，拖动视频，可以改变视频窗口在页面中的位置。 选择视频后，在【格式】面板下，设置视频边框、轮廓、形状、棱台等效果，方法与设置图片效果相同。	
（4）为视频添加动画	在【动画】面板中，可以为视频添加进入、强调、退出、路径等动画。	

在演示文稿中增加多媒体元素，固然可以使其更生动、更有吸引力，但也不是每个演示文稿都需要使用。只有在适当的位置适量使用，才能为幻灯片增色。比如，在宣传、展示等活动现场播放的演示文稿，常常在片头展示一些视频宣传动画；节庆晚会、活动展示短片等娱乐类演示文稿，可适当添加背景音乐，以调节气氛；对于自动循环放映的演示文稿，在没有演讲者的情况下，常需要为幻灯片添加旁白来代替演讲者口述等。还有一些特定的幻灯片，需要添加一些音效来营造氛围、增添效果。

学习活动建议

请制作一个 PPT，在第 1 页添加片头音乐，第 2 页到第 9 页为页面内容添加音乐，第 10 页添加结束音乐。要求：三段音乐不同。

5.9 交互设计

人机交互是一个输入和输出的过程，人通过人机界面向计算机输入指令，计算机经过处理后把输出结果呈现给用户。人和计算机之间的输入和输出的形式是多种多样的，因此交互的形式也是多样化的。

5.9.1 超链接交互

超链接是指从一个对象跳转到另一个对象的快捷方式。幻灯片中的超链接与网页中的超链接类似，都是对象之间相互跳转的手段，通过单击页面中设有超链接的文字、图片等对象，快速打开相应内容。在幻灯片中添加超链接的对象并没有严格的限制，可以是文本或图形、图片，也可以是表格等。

1. 添加超链接

首先，在页面中选择需要建立超链接的对象（文本、图片、表格等），在功能区选择【插入】→【超链接】，或者右键选择【超链接】，然后在弹出的对话框中，选择链接的目标位置。超链接可链接已经存在的文件或网页，也可以链接当前 PPT 中的某一页，还可以链接新建文档和电子邮件等。

注意：如果为文本添加超链接，文本的样式将发生变化，在默认情况下字体的颜色将会变成蓝色，并且带下画线；如果演示文稿应用了模板或主题，那么超链接字体的颜色将以模板或主题的预设颜色为主。

2. 删除和编辑超链接

更改文本超链接颜色：如果要改变文本超链接的默认颜色，执行【设计】→【主题】→【颜色】→【新建主题颜色】命令，在弹出的对话框中，更改超链接后的颜色，并命名保存。这样，以后建立的超链接颜色将会变成更改后的颜色。

删除超链接：选择包含超链接的对象，右键选择【取消超链接】。

编辑超链接：选择包含超链接的对象，右键选择【编辑超链接】，可以为该对象更改超链接。

5.9.2 动作按钮交互

动作按钮也是 PPT 向用户提供的一种交互手段。通过设置动作，可以访问所链接的对象或完成指定任务。

为对象添加动作：选择需要添加动作的对象，在功能区选择【插入】→【动作】，在打开的对话框中，选择链接到的位置即可。

添加动作按钮：在绘图工具中找到【动作按钮】，其中包含后退、前进、开始、结束、第一张、信息、上一张、影片、声音、文档、帮助、自定义等 12 个按钮。根据需要选择合适的按钮，在页面中按住鼠标左键，拖出对应的按钮，释放鼠标后，打开【动作设置】对话框，选择链接到的位置即可。

5.9.3 插入对象交互

在 PPT 中，由于某些超链接的动作设置需要其他对象配合使用，所以还需要通过【插入】→【对象】为 PPT 插入数学公式、表格、幻灯片等。

【例】插入公式编辑器

直接在 PPT 中输入数学公式是比较困难的，可以通过【插入】→【对象】→【Microsoft 公式 3.0】，打开公式编辑器，调用所需要的数学符号。输入完成后，关闭公式编辑器，PPT 页面中就出现了编辑完成的公式。如需修改，双击页面中的公式，即可打开公式编辑器（见图 5-53）。

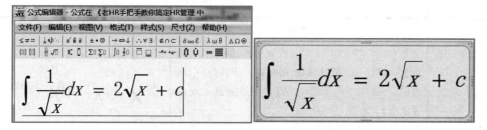

图 5-53　利用公式编辑器编辑数学公式

5.9.4 触发器交互

触发器是 PPT 中的一项功能，它可以是一个图片、图形、按钮，甚至可以是一个段落或文本框，单击触发器将会触发一个操作，该操作可以是声音、电影或动画。我们可以将触发器简单理解为：通过单击按钮，控制 PPT 页面中已设定动画的执行。

利用触发器可以更灵活多变地控制动画或声音视频等对象，实现许多特殊效果，丰富 PPT 的应用领域，也可以增添 PPT 的交互功能，具体操作见下例。

【例】利用触发器做选择题

步骤	具体操作	效果
(1) 输入题目	在 5 个文本框中分别输入题目、选项 A、选项 B、选项 C、选项 D，并将 4 个选项排列对齐。	1. A是三位小数，B是五位小数，A比B（　） A.大　B.小　C.相等　D.无法确定
(2) 打开【选择窗格】	单击【开始】→【排列】→【选择窗格】，在页面右侧出现【选择和可见性】窗格。	
(3) 设置按钮	选中页面中答案 A 的文本框（A.大），在【选择和可见性】窗格中，把被选中的文本框名字改为【按钮A】，用同样的方法把 B、C、D 3 个选项的文本框的名字分别改为【按钮B】【按钮C】【按钮D】。这样，在后面设置触发器时，比较容易找到相应的按钮。	
(4) 输入触发响应	选择【插入】→【符号】，输入"√"和"×"，并将其分别放置在正确与错误选项的附近。	1. A是三位小数，B是五位小数，A比B（　） A.×　B.×　C.×　D.√

利用触发器做选择题操作

续表

步骤	具体操作	效果
(5)设置动画	为每个"√"和"×"设置进入动画为【淡出】效果，也可以按住 Shift 键，同时选中所有的"√"和"×"，为它们添加进入动画【淡出】效果。	1. A是三位小数，B是五位小数，A比B（ ） A.大　B.小　C.相等　D.无法确定
(6)设置触发器	选中 A 选项旁边的"×"，在功能区选择【动画】→【触发】，在下拉菜单中，选择【单击】→【按钮 A】，这样 A 选项设置为"×"的动画触发器设置成功。 按照同样方法，为其他选项按钮设置"√"和"×"的动画触发器。	动画窗格　开始：单击时 触发　持续时间：00.50 单击(C)　TextBox 3 书签(B)　按钮A 按钮B 按钮C 按钮D
(7)预览效果	放映页面，将鼠标放置在选项 A 的附近时，鼠标指针变为手形，单击鼠标，则出现"×"。	1. A是三位小数，B是五位小数，A比B（ ） A.大　B.小　C.相等　D.无法确定

除此以外，PPT 还可以通过运行宏动作、添加控件等方式实现人机交互，在此不再介绍。

学习活动建议

请用触发器动画设计一组选择题，要求：每个选项后可看到对应的反馈。

5.10 演示管理

5.10.1 管理 PPT

我们可以从保护 PPT、保存 PPT、打印 PPT、发布 PPT 等方面对 PPT 进行管理，下面进行简要介绍。

1. 保护 PPT

PPT 的保护方法主要有以下三种：

（1）保存为放映模式。

在普通情况下，PPT 均为编辑模式，文件后缀为 ppt 或 pptx。在编辑模式下，PPT 文件能被打开和编辑；在放映模式下，文件打开后进入播放状态，只能播放不能修改。

方法：打开 PPT 源文件，选择【文件】→【另存为】，在【保存类型】中选择【PowerPoint 放映】。

当然，这种保护方法并不能确保安全，还可以通过其他方式增加 PPT 的安全性。

(2) 添加密码。

这种方法不会改变文件的格式，只是为文档添加密码。如果添加的是打开权限密码，那么在别人试图打开该文档时，必须输入正确的密码，否则无法打开；如果添加的是修改权限密码，则可以随意浏览，但只有正确输入密码才能编辑文档内容。

方法：打开 PPT 源文件后，选择【文件】→【另存为】，在弹出的对话框中选择【工具】→【常规选项】，如图 5-54 所示，输入打开权限密码或修改权限密码。打开权限密码填写完成即可，修改权限密码需要再次确认，完成后保存。

这是 PPT 的另一种安全设置，但也非绝对安全，使用破解软件可以轻易破解。

图 5-54　为 PPT 添加密码

(3) 把 PPT 转换为 PDF、Flash、视频文件。

无论是 PDF、Flash 还是视频，都是只读文件格式，一般不能修改。可以将 PPT 转换为 PDF、Flash、视频等文件，既可以保护 PPT，还能满足不同环境下的演示需求。PDF 便于传播和打印，Flash 便于在网络中传播与呈现。

方法：打开 PPT 源文件，选择【文件】→【另存为】，在【保存类型】中选择【PDF】，就可以实现从 PPT 到 PDF 的转换。但需注意的是，转换为 PDF 文件后，页面效果基本不变，但是动画全部消失；如果在【保存类型】中，选择【Windows Media 视频】，PPT 则被保存为视频文件；如果把 PPT 保存为 Flash 文件，则需要专门工具的支持，PowerPoint 自身无法实现。

2. 将 PPT 保存为图片

PowerPoint 自身提供了导出图片的功能，当把 PPT 文件另存时，在【格式类型】中选择 JPEG 图片格式，就会弹出问询对话框。选择【每张幻灯片】，则该 PPT 文档中的每一张页面都会被保存为一幅 JPEG 图片；如果选择【仅当前幻灯片】，则把当前选中的这一页幻灯片保存为 JPEG 图片，如图 5-55 所示。

图 5-55　将 PPT 保存为图片

当然，也可以使用截图工具，一个页面一个页面地截图，这样也能实现把 PPT 保存为图片的目的。

3. 打印 PPT

PowerPoint 提供了直接打印功能，可以在打印设置里，设置打印范围（全部或部分页）、打印内容（包括幻灯片、讲义、备注、大纲等）、打印份数、打印质量等。我们经常使用的打印讲义功能，可以在一张纸上打印 6 张幻灯片的内容，以节约纸张。

注意：如果 PPT 设置了动画，会出现多个对象重叠的现象，所以打印时最好把动画分页或删除。

4. 把 PPT 中的部分页面独立发布

如果并不需要把整个 PPT 发给他人，而只是把其中的某一页或某几页发给别人，此时并不需要重新制作 PPT，只需利用【发布】功能就能轻松实现。

方法：选择【文件】→【保存并发送】→【发布幻灯片】，如图 5-56 所示，单击【发布幻灯片】后，在打开的对话框中，根据缩略图的显示勾选需要发布的页面，指定保存位置之后发布即可。

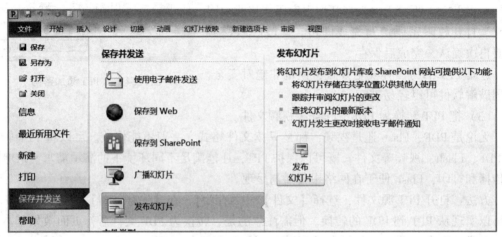

图 5-56　独立发布 PPT 中的部分页面

5.10.2　演示技巧

PPT 的演示包括设置播放范围、设置放映方式、隐藏幻灯片、排练计时、录制幻灯片演示等内容。

1. 设置播放范围

PowerPoint 为用户提供了从头开始、从当前幻灯片开始、广播幻灯片和自定义放映四种放映方式。

从头开始：单击【幻灯片放映】→【从头开始】，或者按下 F5 键，将会以整个演示文稿的第一张幻灯片作为首页放映。

从当前幻灯片开始：单击【幻灯片放映】→【从当前幻灯片开始】，或者按下 Shift + F5 键，将会以当前幻灯片作为首页进行放映。

广播幻灯片：单击【幻灯片放映】→【广播幻灯片】，在弹出的对话框中，选择【启用广播】，这是 PowerPoint 2010 新增的一项功能，演示者使用该功能可以将演示文稿通过 Windows Live 账户发布到互联网中，用户可通过网络浏览器观看。

自定义放映：单击【幻灯片放映】→【自定义放映】，在弹出的对话框中，选择需要放映的内容，可根据不同的受众设置不同的放映方案。

2. 设置放映方式

选择【幻灯片放映】→【设置幻灯片放映】，打开【设置放映方式】对话框，如图 5-57 所示，放映类型主要包含三种方式，即演讲者放映、观众自行浏览、在展台浏览。

演讲者放映：用于常规演示文稿放映，可全屏自动显示 PPT 内容，演讲者对演示过程有完全的控制权。

观众自行浏览：用于对演示文稿进行基本浏览，让观众通过滚动条或方向键自行浏览演示内容，可同时打开其他演示文稿。

在展台浏览：自动全屏演示文稿，无须用户手动操作，播放完成后自动循环播放。

在对话框中，还可以设置放映选项、绘图笔/激光笔颜色、放映范围、换片方式等内容。

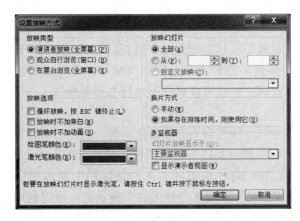

图 5-57　设置 PPT 放映方式

3. 隐藏幻灯片

在【幻灯片放映】选项卡下，设置【隐藏幻灯片】，可以将当前幻灯片隐藏。在【幻灯片】窗格中该幻灯片的编号上将出现一个隐藏符号，表示当前幻灯片在放映时不被放映显示。这个操作主要是用于演讲者临时不想展示，但又不想删除的一些页面。比如，教师在备课时需要某些内容，但在课堂上又不必展出，可通过隐藏幻灯片来实现。

4. 排练计时

排练计时功能，是指在真实的放映状态下，同步设置幻灯片的切换时间。在整个演示文稿放映结束后，系统将所设置的时间记录下来，以便在自动播放时按照所记录的时间自动切换幻灯片。

在【幻灯片放映】选项卡下，设置【排练计时】，幻灯片切换到全屏播放状态，同时屏幕显示【录制】面板，当第一张幻灯片排练计时完成后，单击鼠标切换到下一页排练计时，直到整个幻灯片结束，此时会出现一个对话框——询问是否保存排练计时，单击【是】，保存即可。

当排练计时结束后，切换到【幻灯片浏览】视图，在每张幻灯片的左下角可以查看该张幻灯片播放所需要的时间。

如果设置了排练计时，在放映演示文稿时，系统会默认选中【幻灯片放映】选项卡下的【使用计时】复选框。如果需要关闭排练计时，则需要取消选中【使用计时】。

5. 录制幻灯片演示

录制幻灯片演示是 PowerPoint 2010 以上版本才有的功能，它不仅可以记录幻灯片的放映时间，而且还允许用户使用鼠标、激光笔、麦克风等为幻灯片进行标注。这些都可以通过录制幻灯片演示功能记录下来，从而使演示文稿能脱离演讲者自动放映。

选择【幻灯片演示】选项卡下的【录制幻灯片演示】，在其下拉菜单中，选择【从头开始录制】或者【从当前幻灯片开始录制】，在弹出的对话框中，勾选上【幻灯片和动画计时】和【旁白和激光笔】两个复选框。这样，用户就可以通过麦克风为演示文稿配音，同时可以按住 Ctrl 键激活激光笔工具，为演示文稿指示需要强调的重点部分。单击【开始录制】按钮，幻灯片切换到全屏播放模式，并在幻灯片左上角出现【录制】面板，其录制方法与排练计时相同。

6. 使用屏幕笔标注

在幻灯片放映过程中，用户如果需要将讲述的重点标注出来，可以通过屏幕笔来实现。

在演示文稿的放映过程中，从右键菜单中选择【指针选项】，默认是箭头状态，也可以设置箭头选项、墨迹颜色、指针类型、笔的类型、粗细等，设置完成后，回到放映状态，即可对幻灯片做重点标注，也可在页面上进行书写等操作。

7. 使用备注

在制作和放映幻灯片时，往往容易忽略备注功能。但是，备注对于教师是有一定帮助的，它可以在放映 PPT 时为教师提供丰富的资料，有助于教学活动的开展。

在普通视图状态下，在幻灯片编辑区下方的备注栏中插入相应的备注内容，或者从【视图】选项卡下的【备注页】中输入备注内容。演示时，可以利用【演讲者视图】实现演讲者在显示器屏幕上既可以看到幻灯片放映内容，又可以看到备注内容，而观众只能通过大屏幕看到幻灯片放映内容，但无法看到备注内容。

8. 黑屏、白屏、暂停放映

在放映过程中，可以通过一些技巧控制放映节奏。

在全屏放映模式下，按下 B 键，画面会自动变全黑，再次按下 B 键，则恢复放映；如果按下 W 键，则画面会自动全白，再次按下 W 键，则恢复放映。这些技巧便于学生与教师交流或者学生短暂休息。

对于设置了排练计时的幻灯片来说，一旦放映，就会自动播放直到结束。如果希望在某一页停下来进行详细的讲解，可以按下 S 键，所有动画全部暂停，再按 S 键则恢复。

除此之外，在制作 PPT 时，为了达到更好的效果，有时需要使用第三方软件进行辅助，常用的有制作动态图表的 Swiff Chart pro、将 PPT 转换为 Flash 格式的 FlashSpring、对 PPT 压缩的 PowerPoint Minimizer、加载音乐的 MP3 AddIn 等。第三方软件的加入，不仅提升了 PPT 制作质量，而且还能节省时间、提高效率。

参考文献

[1] 杨继萍，吴军希，孙岩，等. PowerPoint 2010 办公应用从新手到高手[M]. 北京：清华大学出版社，2011.

[2] 谢华，冉洪艳，等. PowerPoint 2010 标准教程[M]. 北京：清华大学出版社，2011.

[3] 杨臻. PPT，要你好看[M]. 北京：电子工业出版社，2012.

[4] 孙小小. PPT 演示之道：写给非设计人员的幻灯片指南[M]. 北京：电子工业出版社，2010.

[5] 陈魁. PPT 演义：100% 幻灯片设计密码[M]. 2 版. 北京：电子工业出版社，2011.

[6] 启典文化，刘畅，刘海燕，等. 变身 PPT 高手：PowerPoint 核心关键技术解析[M]. 北京：中

国铁道出版社,2010.

[7] 许江林. 揭秘：优秀 PPT 这样做 [M]. 北京：电子工业出版社,2011.

[8] 刘浩,张文静. 美哉！PowerPoint：完美幻灯演示之路 [M]. 北京：电子工业出版社,2009.

[9] 梁翰博,张予. 让你的 PPT 更精彩 [M]. 北京：清华大学出版社,2012.

[10] Robin Williams. 写给大家看的 PPT 设计书 [M]. 卢秀丽,张哲,译. 北京：人民邮电出版社,2011.

[11] 许江林. 炫舞 PowerPoint：PPT 动画创意设计 [M]. 北京：电子工业出版社,2010.

[12] 知乎. 色块在 PPT 中的 8 种用法 [EB/OL]. https://zhuanlan.zhihu.com/p/22425030,2016-9-13.

[13] 锐普奥义. 5 分钟掌握 PPT 文字转换图表的秘密 [EB/OL]. http://www.pptschool.com/3768.html,2016-9-28.

[14] 佚名. 如何让 PPT 更具吸引力（二）：PPT 文字排版也能高大上 [EB/OL]. http://sanwen8.cn/p/R6brOK.html,2016-9-28.

微课设计与制作

☞ **学完本章，应做到：**

◎ 能了解微课出现的背景；

◎ 能阐述微课的含义及特征；

◎ 能了解微课的分类及适用范围；

◎ 能知道微课设计与制作的一般过程；

◎ 能了解微课制作的常见方法；

◎ 能制作一节优秀的微课。

学习导航

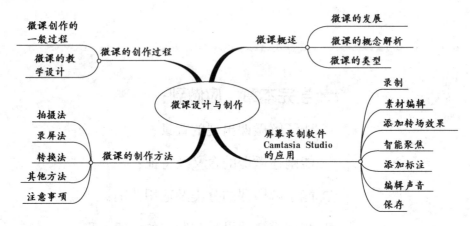

随着智能手机、平板电脑等移动设备的普及和无线网络的覆盖,学生获取知识的途径发生了巨大的转变,"微"时代悄然来临。微博、微信、微小说、微电影等微产物如雨后春笋般涌现出来,微课作为一种新兴的教学资源和新的学习方式,也逐渐在信息化教学环境中应运而生。在追求高效、快速、便捷的当今社会,以教学视频为载体、以主题明确的知识点为内容、以短小精悍为特点的微课,更符合数字学习者的胃口,让教师的教、学生的学变得更加自由灵活。近几年,微课的理论与应用在国内外都得到了飞速的发展。微课所涉及的学科越来越广泛,由中小学向高校发展,由区域向全国扩散,已成为我国教育信息化发展的新热点。

6.1 微课概述

6.1.1 微课的发展

微课的出现离不开网络通信技术的迅猛发展。随着移动终端设备价格的下降和无线网络的广泛覆盖，移动网民数量飞速增长。同时，当今社会的生活节奏变得越来越快，与之相应的是人们更乐于接受简单、便捷、有趣、高效的生活方式和学习方式。因此，近年来越来越多的事物冠以"微"的名号，如微博、微信、微电影、微小说……这些越来越多的"微"事物可以无孔不入地钻进人们生活中的方方面面，利用碎片时间，在生活的间隙给人们带去更多的体验。日益壮大的"微"字号队伍俨然宣告着人类社会已经步入了一个"微"时代。

网络的快速发展促使人类的知识传授模式也在发生改变。在时间成为稀缺资源时，碎片时间的价值凸显，变得弥足珍贵，现代人想使一点一滴的时间都得以充分利用，而移动互联网为此提供了一个契机。教师可以把上课讲授的关键内容（知识点、重难点、易错点等）做成微视频发布于网络，学生可以随时随地拿出自己的移动智能终端设备（手机、平板电脑、笔记本电脑等），利用闲散、零碎的时间来上网学习，还可以反复学习。学生课堂学习注意力研究结果显示：人高度集中精力学习的时间在10分钟左右。根据学生学习的特点，将教学内容碎片化、跨应用平台的微课应运而生。

在微课的概念提出之前，国外与微课相关的研究和应用一直在持续。2004年7月，英国启动了教师电视频道（www.teacher.tv，如图6-1所示），该网站每个节目视频时长15分钟，频道开播后得到教师的普遍认可，积累了长达35万分钟的微课视频节目资源。

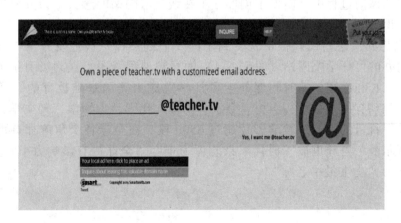

图6-1　英国教师电视频道

享誉全球的 TED（Technology Entertainment Design）系列演讲，是大众科普型微讲座的典范。TED 是美国的一家私有非营利机构，该机构以它组织的 TED 大会著称，这个大会的宗旨是"值得传播的创意"。TED 诞生于 1984 年，从 1990 年开始每年举办一次。从 2006 年起，TED 演讲的视频被上传到网络上（见图 6-2）。TED 演讲的特点是毫无繁杂冗长的专业讲座，观点响亮、开门见山、种类繁多、看法新颖。每一个 TED 演讲的时间通常都是在 18 分钟以内。每年的 TED 大会都会召集众多科学、设计、文学、音乐等领域的杰出人物，分享他们关于技术、社会、人的思考和探索。没有各种数据导致的头昏脑胀，没有冗长解说造成的理解障碍，也没有 PPT 频繁切换产生的视觉疲劳，18 分钟的演讲激发了越来越多人的学习热情。截至 2018 年 5 月，TED 官网上已有 2700 多个演讲视频，互联网让这些闪光的、值得传播的思想，经由网络在世界各地传播。

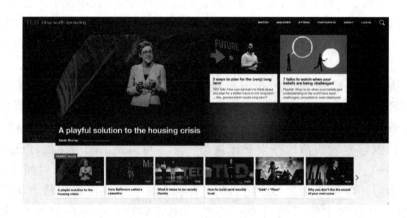

图 6-2 TED 官网演讲视频截图

可汗学院

国外公开的微课程中做得比较好的要数可汗学院（Khan Academy）（见图 6-3）。可汗学院是由孟加拉裔美国人萨尔曼·可汗于 2007 年创立的一家教育性非营利组织，旨在向全世界的网络学习者提供免费的高品质学习服务。萨尔曼·可汗在指导他的表妹复习数学功课的过程中，萌发了创办一个在线学习网站的念头。为方便更多的人分享，他有意识地把每段教学视频的长度控制在 10 分钟之内，以便网友有耐心理解、"消化"。没想到，这些视频很快就受到了网友们的热捧。被他发布至 YouTube 网站及自己所创办的可汗学院网站（见图 6-4）的视频课程资源，立刻吸引了美国各地的中小学生、家长和教师，一时间课外上可汗学院成为美国基础教育的一道亮丽的风景。可汗学院现有关于数学、历史、金融、物理、化学、生物学、天文学、经济学和计算机科学等科目的内容，教学影片超过 6500 段，在全球各个角落都有可汗学院的受益者。萨尔曼·可汗也被《时代》杂志评为年度"全球最有影响力 100 人"之一，被网友戏称为"史上最牛老师"。

图 6-3　可汗学院 logo

图 6-4　可汗学院中文版首页

在国外，微课的概念最早是由美国新墨西哥州圣胡安学院的高级教学设计师、学院在线服务经理戴维·彭罗斯（David Penrose）于 2008 年秋提出的。戴维·彭罗斯首次提出了一分钟"微讲座"的理念。他的主要思想是在课程中把教学内容与教学目标紧密地联系起来，以产生一种"更加聚焦的学习体验"。后来，戴维·彭罗斯被人们称为"一分钟教授"（the One Minute Professor）。

当国外的微课如火如荼之时，微课在国内也在悄然起步。

2009 年，内蒙古鄂尔多斯东胜区教研中心的李玉平老师在一次教师培训班上，播放了一个带有音乐、自动播放的 PPT。结束后，老师们围住李玉平老师要求拷贝，纷纷感叹"太感人了""我的孩子正在经历这样的遭遇"……这个名为《捂本的孩子》的 PPT 就是李玉平微课的雏形。之后，李玉平老师面对教师工作中的困境和诉求，将自己在平时教学研究中积累的很多小现象、小策略、小故事改编成短小生动的 PPT 并上传到网络。这些自动播放的 PPT 定位准确、风格独特，在网络上迅速传播开来。2010 年，李玉平老师将这类作品起名为"教师成长微课"。

在国内，最早给"微课"下定义的是广东省佛山市教育局信息网络中心的胡铁生老师。他认为，"微课"是按照新课程标准及教学实践要求，以教学视频为主要载体，反映教师在课堂教学过程中针对某个知识点或教学环节而开展教与学活动的各种教学资源的有机组合（2011 年）。

2012 年 9 月，我国教育部教育管理信息中心启动第四届全国中小学"教学中的互联网应用"优秀教学案例评选活动暨第一届中国微课大赛。紧接着，2012 年 11 月，教育部全国高校教师网络培训中心正式下发通知，决定于 2012 年 12 月至 2013 年 8 月举办首届全国高校微课教学比赛。至此，微课得到了国内教育界的广泛重视。微课实践活动在全国中小学、电大系统、高等院校甚至一些民办教育团体迅速推广开来（见图 6-5）。国内微课的实践应用从起步到席卷全国，从教育到覆盖社会生活的方方面面，逐步成为教育研究者、工作者关注的热点和焦点。

(a) 中国微课大赛　　　　　　　　(b) 全国高校微课教学比赛

(c) 中国外语微课大赛　　　　　　(d) 河北省微课大赛

图 6-5　我国各类微课比赛

从 2012 年到 2018 年，六年的时间过了，微课的热度并未有消散的趋势，而是向着广泛讨论、全体参与的方向积极发展。目前，"中国微课大赛"已成功举办了四届，覆盖 31 个省份 3 万多所学校，参赛微课作品涵盖中小学全部学科。2018 年 1 月，第四届中国微课大赛在广东启动，截至 2018 年 8 月 31 日，本届微课大赛累计参评教师 13805 人，累计参赛作品 19589 个。除了规模和影响力较大的中国微课大赛，各级各类的微课比赛也一直在定期举行。在各级、各类微课大赛的带动下，我国互联网上的微课资源也不断丰富起来，这不仅为学生提供了更多学习资源，而且也方便了教师之间教学方法与技巧的交流。这些微课实践活动推进了信息技术与教育的深度融合，促进了优质教育资源的共建共享，为共同构建创新资源建设与创新教学应用相互促进的生态环境打下了良好基础。

6.1.2　微课的概念解析

随着全国性推广、普及微课程活动的展开，人们对微课的认识和相关研究也逐步深入、全面，众多教育技术学界的专家学者及教育行政部门都对"微课"一词给出了定义。

南京师范大学教育技术中心的张一春教授认为，"微课"（micro-lesson）是指以先进的教育思想与教学理念为指导，以使学习者获得最佳学习效果为目标，经过精心的信息化教学设计，以视频、动画等形式记录或展示教师围绕某个（某些）知识点（技能点）开展的简短、完整的教学活动。微课的特征是以自主学习为主要形式，以获得最佳效果为目标，以视频为主要载体，以精心的信息化教学设计为途径，以简短（5～10 分钟以宜）、完整为基本要求，以某一知识内容为对象，以移动和泛在学习为方式。

微课主要不是用在课堂上代替教师讲课的，而是用在翻转课堂中，用在课外、学生自主学习。因此，对于教师而言，最关键的是要从学生的角度去制作微课，而不是从教师的角度去制作，要体现以学生为本的教学思想。

胡铁生老师在《微课的属性认识与开发建议》一文中，总结出对微课认识普遍存在的

六大误区:
(1) 微课程 = 微教学视频。
(2) 微课 = 辅助老师讲课的多媒体课件。
(3) 微课 = 课堂教学实录的视频切片。
(4) 微课 = 视频公开课。
(5) 微课 = 课堂教学。
(6) 微课 = 微格教学。

6.1.3 微课的类型

微课的分类方法有很多。为便于理解和实践开发的可操作性,可以按照学习内容的传授方式,将微课分为五类。

1. 讲授型

讲授型微课是以学科知识点及重点、难点、考点的讲授为主,授课形式多样,不局限于课堂讲授。其表现形式以教师授课视频为主,学生观看视频,就像在现场聆听教师授课一样。

讲授型微课适用于教师运用口头语言向学生传授知识,如描绘情境、叙述事实、解释概念、论证原理和阐明规律。这是中小学最常见、最主要的一种微课类型,适用于基础知识的掌握与基本原理的理解。

2. 解题型

解题型微课以题目为中心,针对典型例题、习题、试题进行讲解分析与推理演算,重在解题思路的分析与过程,特别适用于理科类的学科知识教学。按照呈现顺序,解题型的微课一般包括以下几个环节:题目的呈现、题目的理解与分析、解答呈现、解后反思与小结。如图6-6所示,数学微课"求比一个数多(少)百分之几的数是多少"完整地展现了这几个教学环节。学生利用视频可以暂停与重复播放的特性,根据自己的情况,暂停播放进行思考或反复观看某些难度较大的内容,直到理解、掌握为止。

3. 答疑型

答疑型微课主要用于对学生学习过程中普遍的、代表性的提问,进行归纳总结、分析解答。

传统教学的答疑模式很难兼顾各个层次学生的需求。随着手机和平板电脑等智能终端的普及,教师可围绕学科知识点,有针对性地开发制作微课集,以满足学生学习的多样化。微课集既包含解决学生有共性的疑难问题的微课,又包含设置创新题和拓展题的微课。

4. 实验型

实验型微课针对教学实验进行设计、操作与演示。其表现形式为实验或实训的现场视频,或网络虚拟实验动画配合教师讲解。该类型微课适用于学生在教师的指导下,使用一定的设备和材料,通过控制条件的操作过程,引起实验对象的某些变化,学生从观察这些现象的变化中获取新知识或验证知识。例如,在微课"如何分离混合物"中,教师演示将砂糖与面粉组成的混合物分离的过程,同时对操作中的重点、难点和容易出现的错误操作环节进行讲解(见图6-7)。在物理、化学、生物、地理和自然常识等学科的教学中,实验类微课较为常见。

5. 表演型

表演型微课主要有两种形式：一种是在教师的引导下，组织学生对教学内容进行模仿表演和再现，利用摄录工具将表演过程录制下来，经适当编辑制作成微课。学生通过观看此类微课可以达到学习交流和娱乐的目的，促进审美感受和提高学习兴趣。一般分为教师的示范表演和学生的自我表演两种，适用于素质类、体育类课程，如舞蹈、瑜伽、广播体操、太极拳等课程的学习。另一种是假设某一交际情境，让学生充当其中的角色，表演出符合情境的对话和行为。在特定的情境下，学生改变自己的身份，从局外人变成了参与者，注意力自然就集中到了学习内容上。参与者通过对角色的扮演，可以获得快乐体验以及宝贵的经历。例如，在微课"宝宝控 iPAD，专注恐不足"中，由学生扮演家长和孩子，模拟母子在日常生活中的一个场景，讲述了太早接触电子产品对孩子的危害，并对家长给出了应对建议（见图6-8）。

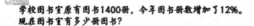

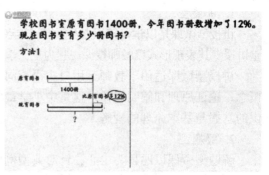

(a) 题目呈现　　　　　　　　　　　　　　(b) 题目分析

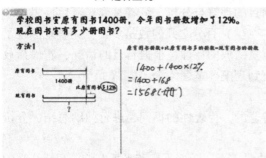

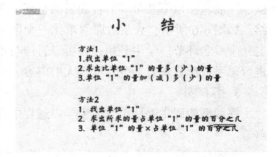

(c) 解答呈现　　　　　　　　　　　　　　(d) 解后小结

图6-6　解题型微课

图6-7　实验型微课　　　　　　　　　　　图6-8　表演型微课

6. 其他类型

不属于上述分类的微课，均可归为此类型。

值得注意的是，一节微课作品一般只对应于某一种微课类型，但也可以同时属于两种或两种以上的微课类型的组合（如提问讲授类、解题答题等），其分类不是唯一的，应该保留一定的开放性。同时，由于现代教育教学理论的不断发展，以及教学方法和手段的不断创新，微课类型也不是一成不变的，需要教师在教学实践中不断发展和完善。

思考与练习

1. 请用自己的语言叙述什么是微课，微课具有哪些特征。
2. 请简述微课与多媒体课件、课堂教学实录的视频切片、视频公开课的区别。
3. 按照学习内容的传授方式可将微课分为哪些类型？试举例说明。

学习活动建议

1. 搜索并阅读微课创始人胡铁生的博客（http：//blog.sina.com.cn/htsweike）关于微课研究、微课设计、微课制作、微课应用的文章。
2. 搜索并阅读南京师范大学张一春教授的博客（http：//blog.sina.com.cn/njnuzyc）关于微课研究的文章。

6.2 微课的创作过程

6.2.1 微课创作的一般过程

微课创作一般采取以下几步：

1. 确定选题

确定选题是制作微课的首要环节和起点，科学的选题是微课成功的前提和基础。

2. 准备素材、教学设计

结合选取的微课知识点，准备制作微视频的多媒体素材。如果需要，制作微课件配合讲授不容易理解的知识点，辅助教师现场讲授。根据选题及教学要求，进行微课教学设计和编写教案。

3. 拍摄（录制）、后期制作

微视频是微课的核心。微视频的制作可以选择手机、数码相机、数码摄像机、视频摄像头等一切具备摄录功能的设备拍摄，也可以选择电脑屏幕捕捉软件、录播教室进行录制。对录制好的视频应进行必要的编辑和美化。"6.3 微课的制作方法"一节将详细介绍微视频的制作方法。

完整微课的设计与制作环节如图6-9所示。

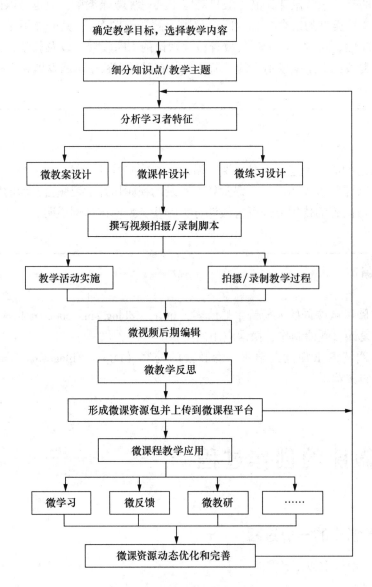

图6-9 微课的设计与制作环节

6.2.2 微课的教学设计

微课的教学设计要以教学设计原理为依据,以普通的课堂教学过程为基础,与微课的教学特点相结合。学习者可以参照表6-1完成微课的教学设计。

微课的教学设计除遵循本书第2章中教学设计的基本要求外,还应注意以下关键问题:

表 6-1　微课的教学设计模板

微课名称	
目　　标	
知识点描述	
难　　点 突破方法	
适用对象	
制作方法	

教学过程	画面内容	视频来源 （PPT/拍摄视频/下载视频）	字幕/标注	长度（秒）

1. 关键问题一：以学习者为中心

微课是一种提供给学生自主观看、自主学习的数字化教学资源，因此要牢牢把握"以学习者为中心"这个核心，无论出于何种使用目的制作微课，都需要明确：微课的使用对象是学生，不是老师。要始终关注"学生需要看什么？""学生需要听什么？""这样表达他能听懂吗？"在设计过程中，课程内容的选择、学习活动和各项资源的组织都要围绕学习者这个中心进行。在课程内容选择方面，应首先了解学习者的学习需求，明确他们要的是什么；在学习活动和学习资源的组织上，要充分体现学习者的主体地位，调动学习者的学习主动性，激发学习者的学习兴趣。

微课中的人称不要用"同学们""你们"等，最好用"你"；不要用"我们"，最好用"咱们"。如此会让学生感到亲切、自然，就像是在和老师面对面、一对一地交流。

2. 关键问题二：微课的选题

微课的选题应把握以下原则：

（1）教学中的重点、难点。

微课教学，在形式上追求"微"，在内容上追求"精"，在效果上追求"妙"。因此，微视频所教授的课题一定要有针对性。知识点的选取一般是一节课中的教学重点、难点，或者教学中的某个精彩环节，也可以选择平时需要老师反复讲解和强调的内容、学生容易出错的知识点、学生经常提问的问题等。知识点必须足够细，5～10 分钟内能够讲解透彻。

（2）适合用多媒体表达。

微课需要借助于多媒体进行呈现与传递，因此微课内容的设计要适合多媒体特性。对于不适合多媒体表达的内容，制作的结果也是徒劳的，因为或许传统教学的效果更佳；同时也会使教学过程平庸无奇，令观看者失去学习欲望。因而微课选题要适合使用多媒体表达，适合加入丰富的图形图像、多姿多彩的动画、声色兼有的视频。

（3）相对独立的知识体系。

微课是相对完整、独立的小型教学资源，它的选题必须要小，内容少且相对独立。选题时，可以选取一个独立的小话题作为切入口，把内容讲通、讲透，宁可"小题大做"，不宜"大题小做"。同时，一节微课的教学目标不宜过多，一般设定一到两个目标即可。目标要尽量具体化、可操作、可测量，不要设计抽象模糊、大而空泛的目标。

（4）碎片化的组块。

微课是一个微型化、碎片化的视频学习资源。视频学习资源碎片化是为了适应学习的碎片化。微课教学时间短，一节微课最好讲解一个特定知识点，如果该知识点牵扯到另一个知识点，并需详细讲解时应另设一节微课。对于信息含量大的教学主题，则可以采用内容分解的方式，化整为零、逐一制作，形成系列微课。单独的一两节微课对现行教学并没有太多帮助，只有微课形成系列，辅以练习、解答、交流、讨论，成为"微课程"，才能真正发挥这一课堂新形态的全部潜力。

3．关键问题三：媒体设计——教学信息的视听化处理

媒体设计决定了微课最终的表现形式，其优劣性直接决定了微课的质量。

（1）视觉信息的设计。

在教学内容的处理上，微课的主要任务是把教学信息尽量可视化。微课是以视频为载体的教学资源，视频的优势并非传递抽象的文字信息，而是传递具体、直观的图形、图像信息，特别是连续的、动态的图像信息。因此，一些具备"动态特征"的教学内容，比如动作技能、操作过程、变化过程等，直接使用视频来呈现教学信息是最简单、有效的方法。有些教学内容相对抽象，动态特征不太明显，需要转换成具有较强可视性的画面信息，这是微课设计中的关键技巧。这里可以借鉴"第5章　演示型课件的设计与制作"中的图形化表达的技巧，将抽象概念形象化，将数字、关系图示化。如在物理微课中，以Flash动画的形式形象地表现了"力的相互作用"，如图6-10所示。

在后期制作过程中，可以用字幕补充微课程不容易表述清楚的部分，如图6-11所示。

注意：<u>字幕只需呈现关键词语，不必像电视剧一样将所有台词都打上，不然会增加学生的阅读认知负荷。</u>教师要主动学习其他领域的设计经验，注意借鉴、模仿与创造，例如，从电影、电视、广告等大众媒体中寻找值得借鉴的创意。在体态语言方面，教师不必过于拘谨，但也不要过于懒散。建议教师注意看镜头，面部表情要有亲和力。

（2）听觉信息的设计。

声音是微课用于传递信息的另一个重要途径。微课中声音的运用主要分为两类：一是解说词，二是背景音乐。

图6-10　用动画示意"力的相互作用"

图6-11　用字幕辅助动作示范

带解说的微课更加贴近真实的课堂教学情境，学生易于接受。需要注意的是，微课中的解说词是对画面信息的必要解释、说明、提示、补充，不是对画面文字的简单重复。在解说词的录制中，环境要尽量安静，不要有噪声。教师在口语表达时，要清晰、有力、发音标准；语调要根据教学环节和内容的不同有起伏变化；表达要有节奏感，音量与语速适度，以确保观看者有足够的时间对教学内容进行理解和消化；要使用规范的专业用语，表述清晰、有条理，力求做到简单明了、通俗易懂，尽量少使用古板、枯燥的书面语。微课中应有恰当的提问，问题的设计要恰当安排基本问题、单元问题和核心问题，灵活使用多样化的提问策略促进学生思考。

一段恰到好处的背景音乐，能够让微课的气氛变得更加活泼，也能让学生感到放松，为微课增添趣味性和吸引力。背景音乐的选用应注意与教学内容相契合，不要使用过多，避免喧宾夺主。

思考与练习

1. 完成一个微课选题并简要说明理由。
2. 以此选题为基础进行教学设计。

学习活动建议

浏览中国微课网（http：//www.cnweike.cn/）、网易公开课（https：//open.163.com/）、五分钟课程网（http：//www.5minutes.com.cn/）等网站的优秀微课作品，并与同学交流、分享。

6.3 微课的制作方法

目前，国内常用的微课录制方法有：拍摄法、录屏法、转换法。

6.3.1 拍摄法

拍摄法是指主要使用手机、数码相机、摄像机、视频摄像头等一切具备摄录功能的设备（见图6-12），对通过"白板、黑板、白纸、课堂、游戏活动、表演"等形式展现的微课教学过程进行拍摄记录的方法。

1. 拍摄方式一：摄像机＋黑板（白板）或电子白板

（1）录制工具：便携式摄像机、黑板（白板）或电子白板、粉笔（白板笔）、其他教学演示工具。

(2) 方法：对教学过程同步摄像。

(3) 过程简述：

① 针对微课主题，进行详细的教学设计，形成教案。

② 拍摄准备：

- 将摄像机安装在三脚架上。
- 将三脚架放置在黑板（白板）或电子白板正前方约两米处。
- 打开摄像机电源，确保拍摄内容在取景框内占主体。

③ 利用黑板（白板）或电子白板展开教学，同时按下摄像机录像按钮，将整个教学过程拍摄下来，如图6-13所示。

图6-12　拍摄工具

图6-13　"摄像机＋白板"拍摄微课

拍摄注意事项：

- 摄像机的镜头高度与教师的眼睛平行，如图6-14所示。
- 在讲解的过程中教师的身体不能遮挡教学内容，如图6-15所示。

图6-14　镜头高度与教师的眼睛平行

图6-15　教师的身体不能遮挡教学内容

- 在教学演示的关键之处，要注意突出黑板（白板）或电子白板上的内容。

④ 授课结束后，再次按下摄像机的录像按钮，结束拍摄。

⑤ 对视频进行简单的后期制作，进行必要的编辑和美化。

(4) 视频特点：画面中只出现教师和黑板（白板）或电子白板。

(5) 需要掌握的技能：

① 熟练使用摄像机；

② 对视频进行简单的后期处理。

2. 拍摄方式二：利用手机、相机录制

(1) 录制工具：可进行摄像的手机/相机（像素较高，保证拍摄的画面清晰）、手机/相机支架、白纸、不同颜色的笔（宜选粗笔）、彩色胶带、相关主题的教案或其他教学展示用品。

（2）方法：直接在白纸上进行板书，用手机/相机记录演算、书写的教学过程。

（3）过程简述：

① 针对微课主题，进行详细的教学设计，形成教案。

② 拍摄准备（以手机为例）：

• 将手机支架夹在桌子边缘，手机固定在支架上，如图 6-16 所示。

• 打开手机的相机功能，拍摄模式选择为视频，调整手机的取景范围、位置、角度，用彩色胶带在桌子上标记定位框。

• 将白纸放到标记好的定位框内，如图 6-17 所示。

 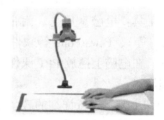

图 6-16　固定手机　　　　　图 6-17　放置白纸到定位框

③ 用笔在白纸上展现教学过程，如图 6-18 所示，包括画图、书写、标记、演算等行为，同时按下手机的录像按钮，开始拍摄。

拍摄注意事项：

• 教师手上不能佩戴饰品；

• 保持坐姿，教师的头部不能进入相机的取景范围，如图 6-19 所示。

图 6-18　教学过程　　　　　图 6-19　拍摄时头部不要进入取景范围

• 书写时不能将白纸移出定位框，如图 6-20 所示。

• 教师应保证语音清晰、画面稳定、演算过程逻辑性强，解答或讲授过程明了、易懂。

④ 授课结束后，按下停止按钮，结束拍摄。

⑤ 对录制好的视频进行必要的编辑和美化。

（4）视频特点：教师不出现在画面里，以画外音结合纸笔演示进行教学。

（5）需要掌握的技能：

图 6-20　白纸不要移出定位框

① 会使用手机/相机拍摄视频。
② 板书能力强，能将教学内容简洁、清晰、完整、有逻辑地呈现出来。
③ 能对视频进行简单的后期编辑。

6.3.2 录屏法

录屏法是指在计算机中安装录屏软件，如 Camtasia Studio、Snagit 和 CyberLink YouCam（这里以 Camtasia Studio 为例），录制通过 PPT、Word、画图工具软件、手写板输入软件等形式呈现的教学过程。简而言之，就是把电脑屏幕上所呈现的内容录制下来，成为一段视频。

1. 形式一：PPT 录制型（录屏软件 + PPT）

（1）录制工具：电脑、耳麦（附带话筒）、录像软件 Camtasia Studio（或 Snagit、CyberLink YouCam 等）、PowerPoint 等软件。

（2）方法：在电脑上播放 PPT 课件，同时进行屏幕录制，辅以讲解录音和字幕。

（3）过程简述：

① 针对微课主题，进行详细的教学设计，形成教案。

② 根据教学设计，搜集教学材料和媒体素材，制作 PPT 课件。

③ 录制准备：

- 在电脑屏幕上同时打开视频录像软件和教学 PPT。
- 教师戴好耳麦，调整好话筒的位置和音量。
- 调整好 PPT 界面和录屏界面的位置。

④ 单击录制按钮，开始录制（录屏软件 Camtasia Studio 的使用方法详见本章 6.4 节），教师一边演示 PPT 课件一边讲解。

录制注意事项：

- 教师可在 PPT 界面上用标记工具进行强调或其他演示，也可随时播放视频、动画等用于辅助教学。
- 注意控制讲解节奏和时间。
- 尽量使教学过程生动、有趣。
- 授课结束后，按下录屏软件的停止快捷键，停止录制。
- 对录制完成后的教学视频进行必要的处理和美化。

（4）视频特点：

① 教师不出现在画面里，以画外音结合 PPT 演示进行教学。

② 保持视频画面干净、清晰、一目了然。

（5）需要掌握的技能：

① 熟悉录屏软件的操作。

② 熟悉 PPT 课件的制作，能够将教学内容完整而有逻辑地呈现在 PPT 课件中，并根据讲解对关键内容进行标记。

③ 对视频进行简单的后期编辑。

2. 形式二：可汗学院模式（录屏软件 + 手写板 + 画图工具）

（1）工具：电脑、录屏软件 Camtasia Studio（或 Snagit、CyberLink YouCam 等）、手写板、麦克风、画图工具（如 Smoothdraw），如图 6-21 所示。

（2）方法：通过手写板和画图工具对教学过程进行讲解演示，并使用屏幕录像软件录制。

（3）过程简述：

① 针对微课主题，进行详细的教学设计，形成教案。

② 录制准备：

· 调整电脑的屏幕分辨率，通常情况下，电脑屏幕比为 16∶9 时，将分辨率设置为 1280×720；屏幕比为 4∶3 时，将分辨率设置为 1024×768。

· 安装手写板和麦克风等工具，并进行调试，确保书写流畅、录音清晰。

· 打开绘图软件，将背景颜色设为黑色，并设置好画笔颜色和笔尖直径。

· 打开录屏软件，将录制区域调整为绘图板，选择声音输入为麦克风，调整音量到合适大小。

③ 单击录制按钮，开始录制。教师一边讲解教学内容，一边使用手写板和绘图工具进行电子板书或演示，在手写板上书写的教学内容，会同步显示在绘图软件的屏幕窗口上，如图 6-22 所示。

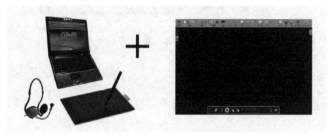

图 6-21 可汗学院模式微课的制作工具

图 6-22 可汗学院模式的微课

④ 授课结束后，按下录屏软件的停止快捷键，停止录制。

⑤ 对录制内容进行必要的编辑和美化。

（4）视频特点：

① 背景多为黑色，营造学生习惯的黑板视觉效果。

② 教师不出镜，只呈现手写板背景。

③ 教师在授课的同时，手写板书或绘画，能营造现场感。

（5）需掌握的技能：

① 熟悉录屏软件的操作。

② 会使用手写板或画图工具。

③ 手写板书字迹清楚，布局清晰、有条理、灵活而不凌乱。

6.3.3 转换法

转换法是指教师将设计制作的教学动画（Flash、GIF 动画课件）输出合成视频格式，或利用 PowerPoint 2010、PowerPoint 2013 直接生成视频，或通过自动播放的方式内录 PPT 内容（声音可提前录制也可在播放时同步讲解录制）的方法。

1. 方法一：将 Flash 动画导出为视频格式

（1）工具：Adobe Flash CS3、制作好的 Flash 教学动画。

（2）过程简述：

① 打开 Flash 教学动画，检查动画播放有无问题。

② 单击【文件】菜单之后，选择【导出】选项卡，如图 6-23 所示。

③ 在打开的【导出影片】对话框中，设置视频文件名，在【保存类型】中选择视频文件格式，如 swf、wav 等。单击【保存】按钮，生成视频文件，如图 6-24 所示。

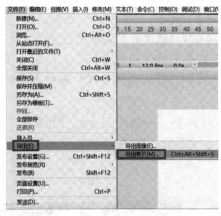 

图 6-23　将 Flash 动画导出为影片　　　　图 6-24　生成视频文件

2. 方法二：用 PowerPoint 2010 直接输出视频文件

（1）工具：Microsoft Office 2010、制作好的 PPT 课件、麦克风。

（2）过程简述：

① 打开 PPT 课件，检查幻灯片播放是否有误，如已全部制作完成，将其另存为 pptx 格式（必须是 pptx 格式才可以转为视频）。

② 单击【文件】选项卡，选择【保存并发送】→【创建视频】，如图 6-25 所示。

图 6-25　将 PowerPoint 输出为视频文件

③ 选择用于显示的设备。
④ 选择是否需要录制的计时和旁白。
⑤ 设置好后，单击【创建视频】选项。
⑥ 弹出保存对话框后，选择视频保存位置并修改视频名称，单击【保存】按钮保存视频文件，如图 6-26 所示。

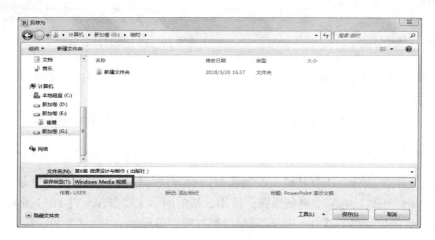

图 6-26　保存视频文件

⑦ 此时 PowerPoint 页面右下方会出现"正在创建视频"的字样以及一个进度条，待进度条完成后关闭文档即可。

3. 方法三：通过自动播放的方式内录 PPT 内容

（1）工具：Microsoft Office 2010、制作好的 PPT 课件、麦克风。

（2）过程简述：

① 打开 PPT 课件，检查幻灯片播放是否有误。

② 选择幻灯片放映选项卡，单击【录制幻灯片演示】下拉按钮从下拉列表中选择【从头开始录制】选项，如图 6-27 所示。

③ 打开【录制幻灯片演示】对话框，根据需要勾选相应选项前的复选框，如图 6-28 所示。

④ 单击【开始录制】按钮，自动进入放映状态，左上角的录制工具栏显示录制状态并开始录制旁白，如图 6-29 所示。

⑤ 单击录制工具栏的【下一项】按钮可切换到下一页幻灯片，单击【暂停】按钮可暂停录制。

⑥ 幻灯片录制完成后，会自动退出放映界面进入大纲视图，此时每张幻灯片的左下角会出现录制时的计时，如图 6-30 所示。

图 6-27　"从头开始录制"选项

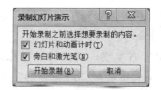

图 6-28　保存视频文件

图 6-29　录制工具栏

图 6-30　PPT 录制计时显示

⑦ 切换回【文件】选项卡，操作同"方法二：用 PowerPoint 2010 直接输出视频文件"的过程简述的步骤②～⑦。

⑧ 录制完成后，幻灯片的右下角会有一个声音图标，声音为录制的旁白。

6.3.4　其他方法

除以上三类方法外，还有其他一些制作微课的方法和软件，如使用 APP 软件（Show-Me、PowToon）在平板电脑上录制微课，使用云端的演示文稿制作软件 Prezi 录制、编辑微课，使用高清视频录制工具 Bandicam 录制微课视频，等等。

6.3.5　注意事项

除前面提到的注意事项外，在微课设计与制作中还应注意以下几个方面：

（1）微课时长尽量控制在 10 分钟以内。

（2）不要轻易跳过教学步骤，即使是很简单、很容易的内容。

（3）要给学生提供提示性信息，例如，用颜色线标识，在屏幕侧边列出关键词，用符号图形标注等。

（4）微课程是整个教学组织中的一个环节，要与其他教学活动环节配合。

注意：应在微课程中的适当位置设置暂停或者后续活动的提示，便于学生在浏览微课程时转入相关的学习活动，让学生在学习单的统一调度下学习微课程。

（5）微课程应有恰当的提问，问题的设计要安排基本问题、单元问题和核心问题，灵活使用多样化的提问策略以促进学生思考。

（6）微课程结束时要有简短的总结、概括要点，帮助学习者梳理思路，强调重点和难点。

（7）对一些重要的基本概念，要说清楚是什么、不是什么，让学生明确基本概念和原理；对于关键技能的教学，要清楚地说明应该如何做、不该如何做。

（8）教师要培养学生养成良好的自主学习习惯（例如，要根据学习单的指导来看视频，看完视频以后要回到学习单进行讨论、练习），要告诉学生使用微课程的技巧（例如，遇到没听懂的地方可以暂停重听）。

（9）一门课程开始时，要清楚地介绍课程的评价方法和考试方式，引导学生根据教学目标安排学习。

（10）有关微课程制作的操作细节如下。

① 录制视频的环境要安静，不要有噪声。

② 使用录屏法录制微课时，鼠标不要乱晃；字体和背景的颜色要搭配好；讲解课程时，

鼠标在屏幕上的速度不要太快；画面要简洁，与教学内容无关的图标和背景都要删除。

思考与练习

比较录制微课的三种常用方法，其制作的视频各有什么特点？拍摄或录制时，各有哪些注意事项？

学习活动建议

请观摩学习由温州大学设计制作、王佑镁教授主讲的《微课全接触——设计、制作与应用》（http：//www.etthink.com/thread-15902-1-1.html）。

6.4 屏幕录制软件 Camtasia Studio 的应用

Camtasia Studio 是 TechSmith 旗下一款专门录制屏幕动作的工具，它能在任何颜色模式下轻松地记录屏幕动作，包括影像、音效、鼠标移动轨迹、解说声音等。另外，它还具有及时播放和编辑、压缩的功能，可对视频片段进行剪辑、添加转场效果。它输出的文件格式很多，包括 mp4、avi、wmv、m4v、camv、mov、rm、gif 等多种常见格式，是制作视频演示的绝佳工具。

以下以录制微课"PPT 设计艺术"为例，介绍 Camtasia Studio 8 的使用方式与技巧。

在视频录制前，要根据微课选题制作 PPT 课件，部分 PPT 课件如图 6-31 所示，PPT 页面大小为 4∶3 模式。

6.4.1 录制

启动 Camtasia Studio 8（启动界面见图 6-32），选择录制屏幕，此时在窗口右下角会出现录制功能面板。

1. 录制前的设置

录制区域选择：选择【Full screen】（全屏）或【Custom】（自定义），如图 6-33 所示。

Full screen（全屏模式）：录制整个屏幕。启用这个模式会看到整个屏幕边缘就有绿色的虚线，这就是录制视频的范围，如图 6-34 所示。

Custom（自定义）：该选项根据需要，灵活选取录制区域。单击【Custom】（自定义）右侧三角号可以看到在出现的菜单中有几个常用的尺寸（见图 6-35）。Widescreen 宽屏(16∶9)：1280×720、854×480；Standard 标准（4∶3）：1024×768、640×480；Recent areas 最近使用尺寸：852×480、1920×1080；Lock to application（锁定当前的应用程序）：录制的时候只录制应用程序窗口；Select area to record（在屏幕上选择录制区域）：通过鼠标选择录制区域，如图 6-34 所示。选择之后会出现一个范围框，可以单击鼠标按住中间的按钮移动范围框的位置，也可以设置范围大小，宽度和高度在 Custom 右侧会有显示数字，如图 6-33 中显示的宽 1364 和高 768。

录制区域
选择操作

(a) 封面页

(b) 内容页1

(c) 内容页3

(d) 内容页4

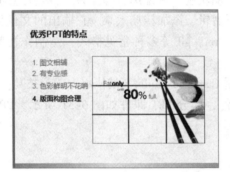
(e) 内容页5

(f) 结尾页

图 6-31 "PPT 设计艺术" PPT 演示文稿

图 6-32 Camtasia Studio 8 启动界面

图 6-33 录制功能面板

图 6-34 录制范围框

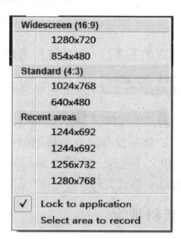

图 6-35 Custon 菜单

录制输入设置：选择"Webcam off"，关闭摄像头，打开"Audio on"选择麦克风输入，调节好录音音量，如图 6-36 所示。

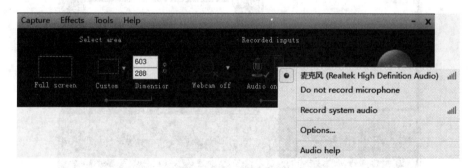

图 6-36 录音输入设置

2. 视、音频的录制

单击录制按钮 ，开始屏幕录制。出现倒计时"3，2；1"后，开始进行屏幕和语音教学录制。

授课结束，按 F10 停止录制工作，出现录制节目预览窗口，如图 6-37 所示。

屏幕录制操作

图 6-37 预览窗口

预览窗口的下面的一组功能按钮按从左至右的顺序分别为：当前播放时间/视频时间长度 ![Time 00:57/02:54]、视频缩放按钮 ![]、快进/播放/快退按钮 ![]、保存并编辑按钮 ![]、生成按钮 ![]、删除按钮 ![]。

预览后，如果没有问题，将录制成功的节目保存，单击【Save and Edit】（保存并编辑），为视频文件选择一个保存路径并对文件命名，将录制的视频保存成 Camtasia Studio 默认的 .camrec 格式文件。

6.4.2 素材编辑

录制的视频文件保存后，软件自动进入编辑状态，此时录制的视频素材会出现在视频编辑窗口的剪辑箱，如图 6-38 所示。

图 6-38 视频编辑窗口

视频编辑窗口分为以下三个区域。

剪辑箱：也叫编辑区，用于存放录制及导入的视频素材，以及一些编辑时使用到的工具。

监视区：可以随时查看视频编辑后的效果。

时间轴：大部分的视频编辑都会在这里处理。

1. 导入素材

Camtasia Studio 可以导入视频、音频、图片，相关格式可以从导入选项中查看。

导入素材有以下三种方法。

方法一：在文件菜单下选择【导入媒体】，如图 6-39 所示。

方法二：单击编辑区上方的【Import media】，如图 6-40 所示。

方法三：在剪辑箱空白区域单击鼠标右键，在弹出的菜单中选择【导入媒体】，如图 6-40 所示。

以上三种方法均可打开媒体导入对话框，选择并导入所需的媒体素材。

图 6-39　导入媒体方法

图 6-40　导入媒体方法二、方法三

2. 删除素材

删除素材有以下三种方法。

方法一：选中要删除的素材，直接通过键盘上的 Delete 键删除。

方法二：选中的要删除的素材，单击鼠标右键从弹出的菜单中选择【从剪辑箱中删除】，如图 6-41 所示。

方法三：选中要删除的素材，通过编辑菜单删除，如图 6-42 所示。

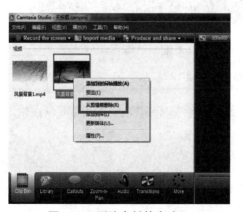
图 6-41　删除素材的方法二

图 6-42　删除素材的方法三

添加素材
到时间轴
操作

3. 添加素材到时间轴

方法一：将素材从剪辑箱直接拖动到相应轨道。

方法二：选中素材，单击右键，在弹出的菜单中选择【添加到时间轴播放】，如图 6-43 所示。

录制的视频素材首次添加到时间轴时，软件会弹出【视频编辑尺寸设置】，如图 6-44 所示，设置编辑视频的尺寸，一般为录制尺寸，设置完成单击"OK"按钮进入编辑界面。

图 6-43 添加素材到轨道

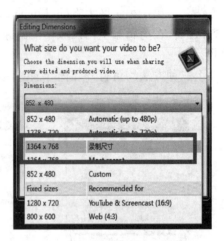
图 6-44 视频编辑尺寸设置

4. 时间轴介绍

时间轴是视频编辑时必不可少的工具，视频处理的大量工作都是在时间轴上进行的，如图 6-45 所示。

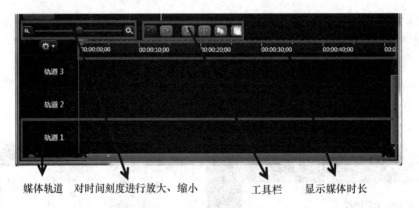
图 6-45 时间轴

媒体轨道：将媒体素材拖入时间轴后，媒体将会显示到轨道中，就可以在轨道中对想要编辑的媒体进行一系列的操作。

工具栏中有六个基本的剪辑操作。

（1）"撤销、重做"工具：用于修正操作中的失误。

(2) ![剪切] "剪切"工具：用于剪切或删除所选择的视、音频。

(3) ![分割] "分割"工具：能在时间轴上将视频切割开来，便于删除、加入特效等操作。

(4) ![复制粘贴] "复制粘贴"工具：用于复制、粘贴所选择的素材。

(5) 剪切素材：在时间轴上单击素材，拖动帧选中要删除的视频素材，如图 6-46 所示，单击剪切工具 ![剪切]，选中的视频就被剪切了。

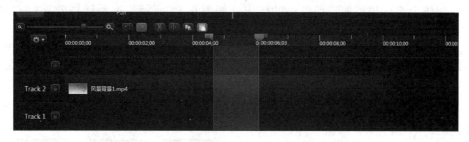

图 6-46 选择要删除的素材

(6) 分割素材：在时间轴上单击素材，选择时间点。（**注意：<u>不是选择一段素材</u>。**）单击【分割】工具，向后拖动素材，即可将素材从选择的时间点分割开，如图 6-47 所示。

编辑视、音频素材时，单击【轨道锁定】按钮，如图 6-48 所示，可锁定无须编辑的轨道，再次单击可解除锁定，恢复编辑状态。

图 6-47 分割素材

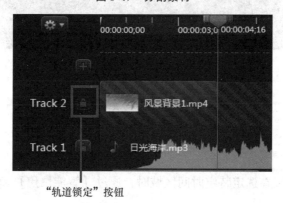

图 6-48 轨道锁定

6.4.3 添加转场效果

添加标注
操作

当需要在两段视频中间加上过渡效果时，可以单击时间轴上方工具栏中的"转场"按钮![] ，此时编辑框中有很多过渡效果供用户选择，如图 6-49 所示。当双击过渡效果时，在监视窗口会看到展示效果。

选择好需要的过渡效果后，单击并按住鼠标左键将它拖动到需要添加过渡效果的地方，或单击鼠标右键选择【添加到选定媒体】，如图 6-50 所示。这样就完成了转场效果的添加，时间轴上会出现添加转场效果的标志，如图 6-51 所示。拖动转场效果标志可以调节转场效果持续的时间，再次播放时就可以在监视区看到最终效果。

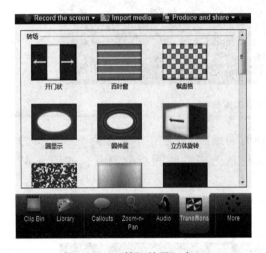

图 6-49 "转场效果"窗口

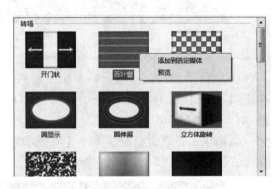

图 6-50 添加转场效果

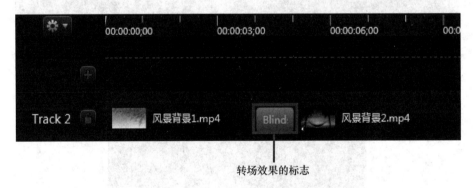

图 6-51 添加了转场效果的时间轴

6.4.4 智能聚焦

智能聚焦
操作

智能聚焦功能可以在选定特定时间区域时，通过【智能聚焦】窗口选择聚焦范围，实现画面的放大或缩小。

在时间轴上选择要添加缩放效果的时间点（可用时间轴的滑块或者监视区的控制条来选择位置），单击时间轴上方工具栏中的"智能聚焦"按钮![]，这时剪辑箱中出现【智能聚焦】窗口,如图 6-52 所示,拖动白框区域即可实现画面的放大或缩小。缩放效果添加成功后,时间轴上会出现箭头标志,如图 6-53 所示。拖动智能聚焦标志可以调节聚焦效果持续的时间,再次播放时可以在监视区看到最终效果。

智能聚焦窗口

图 6-52 智能聚焦　　　　　　　　　图 6-53 智能聚焦标志

6.4.5 添加标注

添加标注是给视频添加注释,让视频更清晰、易懂。

在时间轴上选择要添加标注的时间点,单击时间轴上方工具栏中的"标注"按钮 ,这时剪辑箱中出现标注样式窗口,如图 6-54 所示。单击右侧的下拉箭头,可以看到所有的标注样式,如图 6-55 所示。

添加标注操作

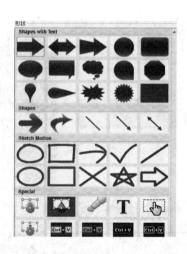

图 6-54 "标注样式"窗口　　　　　　图 6-55 标注样式

以添加椭圆形标注为例,选择其中一个椭圆形,单击这个椭圆形样式,标注就加到录制视频选定的当前帧了,如图 6-56 所示。

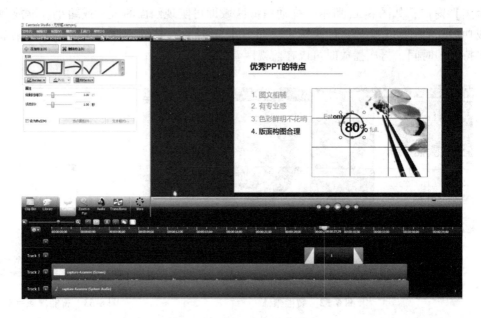

图 6-56　添加标注到时间轴

将这个椭圆形标注移到视频中对应的位置，调整好大小，通过时间轴就可以调整标注的持续时间和位置。

在标志样式窗口中，选择下面的大写的"T"，可以添加文字标注用于对视频进行说明，同时可以用作微课视频的字幕。单击"T"，会出现如图 6-57 所示的文字编辑区，同时下面的时间轴会出现添加文字标注的标志。

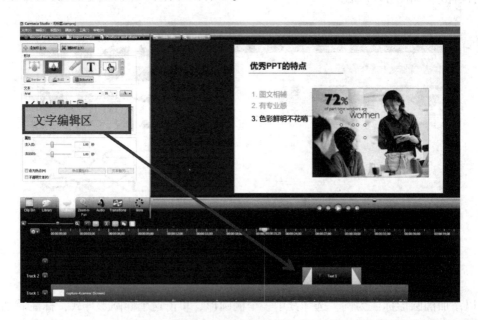

图 6-57　添加文字标注

编辑好文字之后,可以在右边的监视区调整文字的位置,拖到需要的位置即可。

6.4.6 编辑声音

微课中的声音分为两类:直接导入的声音和与画面同时录制的声音。第二类声音已与画面绑定,在单独编辑声音前,需要先将视频与音频分离。

在时间轴上找到视频,然后单击右键,选择【Separate video and audio】(分离视频和音频),如图 6-58 所示,视频和音频将分布到两个独立的轨道上,如图 6-59 所示。

注意:一旦分离,将无法连接,所以分离时一定要慎重。

单击时间轴上方选项卡里的音频按钮,媒体文件的声音轨道会变成绿色。同时,音频编辑窗口打开,如图 6-60 所示,可以对声音进行升降音量、淡入淡出、自动降噪等处理。

(1)升降音量。

方法一:将鼠标移动到绿色部分的上端,按住鼠标左键向上拉伸增大音量,向下拉伸减小音量。声音轨道上的百分比显示,现在的音频音量是 69%(见图 6-61)。

方法二:选中要编辑的音频素材后,在音频编辑窗口中单击【音量增大】或【降低音量】加大或减小音量。

(2)淡入淡出。

选中音频素材后,在音频编辑窗口中单击【淡入】或【淡出】,可以让音频的开始或结尾音量慢慢增大或减弱。

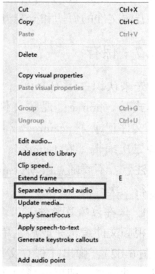

图 6-58 分离视频和音频

图 6-59 已分离的视频与音频

图 6-60 "音频编辑"窗口

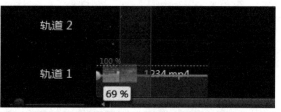

图 6-61 升降音量

(3) 自动降噪。

当录制的解说有杂音时，需要进行降噪处理：选择需要降噪的音轨，勾选音频编辑窗口中【启用噪声去除】复选框，这时软件会自动进行降噪；也可以选择高级按钮，再对音频进行细致降噪。如果噪声比较严重且不规律，一般应采用专业的音频编辑软件如 Adobe Audition、Sound Forge 等进行处理。

音频文件的剪切和分割方法与视频文件相同，这里不再赘述。

6.4.7 保存

先来认识一下 Camtasia Studio 中的两种文件格式：屏幕录制后保存的默认视频文件格式是 .camrec；视频文件在 Camtasia Studio 编辑后，保存的文件格式为 .camproj。项目文件记录了 .camrec 或其他格式的视频文件的引用路径和后期剪辑信息，此格式支持二次编辑。在 Camtasia Studio 中所进行的编辑操作，并不改变 .camrec 文件。

注意：不要随意改动 .camrec 格式文件的保存路径，否则 .camproj 格式项目文件将无法进行二次编辑。

1. 保存为项目文件

视频文件编辑完成后，单击【文件】菜单下的【保存项目】或【项目另存为】命令（见图 6-62），弹出【保存文件】对话框（见图 6-63），为视频文件选择一个保存的路径，并为文件命名，即可将视频文件保存为 .camproj 格式。

保存为项目文件操作

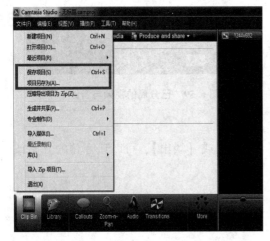

图 6-62　保存项目文件

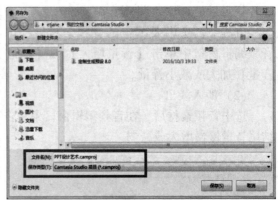

图 6-63　"保存文件"对话框

2. 将项目文件生成视频文件

（1）单击【文件】菜单下的【生成并共享】命令，如图 6-64 所示。

（2）在打开的【生成向导】对话框中，单击下拉菜单，选择【自定义生成设置】，如图 6-65 所示，单击【下一步】按钮。

图 6-64 "生成并共享"命令

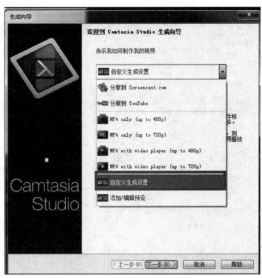

图 6-65 【生成向导】窗口 1

（3）弹出【视频格式选择】窗口，选择视频文件格式（如选择 MP4 格式），如图 6-66 所示，单击【下一步】按钮。

（4）在弹出的【Flash/HTML5 播放选项】窗口中，保持默认设置，单击【下一步】按钮，如图 6-67 所示。

（5）保持弹出的【视频选项】窗口中的选项为默认设置，单击【下一步】按钮，如图 6-68 所示。

（6）在弹出的【制作视频】窗口中，在【项目名称】选项下输入视频的名称，在【文件夹】选项下指定一个存储视频文件的路径，其他选项保持默认，如图 6-69 所示。

图 6-66 【生成向导】窗口 2

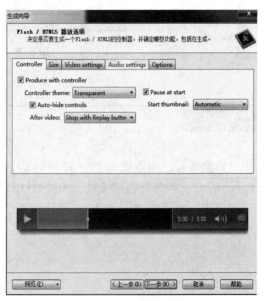

图 6-67 【生成向导】窗口 3

图 6-68 【生成向导】窗口 4

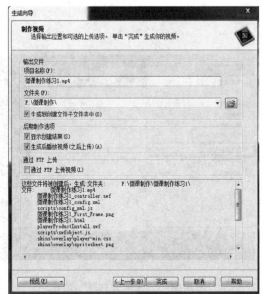
图 6-69 【生成向导】窗口 5

将项目文件
生成视频
文件操作

（7）单击【完成】按钮，进行渲染，如图 6-70 所示。渲染完成后，在指定的文件夹下就会生成相应的 MP4 视频。

图 6-70 正在渲染项目

思考与练习

请根据自己的微课选题，选择适当的制作方法，完成视频的拍摄或录制，并利用 Camtasia Studio 进行后期编辑，生成微课视频。

要求：画面清晰、流畅，声音清晰，前后音量大小一致，并根据教学需要，添加字幕。

学习活动建议

请浏览希沃学院 Camtasia Studio 微课制作系列课程（http：//www.seewoedu.com/course/group/adc5b10edc2a4a318c8968193cc8b907？channel=BAIDU），进行观摩学习。

参考文献

[1] 黎加厚. 微课的含义与发展［J］. 中小学信息技术教育，2013，(4).
[2] 张一春. 微课的定义与理解［EB/OL］. http://blog.sina.com.cn/s/blog_8dfa9ca20102w6ez.html.
[3] 张一春. 手机拍微课和 PPT 录屏制作微课的几点建议［EB/OL］. http://blog.sina.com.cn/s/blog_8dfa9ca20101wp83.html.
[4] 胡铁生. 小心：碎片化学习让你成为"碎人"［EB/OL］. http://blog.sina.com.cn/s/blog_73b64be60102vzhj.html.
[5] 胡铁生. 微课的内涵理解与教学设计方法［J］. 广东教育（综合版），2014，(4).
[6] 赵国忠，傅一岑. 微课：课堂新革命［M］. 南京：南京大学出版社，2015.
[7] 刘万辉. 微课开发与制作技术［M］. 北京：高等教育出版社，2015.
[8] 王佑镁. 微课全接触——设计、制作与应用.［EB/OL］http://www.etthink.com/thread-15902-1-1.html，2014-9-14.
[9] 冯玉平，高勇，李鹏飞. 微课教学的教学设计模式初探［J］. 科教导刊，2014，(02)（上）.
[10] 小葫芦369. 关于微课制作的选题［EB/OL］. http://blog.sina.com.cn/s/blog_b653632f0102wn4h.html，2016-6-5.
[11] 旅途随想录. 关于微课和碎片化学习的一些思考［EB/OL］. http://blog.sina.com.cn/s/blog_4cb3638f0101te02.html，2014-5-21.
[12] 林雯. 微课教学设计的原则与三个关键问题探讨［EB/OL］. 中国教育信息化在线. http://learning.sohu.com/20160317/n440840737.shtml，2016-3-17.
[13] 西南大学 e 眨眼工作室. 巧做微课程（手机加白纸）［EB/OL］. https://v.youku.com/v_show/id_XNzI0NzQ2Njgw.html.
[14] 西南大学 e 眨眼工作室. 巧做微课程（可汗式）［EB/OL］. https：//v.youku.com/v_show/id_XNzI1MDczODA0.html？spm=a2hzp.8244740.0.0&f=22356007.
[15] 西南大学 e 眨眼工作室. 巧做微课程（DV 白板）［EB/OL］. https：//www.kalvin.cn/video/play/XNzI1NDMxNzg4.htm.
[16] 张怡筠情商工作室. 宝宝控 IPAD，专注恐不足［EB/OL］. http://open.163.com/movie/2012/12/4/F/M8IST33M3_M8ISU5H4F.html．2016-1-9.
[17] 国家开放大学数字化学习资源中心. 如何分离混合物［EB/OL］. http：//www.5minutes.com.cn/Web/Course/CourseDetail.aspx？id=88df54f1-66ff-4245-a589-99c18972911f.
[18] 衡阳市社区大学. 跨栏［EB/OL］. http://www.5minutes.com.cn/Web/Course/CourseDetail.aspx？id=6dd37487-7ec6-4363-832d-bdd00c5dfe24.
[19] 郭华伟. 浅析微课在我国的实践发展历程及其特点［EB/OL］. http：//www.fx361.com/page/2017/0112/557064.shtml.
[20] 微课在基础教育领域应用局限性与开发的思考［J］. 福建基础教育研究，2015，(2)：4—7.

第7章

交互式电子白板的教学应用

☞ 学完本章，应做到：

◎ 能举例说明交互式电子白板的特征与种类；

◎ 能阐述交互式电子白板的常用基本功能；

◎ 能熟练使用交互式电子白板的常用基本功能；

◎ 能结合自己的学科专业，设计基于交互式电子白板的课堂教学方案。

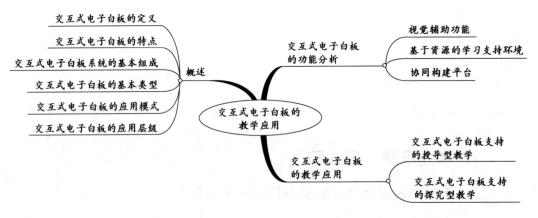

  课堂是学校教育的重要阵地，而黑板是课堂教学不可缺少的媒体工具，被用于呈现教学内容和组织教学活动。黑板因为廉价、易用等优点，数百年来牢牢地统治着学校的讲台，即使到了信息通信技术高度发达的今天，也没有发生根本性的改变。如今，当交互式电子白板与计算机相结合，既能如传统的黑板一样在其上面自由板书，又可实现与计算机的交互控制，方便地呈现、处理和存储五彩缤纷的数字化材料。

  交互式电子白板以课堂教学应用为主要模式，在功能设计上有意识地增强对课堂教学关键环节的支持。与课堂教学使用的其他技术工具相比，交互式电子白板对课堂教学有着更好的适应性。交互式电子白板的应用，将促进日常课堂教学信息化的深入发展。

7.1 概述

7.1.1 交互式电子白板的定义

交互式电子白板（Interactive Whiteboard，IWB）是连接计算机与投影仪，由电子感应白板、电子感应笔等硬件以及应用软件所构成的具有人机交互功能的一种输入输出设备。

交互式电子白板是一块具有触摸控制功能的白板，计算机屏幕通过投影仪投影在白板上，使用者用电子感应笔或手指就可以控制计算机的操作。使用者对白板上信息所做的修改会传回计算机，并保存在计算机中。如果计算机可以上网，白板就会显示打开的网页；如果计算机能够播放多媒体，连接音响设备的白板就可以成为电影幕布播放多媒体资源。

这块白板的尺寸比普通的电视屏幕要大，放在教室中可以供更多的学生观看。白板上的内容可以预先制定，可以是多媒体形式的，比原先的黑板教学内容更加丰富、生动，教学效果更好。交互式电子白板优于普通投影幕布的地方是：其集触控功能和书写功能于一体，在白板上新增或改变内容非常简单，从而满足了教师在课堂教学中随机应变的需要。正因为交互式电子白板的交互式特性，使得它具有电视荧屏、黑板和投影幕布无可比拟的优势，被很多人认为它将带来"第二次教室革命"。

7.1.2 交互式电子白板的特点

交互式电子白板之所以被称为交互式白板，并不只是因为它允许师生操作白板上所显示的内容，也不只是因为它能够提高师生课堂上的对话频度，更重要的是它能促进学生之间、师生之间、学生与学习内容之间在智力层面的交锋和互动。利用交互式电子白板的通用功能和学科功能，不仅可以传递知识进行有效教学，还可以激发学生的学习兴趣。交互式电子白板的特点可归纳为以下几个方面。

1. 集成性

交互式电子白板是当前课堂教学环境中技术的最佳集成者，它将传统的黑板与计算机技术、网络技术和多媒体技术有机地结合在一起，技术的集成性加强了现代化教学设备的功能，方便了教师的使用。

2. 整合性

交互式电子白板能够实现丰富多样的教学资源的灵活整合。由于电子白板与传统的教学方式结合得非常紧密，因此教师在使用电子白板教学时，既可以使用外部收集的教学资源，也可以使用自制的教学资源和电子白板自带的资源，还可以相互整合使用。

3. 交互性

与其他多媒体设备相比，交互性是它最大的特点，它为教师与学生之间、学生与学生之间、师生与资源之间的交互提供了平台，促使课堂教学活动形式的多样化和师生角色及其行为的积极变化。

4. 易用性

交互式电子白板是一项易于掌握、使用方便的技术，它兼容了传统黑板和现代化教学设备的功能。教师既可以在电子白板上使用传统黑板的功能，也可以应用它特有的功能进行教学。它这种易于使用的特性，非常适用于教师的日常课堂教学。

7.1.3 交互式电子白板系统的基本组成

交互式电子白板系统的基本组成部分包括硬件电子感应白板和软件白板操作系统，如图7-1所示。它的核心组件由电子感应白板、电子感应笔、计算机和投影仪组成。

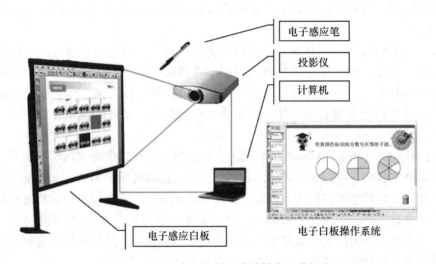

图7-1 交互式电子白板系统的基本组成部分

电子感应白板是一块具有正常黑板尺寸、在计算机软、硬件支持下工作的具有感应功能的大屏幕，其作用相当于计算机显示器并代替了传统的黑板。

电子感应笔（简称"电子笔"）承担电子白板书写笔和计算机鼠标的双重功用。教师或学生可以直接用电子笔在白板上操作（相当于传统教学中师生用粉笔在黑板上操作）、写字或调用各种软件，然后通过电磁感应反馈到计算机中，并迅速通过投影仪投射到电子白板上。

白板操作系统是存在于计算机中的一个软件平台，它不仅支撑人与白板、计算机、投影仪之间的信息交换，而且还自带强大的学科素材库和资源制作工具库。白板操作系统还是一个兼容性极强的智能操作平台，教师可以在白板上随意调用各种素材或应用软件实施教学。交互式电子白板集传统的黑板、计算机、投影仪等多种功能于一身，教师使用起来非常方便。

目前，国内学校主要使用的交互式电子白板的品牌有加拿大生产的Smart（斯马特）、英国生产的Promethean（普罗米修斯），以及国内生产的鸿合、巨龙、天仕博等。

7.1.4 交互式电子白板的基本类型

交互式电子白板作为一种输入设备，其产品技术属性是能够接受各种数字设备的信息输入；同时，交互式电子白板作为一种输出设备，其产品技术属性是能够借助投影仪，将计算机的输出显示在电子感应白板上。按照定位测试技术的不同，可以将交互式电子白板分为电磁感应式、压感式、光学红外式、超声波式等几种类型。

1. 电磁感应式

此类电子白板采用射频（RF）原理，白板板芯内安装传感器，接收电磁笔发出的特定频率信号实现定位。优点：定位准确，精度高，可靠性高，寿命长，响应速度较快，书写过程中有压感，白板笔支持鼠标右键等功能，易于实现对计算机的操作。缺点：必须使用专用笔，维修复杂、不易操作，对人体辐射较大。

2. 压感式

此类电子白板采用电阻膜技术，通过检测电阻值实现压感定位。优点：定位相对准确，无须专用笔。缺点：耐用性差，怕划伤，反应速度较慢，无法做成超大面积，白板笔不支持鼠标右键等功能，很难实现对计算机的操作。

3. 光学红外式

此类电子白板制作的基本原理与投影机一样，在投影画面前方放置红外设备用于接收和发射红外信号，尺寸随投影画面变化。投影机将投影画面投影在幕布或墙上即可实现在投影画面上操作电脑。

4. 超声波式

此类电子白板的基本原理是在屏幕的两侧放置两个按固定距离分布的超声波接收装置，用于定位的电子笔是一个超声波发射器。当电子笔在屏幕的表面移动时，所发射的超声波沿屏幕表面被接收器检测到，由接收到超声波的时间换算为电子笔与两个接收器的距离从而实现定位。

7.1.5 交互式电子白板的应用模式

交互式电子白板一般具有控制模式、注解模式和窗口模式等应用模式。

1. 控制模式

在控制模式中，交互式电子白板就如同计算机的触摸屏幕，使用者可以通过电子笔在交互式电子白板的板面上直接操作、控制计算机，其操作与鼠标具有完全相同的功能。例如，使用电子笔在交互式电子白板上单击一次，相当于按下鼠标左键一次。在任何模式中，都可以通过单击交互式电子白板板面功能键的【控制模式】按钮 进入控制模式。图 7-2 中的屏幕右侧显示的是浮动工具条，提供了电子白板软件的常用功能按钮；屏幕左侧显示的是浮动工具条位置移动按钮，可以将浮动工具条移动到屏幕的左侧或右侧。

图 7-2 巨龙 Whiteboard 9.0 白板软件控制模式下的屏幕显示

2. 注解模式

注解模式为使用者提供了一种可以在交互式电子白板上任意书写的使用模式。在注解模式中，使用者不仅可以利用电子笔在交互式电子白板上所创建的空白页面上进行书写、标注、绘图和任意擦除，还可以直接在各种电脑软件运行的屏幕界面上进行书写。例如，可以在 Flash、视频文件播放的同时，在交互式电子白板上进行书写和标注。

一般的交互式电子白板所配置的应用软件会提供普通笔、毛笔、荧光笔、排笔和智能画笔等选择，图 7-3 显示的是巨龙 Whiteboard 9.0 白板软件的注解模式工具条，为使用者提供了随意调整笔的粗细、颜色等功能设置。图 7-4 为教师在交互式电子白板的注解模式下进行板书内容书写和批注。

图 7-3　巨龙 Whiteboard 9.0 白板软件的注解模式工具条

图 7-4　教师在交互式电子白板的注解模式下进行书写和批注

3. 窗口模式

窗口模式是一种独特的交互式电子白板的工作模式。该模式不仅为使用者提供了常用工具，还提供了三种预览功能：页面预览、资源预览和文档附件预览，用于支持"所见即所得"式的资源管理功能，从而可以实现"非线性"教学，使交互式电子白板作为一种新型教育装备具有了不可替代性。图 7-5 是巨龙 Whiteboard 9.0 白板软件的窗口模式操作界面，教师可在此模式下对课堂教学内容进行灵活的组织、管理和演示。

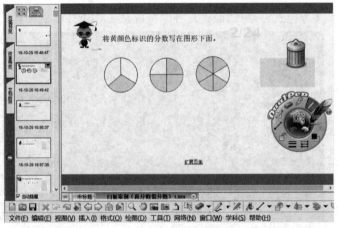

图 7-5　巨龙 Whiteborad 9.0 白板软件的窗口模式操作界面

7.1.6 交互式电子白板的应用层级

交互式电子白板目前在教学中的应用已十分普及。根据研究发现,交互式电子白板在中小学校的教学应用可分为三个层级:初级应用水平、中级应用水平和理想应用水平。

1. 初级应用水平

初级应用水平,交互式电子白板在教学中一般作为视觉辅助工具来使用,教师利用交互式电子白板向学生展示、传输信息。在教学过程中教师讲授的时间居多,学生很少与交互式电子白板互动。此时,电子白板仅仅是作为播放课件的演示工具。

2. 中级应用水平

在中级应用水平,交互式电子白板通常作为基于资源学习的支持环境,学习者和资源、设备之间进行双向信息交互。教师或学生利用交互式电子白板进行资源的设计、开发、利用、管理和评价等操作,实现学习者利用设备和资源进行知识表达、合作探究、问题解决、知识分享等学习活动。教师在教学中的角色定位是为学生开展有效学习活动的设计者、支持者和指导者。处于该层次的教师在交互式电子白板操作及资源整合方面明显优于上一层次,但对于学生的主体地位、提升教学理念等仍然考虑不足。

3. 理想应用水平

交互式电子白板作为协同建构平台,学生利用设备和资源进行知识表达、合作探究、问题解决、知识分享等学习活动。除此之外,在该应用层次,电子白板还可以整合投票器、智能手机、平板电脑等外部设备使用,促进生生协作学习、师生深度互动,并对学习成果及时反馈。教师在该层次的教学应用中适时利用电子白板开展交互活动,充分贯彻"以学生为中心"的教学理念,促进学生高级思维能力的形成。

思考与练习

1. 分析、阐述在课堂教学中使用交互式电子白板教学和使用 PPT 教学的相同和不同之处。
2. 为什么教室中有了计算机,还需要交互式电子白板?

7.2 交互式电子白板的功能分析

下面将结合交互式电子白板不同的应用层级,具体分析它的各种功能。

7.2.1 视觉辅助功能

交互式电子白板视觉辅助功能主要表现在改善授导型教学的信息呈现方式。教师需要根据学生的身心发展规律,调动学生多种感官接收教学信息,提高学生信息输入的数量、质量和针对性,并注意激发学生的学习兴趣,支持学生的接受学习和发现学习等有意义的学习方式。在这一应用层级中，教师的角色定位是学习资源的提供者和学习活动的引导者。作为视觉辅助工具，交互式电子白板的教学功能主要表现在以下方面。

1. 书写与绘图功能

除操作计算机之外，书写和绘图是电子笔的重要基本功能。要使用电子笔进行书写或绘图，首先要进入注解模式。进入注解模式后可以发现：鼠标的箭头不见了，取而代之的是一个圆点。这时可以使用电子笔进行书写和绘图。

交互式电子白板提供了多种不同类型的笔，为书写、标注与绘图提供了丰富的全方位支持。例如，毛笔，书写效果具有书法的特点；荧光笔，一般用于标注，以强调和突出重点；排笔，笔锋较齐，写出的字立体感较强，具有突出的美术字效果，适合书写英文、阿拉伯数字等。各种笔型的书写效果如图 7-6 所示。各种笔型都可以自由更改选择不同的书写笔迹、书写颜色，以及笔画宽度、颜色、透明度等，如图 7-7 所示。

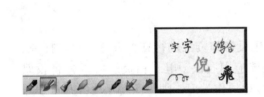

图 7-6　各种笔型的书写效果

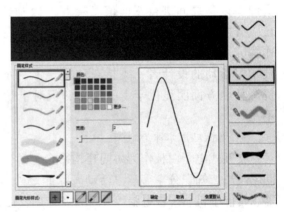

图 7-7　画笔工具的设置

在教学过程中，教师合理使用画笔工具来规划板书，可以突出重点，提高审美能力，还可以使课堂趣味横生。如在数学课《认识周长》的教学中，教师利用荧光笔工具画出路径周长，突出周长的概念，如图 7-8 所示。

交互式电子白板的电子笔除书写功能外，还提供了强大的绘图功能。例如，直线与几何图形工具，可以绘制直线和各种规范的圆形、三角形和矩形等几何图形，大大提高了板书中的绘图质量；智能画笔工具，可以将手绘的不太规范的几何图形转换为标准的几何图形，几何图形的绘制效果如图 7-9 所示。

2. 移动缩放功能

在交互式电子白板中，无论是文字还是绘制的图形，都可以进行再次加工，如进行缩放、移动等各种变换。单击选中被加工的文字和图形，通过拖动控制点和旋转手柄，即可根据教师的意愿对选中对象进行缩放和移动。如在数学课《勾股定理》的教学中，为了证明勾股定理，教师画出了一个正方形，然后让学生在电子白板上移动、旋转正方形，改变正方形的大小，使之边长分别与三角形的三边相等，最后通过正方形的面积证明直角三角形的三边关系，如图 7-10 所示。

 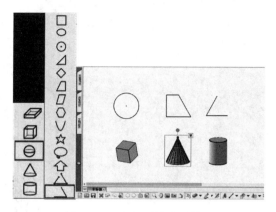

图 7-8　数学课《认识周长》中荧光笔工具的运用　　图 7-9　几何图形的绘制效果

3. 擦除功能

选择电子白板的【电子板擦】工具，可以根据需要擦除相应的内容，并能对电子板擦的属性进行灵活设置，如图 7-11 所示。

注意：橡皮擦工具并不是万能的，组合后的内容、手写智能识别的内容、几何工具绘制的图形这三种情况不能直接擦除。

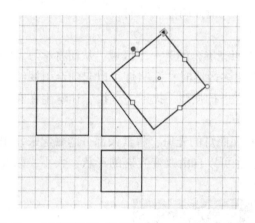 

图 7-10　《勾股定理》教学中缩放、旋转等功能的运用　　图 7-11　【电子板擦】工具的设置

在教学中，教师可利用电子板擦擦除与观察对象无关的信息；也可擦除观察对象的重要信息，如先将重要信息输入页面中，用与背景同色的画笔涂抹覆盖，需要显示时使用电子板擦擦除画笔涂抹的部分即可将重要信息显露出来，由此引导学生去感知信息；还可辅助教师演示、解题，引导观察者（学生）跟随教师的思路进行观察和理解。

4. 放大镜功能

交互式电子白板不仅保留了传统黑板的功能，而且还优化提升了现代教育技术的屏幕演示功能。它可以将整幅图片或图片的某个区域放大，突出显示要讲解的内容。该功能针对性强，贴合教学实际，在教学中使用频率较高。

单击选择【放大镜】工具，移动到需要放大的图像部分，即可实现放大效果，如果需要还可调节放大倍率。例如，在生物课上教师运用电子白板的【放大镜】工具对人体消化系统示意图上的某一器官进行放大显示，如图 7-12 所示。

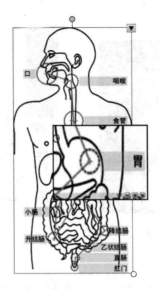

图 7-12　生物课上【放大镜】工具的运用

在教学中，放大镜除了可用于放大看不清的局部、放大事物的细节以引起学生的注意外，还可以照顾教室中坐在后排的学生，突出教学重点，提高课堂效率。如在英语课中，教师使用放大镜功能放大英文单词，并移动放大镜强调重点单词。

5. 探照灯功能

交互式电子白板的【探照灯】工具可以照亮屏幕的某一个区域，从而将学习者的目光吸引到屏幕上需要关注的地方。当屏幕上有很多内容时，探照灯可以起到牵引视线、集中注意力的作用。教师可利用此功能对教学内容进行强调、提示、点拨，让学生在有意注意中加深印象。

单击【探照灯】按钮，屏幕上会只显示探照灯的光斑，将其余部分隐藏起来。用电子笔拖曳探照灯的图标可以移动光斑的位置；也可以自由改变光斑的形状、大小，以及背景的透明度、颜色等属性，如图 7-13 所示。

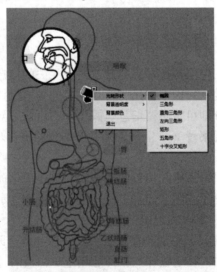

图 7-13　【探照灯】工具的设置和运用

在教学中，一方面，教师可以设置并使用大小和形状不同的探照灯，形成观察者的视觉焦点，并在与有一定透明度的被遮挡部分的对比中体现主次观察；另一方面，教师可以通过移动探照灯的光斑，让观察者的视觉焦点按照教师的引导，进行对比观察。例如，在英语教学中，教师在讲解新单词时，事先把新单词及其释义都呈现在电子白板上，每讲到一个新单词，就把探照灯聚焦在这个单词上，此时，探照灯在英语单词教学中起到了吸引学生注意力、调动学生学习单词兴趣与积极性的作用；在小学自然课的课堂上，可以通过探照灯来聚焦昆虫的局部细节，排除其他信息的干扰，让学生注意力专注于此，清晰地观察昆虫的局部特征，加深对昆虫身体结构的整体认识，如图7-14所示。

图7-14 【探照灯】工具的教学应用

6. 幕布遮罩功能

幕布为课堂教学互动提供了一种非常简单而实用的方式，即遮盖与显示。被遮盖的内容可以是PowerPoint幻灯片、Word文档和图片等所有类型的资源，可以根据需要有针对性地展示特定的教学内容。教师无须任何加工，就可以使原来静态的资源具有交互的特征，实现了动态使用教学资源。

在课堂讲解时，教师只要用电子笔在工具栏内找到【屏幕幕布】按钮，单击一下，再将电子笔移至幕布上方，徐徐向下拉，需要演示或讲解的内容就会随着幕布的拉动而缓慢地显示出来。拉幕的方向不仅可以从上到下，还可以从右向左，拉开方式由属性设定，而且可以多次拉动。有些品牌的电子白板还允许设置幕布颜色、更改幕布的明暗度，或用喜欢的图片做幕布。图7-15显示了屏幕幕布的设置和运用方法。

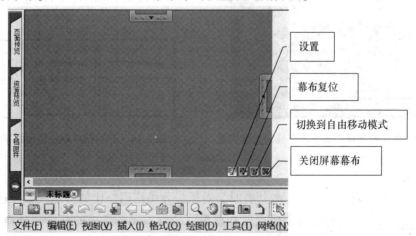

图7-15 屏幕幕布的设置和运用方法

在教学过程中，可以控制幕布大小，以及上下、左右或向任意方向进行遮盖或显示，非常适合递进式观察。观察者随着视觉信息的逐步或顺序的获取，进行递进式的逻辑思维或认知活动。例如，在英语复习课上，使用幕布功能逐一呈现语法规则，以核对的方式调动学生回忆，并集中学生的注意力；在小学数学练习课上，教师在进行习题讲授时，先引导学生思考解题的第一步，用幕布盖住比较难的第二步，启发学生思考，然后逐渐显现解决问题的过程，最终获得答案。这种呈现方式，有利于学生随着教学思路进行学习和思考。图 7-16 是运用幕布逐步显示竖式解题的过程和步骤，图 7-17 是教师运用幕布逐步显示本节课的学习目标。

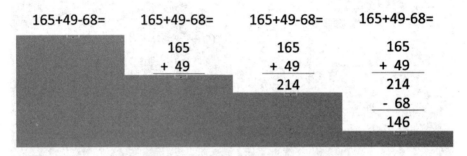

图 7-16　上下方向拉开幕布显示解题过程

7. 回放功能

对较为复杂的观察对象，常常需要在其他的教学环节中进行重复观察，以利于学生的深入认知。教师可以用交互式电子白板的一键式回放功能，支持学生对认知对象的进一步感知，还可以设置回放的速度等。

例如，在语文复习课上，教师为了让学生更好地复习本周学习的生字，先使用资源库中的背景田字格书写汉字，利用回放功能，带领学生复习生字的笔画结构和书写笔顺，提高学生的学习效率，如图 7-18 所示。

图 7-17　运用幕布逐步显示本节课的教学内容

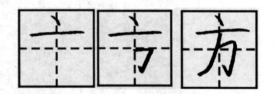

图 7-18　利用回放功能展示汉字的书写过程

8. 页面

在传统的黑板教学过程中，教师有时会对黑板分块使用，比如将黑板最左边区域作为本堂课的要点目录区，每讲一个要点就在那里写一行；而将黑板的其余部分作为讲解区，写满了就擦去。当一堂课需要进行总结时，就可以用黑板最左边目录区的文字进行总结回顾。在使用 PPT 教学的时候，老师是将 PPT 的一页当作一块黑板来使用，换一页就相当于"擦去"黑板的内容。

在交互式电子白板教学中也有页面的概念。在教学中，建议按照教学活动来分割页面，即一个教学活动用一个页面，把该教学活动所需的文档资料，如试题、PPT、图文、影音资料等先放在页面的不同角落，需要时拉到屏幕中央展开，不需要的时候最小化拖到一边。教师在备课时要考虑：在 45 分钟的时间内需要组织几个教学活动，每个活动要花多少时间，需要什么样的资源，这些资源放在屏幕的什么位置，页面会怎样布局，等等。这些设计与师范教育中板书的设计原则类似。

9. 常用工具箱

交互式电子白板还设有常用工具箱，往往是一些辅助数学教学的常用工具，如圆规、直尺、量角器、计算器等。这些工具在其他学科教学中有时也会使用。

（1）圆规工具。

工具箱中的圆规与使用圆规教具类似，先在屏幕上选中圆心所在的位置，然后选择半径的大小，再将圆规旋绕一周，即可得到一个圆形，如图 7-19 所示。

（2）直尺工具。

交互式电子白板中的直尺和普通直尺操作略有不同，需要先选择直尺的度量单位，将光标放在刻度尺的右下角，屏幕上会出现刻度尺的单位，选定某个刻度单位，就可以用该尺子去测量线段长度，如图 7-20 所示。

（3）量角器工具。

在教学过程中，可根据需要调整量角器的"形状""刻度""游标""透明度"等设置，如图 7-21 所示。

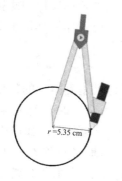

图 7-19 圆规工具的运用

图 7-20 直尺工具的运用

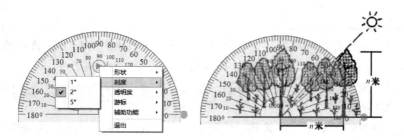

图 7-21 量角器工具的设置和运用

7.2.2 基于资源的学习支持环境

在传统的多媒体教学环境中，课件的播放通常是线性的，牵引着教师和学生一步步地达到预定的教学目标。即使在某个环节允许有多个分支选择，也是教师事先设计好的。当学生的思维或认知水平与教师预设的内容并不一致时，教师很难对课件进行修改，只能在黑板上另辟"战场"开展补救性教学，或者一带而过，从而忽略了学生的学习需求，导致课堂教学效率和质量的降低。而在以交互式电子白板为核心技术的课堂教学中，则能很好地协调预设与生成的矛盾关系。

交互式电子白板一般都有一个资源库，可以提前将可能用到的教学资源放在其中，需要时将资源拖曳到白板的绘图区域。根据学习的需要，把看似分离却能相辅相成的资源工具和网络服务等有机、动态地联合在一起，为学生创造一个宽松、和谐的个性化学习环境，使学生在学习的过程中能够实现互动与分享，从而可以创建以学习者为中心的课堂，教师可以真正实现以学生的观点来引领和发展课程的新课改目标。

1. 窗口模式

在窗口模式中，软件系统以页面为单位组织资源对象，教师或学生可以通过增加页面、删除页面、翻页等操作管理资源对象。这样不仅可以利用窗口模式中的页面功能作为资源学习中的线性导航，还可以使用可视化素材型的资源库实现非线性导航，有效支持基于资源学习的多分支结构学习。在利用交互式电子白板进行教学时，建议更多地在白板软件的窗口模式下设计白板课件，组织课堂教学。

2. 页面对象操作

交互式电子白板可以对资源进行各种操作，以实现更高级的资源应用。使用者不仅能对图片、动画等资源进行操作，还可以对书写、绘制的内容进行操作。其常用功能包括克隆、镜像、添加到图库、超链接等。

（1）克隆功能。

"克隆"是白板的一个重要的特色功能，适合需要大量拷贝重复图案的教学。选择需要"克隆"的对象，在右键下拉菜单选择【克隆】，即可实现对象的"复制+粘贴"效果。在教学中，教师或学生可以利用该功能迅速产生多个相同的对象，如产生多个相同的空白小组评价量表等，用于支持基于资源的学习活动。如果将对象设置为"无限克隆"，则可通过直接拖曳对象，实现复制操作。如在数学课上，教师多次克隆四个苹果的图片，然后放在天平上，帮助学生理解1个西瓜和16个苹果的等价关系，如图7-22所示。

（2）镜像功能。

利用交互式电子白板的镜像功能，可将对象在水平或垂直方向上进行翻转，以生成新的再生资源，如图7-23所示。这一功能往往与其他功能配合使用。

除此之外，电子白板软件还提供旋转、翻转、组合、锁定、图层顺序等功能。

（3）添加到图库。

对需要重复使用的对象，可将其添加到电子白板资源库中，方便多次调用，如图7-24所示。教师或学生使用该功能可以随时保存新生成的再生资源，并可完成对再生资源的编辑、分类、重命名等资源管理操作。

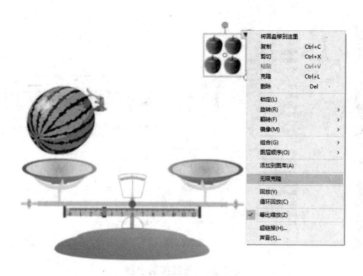

图 7-22　无限克隆功能的运用

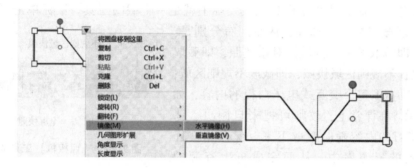

图 7-23　镜像功能的运用

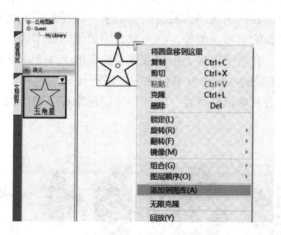

图 7-24　添加到图库

（4）超链接。

交互式电子白板可为对象添加超链接。超链接的对象可以是一个网页、文档中的其他页面、磁盘文件或者文档附件等，如图 7-25 所示。

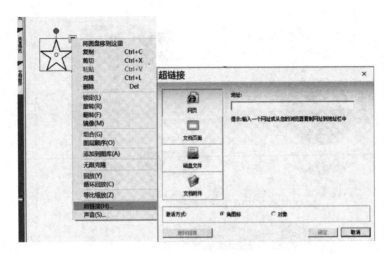

图 7-25 超链接的设置

3. 照相机功能及其应用

交互式电子白板的【照相机】工具实际上就是一个截图工具。鼠标单击【照相机】按钮，会出现截取方式的选择，从左到右分别是：区域快照，即截取某一个区域；对象快照，即截取某一个对象；不规则区域快照，即截取不规则区域；全屏快照，即截取整个交互式电子白板的内容，如图 7-26 所示。在课堂上，教师可把来自网页、课件、学生练习的内容随时截取下来，保存到交互式电子白板的资源库中，从而完成再生资源的回收。

图 7-26 【照相机】工具的设置

在教学过程中，教师可将学生课堂上在电子白板上的练习结果、不同解题方法、教学创意、教学演示过程等内容拍照截屏，及时捕获下来，以便开展对比反思、案例式教学或纠错诊断教学等基于资源的学习。例如，在一堂介绍剪纸的美术课中，老师为了讲解剪纸的对称特性和制作技巧，在电子白板上依次截取了剪纸的 1/4 和 1/8 图形，最后就图形的 1/8 展开讲解，将其与手绘的对称图形组合在一起进行比较。这种截取重组的资源运用方式，不仅让学生深刻体会到剪纸的特性，还使学生轻松掌握了剪纸的制作技巧，如图 7-27 所示。

图 7-27 剪纸教学中照相机功能的运用

4. 手写识别功能

在电子白板的窗口模式中，教师和学生可以随时启动手写识别功能，不仅能够自动识别英文、中文或数字符号等，还可以将识别出的内容转换为印刷体，并进行必要的编辑处理。教师或学生利用该功能可以便捷地完成再生资源制作。

5. 资源库

资源应用是信息技术融入教学的重要环节。教师能否灵活、恰当地使用资源，在很大程度上决定了课堂教学的成败。交互式电子白板的资源库由"公用图库"和"个人图库"两个部分组成，如图 7-28 所示。

图 7-28　巨龙 Whiteboard 9.0 白板软件的公用图库与个人图库

公用图库是随交互式电子白板应用软件一同安装进入计算机中的，普通用户可以查看和使用其中的资源，但无权修改或删除。公用库又分为常用图库、教育图库和模板三类资源。

个人图库支持普通用户根据自己的需要，增加或删除文件夹中的资源，支持使用者组织与管理资源。例如，在小学科学课《食物链》的教学中，课程一开始，教师使用故事引入教学，教师一边讲故事，一边从电子白板资源库拖曳出蝉、螳螂、黄雀的图片，配合教师的讲解，使故事生动、有趣。故事讲完后，让学生在电子白板上画出这些动物之间的食物链。在小学英语课上，教师为了向学生强调"四线格"的书写运用，可设计一个"调位置"的小游戏——首先打开【公用图库】→【模板】→【英文】，调出"四线格"模版，再摆放一些待纠正位置的字母，让学生做字母拖曳练习，然后让其他学生评价摆放位置是否正确，最后做针对性练习，以规范和巩固字母的标准书写，如图 7-29 所示。

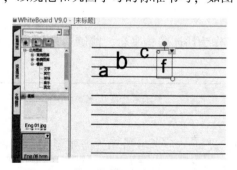

图 7-29　英文模版的设置和教学应用

7.2.3 协同构建平台

根据研究发现，利用交互式电子白板的网络接入功能和多点触控功能可改善面对面教学与远程学习中的合作学习与协同学习的质量，提高学习者与内容的深度互动，强化学习者个体和集体的认知加工与知识建构。

1. 网络接入功能

"网络接入"是指交互式电子白板通过接入网络可以实现应用共享、文件传送、网络合作学习平台、异地通信等功能。交互式电子白板支持来自异地的不同课堂的学习者群体之间共享白板，开展协同学习活动与远程合作学习，如图7-30所示。

图7-30 基于交互式电子白板的远程互动课堂

2. 多点触控功能

"多点触控"是指允许多名学习者可以同时操作同一个电子白板，他们不仅可以各自观看、操作、使用同一信息，还可以彼此相互观摩、交换信息和进行讨论，从而完成对所学知识的深化理解与意义分享，最终实现个人知识建构、组级知识建构和班级内的知识建构。

交互式电子白板作为协同建构平台，往往需要大量的辅助设备和系统配合，如基于交互式电子白板的录播系统和双向视频会议系统等支持非实时或实时的协同交互。

思考与练习

你认为交互式电子白板作为协同建构平台，能够给教师和学生带来哪些好处？

学习活动建议

1. 以某个知识点为例，设计一个学习活动，需要至少运用三个交互式电子白板的视觉辅助功能。

2. 设计一个基于资源的学习活动，且能够运用至少三个交互式电子白板的功能。

3. 运用交互式电子白板的资源库讲一个小故事。要求至少包括三个场景，并运用电子白板进行演示、讲述。

7.3 交互式电子白板的教学应用

与电视、计算机等用于教学但并非专门为教学研制的设备不同，交互式电子白板是专门为课堂教学而研制，以课堂教学为其主要应用模式，在功能设计上有意识地增强了对课堂教学关键环节的支持。与其他现有的课堂教学使用的教学技术工具相比，交互式电子白板对课堂教学有着更好的适应性。

7.3.1 交互式电子白板支持的授导型教学

授导型教学是指在课堂教学中以教师讲解和演示为主，引导学生通过操练及练习、自主学习、小组讨论、合作学习、问题化学习等方法获得对知识的理解与掌握，包括情境导入、讲授知识、巩固拓展、布置作业等环节。

交互式电子白板在与授导型教学的整合过程中，主要运用电子白板的丰富资源和交互功能。

1. 电子白板整合资源形式

电子白板能够整合的资源形式有外部资源和生成性资源。

（1）外部资源支持的授导型教学。

教师在教学过程中通过与外部资源的配合使用，既可以增强教师授课的多样性，又可以吸引学生的眼球，帮助学生归纳、梳理知识，从而建立完整的知识结构体系。例如，教师在课前自己制作或搜集的图片、视频、音频等自备资源，从互联网上获取的网络资源。教师在教学过程中，还可以针对不同的外部资源进行二次加工并丰富资源的呈现方式。

通过使用自备资源和网络资源使得电子白板的外部资源储备得到很大的丰富，扩大了教师在使用电子白板时资源选择的范围；增强了课堂教学的多样性；创设多种交互场景，提高了学生学习的积极性和主动性。

（2）生成性资源支持下的授导型教学。

交互式电子白板特有的功能使得在教学过程中的资源能够有效、及时地保存下来，形成丰富而生动的生成性资源，便于在以后的教学中使用。生成性资源主要包括书写批注型资源、操作演示型资源和记录综合型资源。

① 书写批注型资源。

在教学过程中，教师和学生在白板上书写、加批注、重用和回放书写内容都属于书写批注型资源。例如，在语文写字课教学中，教师在电子白板上书写、描红，而后演示、回放，加快了教学进程，便于学生的复习、总结；学生在电子白板上书写、练习、记录、回放书写过程，便于教师进行教学评价和讲解重点、难点，还可积累教学案例。例如，在数学课上，教师要求学生画出在公园内游览的不同路线，在之后的总结环节，教师通过回放学生规划路线的动态过程，较好地实现知识的复习与巩固。

② 操作演示型资源。

通过交互式电子白板记录学生操作和探究过程中的典型行为，可将其转变为教学资源，提高资源的利用率。例如，在物理和化学实验教学中，教师可以通过交互式电子白板，将交互性的实验动画转化为虚拟实验；让学生通过电子白板动手操作，来纠正在物理和化学实验中容易出现的一些操作错误，如电路的连接、化学实验仪器的连接等。

③ 记录综合型资源。

交互式电子白板具有录制功能，配合电子白板的录播系统，可以将课堂的整个教学过程、师生的其他行为、教师的演示资源等采集为视频文件，形成丰富的生成性资源。在教学过程中，教师可利用交互式电子白板的照相机功能抓拍教师与学生、学生与白板之间教学活动的静态板书文字，或者抓拍视频图像，把抓拍的内容保存到资源库中，供随时调用。利用交互式电子白板的保存功能，可实时记录学生或教师在白板上展示的内容，如生字的书写笔顺、电路图的画法等，都可以录制成一个视频文件，随时提取回放。不仅如此，电子白板的抓屏工具和屏幕录制器都可以将课堂上的重要过程性资源进行保存，便于及时地复习、巩固。教师也可以将这些资源用到其他班级，与其他班级的同学进行活动交流；也可以用于集体备课与教学研究中。

2. 电子白板的交互形式

教师在应用电子白板进行授导型教学时，可以利用电子白板的各种功能，创设教学情境和交互活动，常见的交互形式有物理交互和人机交互。

（1）物理交互。

物理交互是电子白板交互功能中最基本的交互方式，即学生和电子白板有一定的空间距离，没有直接进行接触，但通过教师组织活动，学生、教师和电子白板之间发生交互。教师在讲授课程内容时，利用电子白板呈现问题、展示需要观察的内容，引导学生进行回答，并将学生的回答写在电子白板上进行强调。在这个过程中，电子白板在教学中仅起到演示作用，学生没有在电子白板上操作，电子白板发挥的功能有限。由于物理交互和传统课堂中的师生谈话、提问等环节类似，教师比较熟悉，所以物理交互是当前应用最普遍的交互形式。

（2）人机交互。

教师和学生可以利用电子笔在交互式电子白板上播放音频、视频、拖曳图片、圈出关键词、绘图、展示作品等，借以提高学生的学习兴趣，调动学生参与的积极性和主动性，进而提高课堂教学效率。对人机交互形式进行更深入的划分，大致可分为以下七个方面：

① 使用电子白板自带的基本工具进行交互。

教师在进行课堂教学时，可以运用电子白板的基本功能，如书写批注、拖拽、绘图等，设计一些师生互动环节，让学生与电子白板进行交互，提高学生的参与性和积极性。

② 通过交互，激发思维及想象力。

电子白板除了呈现信息、提出问题、让学生在电子白板上进行回答之外，教师还可以利用电子白板建构任务情境，激发学生的想象力，促进学生高级思维的发展。

③ 创设游戏式的交互。

在利用电子白板进行课堂教学的过程中，教师通过创设游戏来增强与学生的互动，提高学生的课堂注意力和分析问题的能力。

④ 成果展示。

通过电子白板展示学生的学习成果，可以提高学生学习的积极性和学习效率。教师对好的作品应及时表扬、肯定，对作业中的错误应给予积极指导，从而改善教学效果。在网络环境下，电子白板可以更好地实现这一功能。

⑤ 梳理知识。

交互式电子白板的交互功能十分强大，除了上述几种类型的交互外，还可以利用交互式电子白板梳理知识，建构概念框架，实现师生交互、生机交互、生生交互。

⑥ 探究学习。

在课堂中，教师可以设计探究性学习任务让学生进行自主探究。学生通过电子白板支持的探究学习发现规律，并在探究过程中实现生生交互、生机交互，让学生在交互中进行学习、探索，提高学生的学习兴趣，培养其高级思维的能力。

⑦ 协作学习，促进交互。

在教学过程中，教师可以利用交互式电子白板呈现任务，建构情境，让学生共同讨论、相互帮助，以此增强学生的责任感，提高学生之间的合作和交流的能力。

7.3.2 交互式电子白板支持的探究型教学

探究型教学是指教师或教师引导学生提出问题，在教师的组织和指导下，通过学生相对独立的探究和研究活动，探求问题的答案而获得知识的方法。在探究学习过程中，学生尝试对问题进行解决，从而获取知识、提升能力、形成价值观。探究型教学强调学生对所学知识、技能的实际运用，注重学习的过程和学生的实践与体验。

1. 交互式电子白板环境下的探究型教学

在探究型教学的过程中，一般分为创设情境、提出问题、小组合作、深入探究、成果展示、分享交流、归纳总结、拓展提升等环节，利用交互式电子白板可有效支持各教学环节的运行。

在创设情境、提出问题环节，教师可利用电子白板的展示、视频播放等功能，创设情境、展开课题；利用电子白板的拖拽功能对课前预设的学生名单进行拖拽，将同组学生拖拽到一起，并使用批注功能在已成组的学生名单旁写出该组的组名。

在小组合作环节，学生在教师的引导下组织合作团队开展合作探究学习，通过合理的任务分工，高效探寻解决问题的办法，合作解决问题。教师可利用电子白板的演示和页面记录功能来记录探究过程，如利用批注功能梳理思路、扩充资源。

在深入探究环节，学生在老师的引导下发挥主观能动性，调动自己的各种感官，通过动手、动眼、动嘴、动脑，主动地去获取知识，寻求问题的解决方案。教师可利用白板的基本功能及学科工具和学生一起自主探究所提出的问题，教师现场指导，推动自主探究逐步深化。

在成果展示、分享交流环节，教师通过电子白板向学生展示问题探究的过程，学生可利用电子白板进行展示汇报，最后由教师使用电子白板的批注功能及时点评，形成课堂的生成性资源。

在归纳总结、拓展提升环节，教师可利用电子白板的回放、屏幕录制、抓拍等功能帮助学生回顾、归纳总结，并利用白板的展示等功能对探究活动做进一步拓展。

2. 交互式电子白板+一对一数字化学习环境支持下的探究教学

一对一数字化学习，是指每人拥有一件数字化学习设备，并能够运用这一设备所提供的平台资源进行有效的学习。其核心是让学生应用技术开展主动学习和自主学习，发展学生解决问题的能力，教和学的形式包括讲授式学习和自主探究式学习。

一对一数字化学习环境可承载丰富的学习资源及学习工具，全面支持个性化的泛在学习，与交互式白板环境结合，可以满足教师演示、组间交流、个人学习成果展示的需求。

在情境创设环节，利用交互式电子白板调用外部资源的功能，调用与主题相关的资源，并在白板上呈现、创设情境，从而引出探究问题。

在自主探究的过程中，学生利用一对一设备所提供的认知工具和学习资源，围绕教师提出的与某个知识点有关的问题，结合自己的发现进行自主探究，丰富的学习资源有助于学生更全面地了解与课程任务相关的内容。在学生探究的过程中，教师可以通过网络将电子白板与学生的一对一设备建立联系，实现对学生学习过程的实时监控，及时了解学生的学习状态。

在协作探究环节，学生与一对一设备之间可以通过网络建立联系，每一位学生都可以快速获取周围同学的学习资源。及时、有效的资源分享可以激发学生更大的学习动机，与同学的思想互动也有助于学生从不同角度进行探索，加深对知识的理解，从而完成课程学习，实现课程目标。

在总结拓展环节，利用电子白板的展示功能，学生可以将探究成果展示给教师和全体同学，便于师生间、生生间的探讨与交流，实现对探究活动的总结，促进知识的意义建构。同时，教师也可以通过电子白板向学生提出拓展性问题，激发学生继续探究的欲望，将探究活动延续到课外。

思考与练习

1. 在课堂教学的归纳总结环节，如何运用交互式电子白板的各项功能？其功能的作用是什么？
2. 针对授导型教学的各个环节，如何设计运用交互式电子白板的各项功能？

学习活动建议

结合自己的学科专业，完成一份交互式电子白板支持下的授导型教学设计方案，依据表7-1所提供的评价量规，对设计方案进行同伴间互评。

表 7-1　交互式电子白板支持下授导型教学方案评价量规

教学过程	效果评价 分值	要求
导入设计 （5分）	0～1分	交互式电子白板的使用简单，和学习主题关联不大，没有对学生起到调动作用
	2～3分	较为合理地利用交互式电子白板的功能及资源演示，基本顺利地导入学习主题，对学生兴趣有一定程度的激发
	4～5分	合理利用交互式电子白板的功能及资源演示，顺利导入学习主题，起到了激情激趣的效果
讲授新知 （10分）	0～2分	利用白板的功能、教学资源、学科工具辅助教学不到位，没有起到加强教师讲授的效果
	3～7分	能利用白板的功能、教学资源、学科工具辅助教学，在一定程度上加强教师的讲授效果，应用方式较为合理
	8～10分	能有效利用白板的功能、教学资源、学科工具辅助教学，加强教师的讲授效果，强化重点，弱化难点，运用方式巧妙，与教学活动融合流畅
交互活动 （10分）	0～2分	没有生机交互设计
	3～7分	用白板设计了交互活动，但比较浅层次，交互基本在认知记忆层面
	8～10分	利用白板的交互性设计了生机交互活动，设计了展示学生知识内化过程，促进学生思维发展的深层次交互，或是激发了学生的积极参与
巩固提升 （5分）	0～1分	应用白板单方向传输练习内容，或在教学设计方案中没有设计白板支持的巩固拓展活动
	2～3分	利用白板设计了一些练习方式，对知识的应用与拓展起到了一定的支持作用
	4～5分	能利用白板的功能设计多样化的练习题目和练习方式，或利用白板创设知识应用的情境，或利用思维导图等工具梳理知识，对知识的巩固和拓展起到了促进作用
总分 （30分）		

注：互评中可根据评价量规，在每一个环节的相应区间给一个得分，四个环节得分相加，得到总分。

参考文献

［1］钱进. 交互式电子白板精品课例：初中部分［M/CD］. 电化教育音像出版社，2010.

［2］郭绍青，张筱兰. 中小学电子交互教学设备教学实用手册系列：第4册［M］. 北京：人民教育出版社，2014.

［3］李新兰. 白板教学条件下生成性资源的挖掘与管理探究［D］. 沈阳师范大学，2011.

［4］汪琼，李林. 交互式电子白板教学应用教程［M］. 北京：北京大学出版社，2014.

［5］王陆，乔爱玲. 现代教育技术应用［M］. 北京：高等教育出版社，2015.

［6］王陆. 交互式电子白板与教学创新——从入门到精通［M］. 北京：高等教育出版社，2009.

［7］王陆. 中小学电子交互教学设备教学应用指南［M］. 北京：人民教育出版社，2014.

［8］王陆. 交互式电子白板的核心价值观：构建信息化教育的基础平台［J］. 中小学信息技术教育，2010（5）.

［9］张筱兰. 交互式电子白板教学应用［EB/OL］. https://www.icourse163.org/course/icourse-1001554015.

［10］王陆，司治国，赵晓亮，许珂. 电子交互设备的教学应用层级研究［J］. 电化教育研究，2013（3）.

网络技术的教育应用

☞ 学完本章,应做到:

◎ 理解移动学习的内涵与特征,了解常用在线学习平台,掌握学习资源发布平台与工具的基本功能。

◎ 理解慕课的含义与特征,以及慕课对教育的影响;了解常用的国内外慕课平台,能够根据需要选择在线学习课程。

◎ 了解"翻转课堂"的兴起与发展过程;理解"翻转课堂"的内涵;通过案例观摩,了解"翻转课堂"的实施过程。

◎ 了解在线同步直播教学的特点,能够熟练运用直播教学工具软件进行在线直播教学。

学习导航

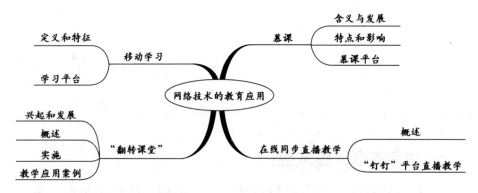

随着互联网在教育领域的不断运用,移动学习、慕课、微课、"翻转课堂"等教育的新资源、新形态和新模式应运而生。2015年,"互联网+"教育行动写入《政府工作报告》,成为我国关注焦点和研究重要课题。"互联网+"打破了权威对知识的垄断,让教育从封闭走向开放,人人能够创造知识,人人能够共享知识,人人也都能够自由获取和使用知识。在开放的大背景下,全球性的知识库正在加速形成,优质教育资源正得到极大程度的充实和丰富。这些资源通过互联网连接在一起,使得人们随时随地获取需要的学习资源。知识获取效率大幅提高,获取成本大幅降低,为学习型社会的建设奠定了坚实的基础。

8.1 移动学习

随着移动设备的普及程度越来越高,手机在上网设备中逐渐占据主导地位,智能手机已经远远不只是一部拨打电话的通信设备。基于手机等移动设备的移动学习已经成为一种重要的学习方式,也成为未来的重要学习趋势。

8.1.1 移动学习的定义和特征

1. 移动学习的定义

移动学习的英文术语是 Mobile Learning,也可以简称为 M-Learning 或者 MLAN。关于移动学习的理论和实践已经开展 20 多年,专家学者从不同的角度阐释了移动学习的内涵。

Clark Quinn、Paul Harris 等人强调以技术为中心的移动学习。他们认为"移动学习是使用移动终端进行随时随地的学习"。

Chabra、Georgiev 等人从移动学习和 E-learning 的关系的角度来定义移动学习。他们认为"移动学习是远程学习和数字化学习发展过程的新阶段"。

Sharples、Talor、Figueired、Franz Lehner 等人从学习者的角度阐释移动学习,他们强调"移动学习是当学习者不在固定的、预先设定的位置下发生的任何形式的学习",强调"将学习看成是发生在特定情境下的通信过程"。

还有学者从增强正规教育的角度来分析移动学习,他们认为"正规教育往往是采取面对面的方式进行,而移动学习是正规教育的一种非常有益的补充"。

基于以上述对移动学习概念内涵的理解,黄荣怀教授在《移动学习理论现状趋势》一书中,将"移动学习"定义为"学习者在非固定和非预先设定的位置下发生的学习,或者是有效利用移动技术发生的学习"。

综上所述,移动学习是一种在移动设备帮助下的能够在任何时间、任何地点发生的学习,移动学习所使用的移动计算设备必须能够有效地呈现学习内容,并且提供教师与学习者之间的双向交流。

2. 移动学习的特征

移动学习在形式上是移动的,在内容上是互动的,在实现方式上是数字化的。移动学习的发生需要具备三个基本条件,即移动设备、无线网络和微型学习内容。移动学习具备以下几个基本特征:

(1) 学习形式的移动性。

在移动学习的过程中,教师可以将最新的教学资料上传到网络,随时随地更新教学资源库;学习者也不是在某个固定的时间或地点进行学习,而是随时随地学习,在这个过程中,学习者和学习资源都是移动的。移动学习所具有的移动性优势极大地满足了学习者的学习需求,是其他学习方式望尘莫及的,奠定了移动学习在未来学习中的重要地位。

(2) 学习内容的互动性。

移动学习的技术基础是移动计算技术和互联网技术,即移动互联技术,具有双向交互的特点。利用移动技术的交互性可以实现信息及时的双向流通，有利于培养学习者的交流沟通能力，激发学习者的学习热情。

（3）学习实现方式的数字化和网络化。

移动学习具有数字学习的一些特性，即数字化的学习环境、数字化的学习资源和数字化的学习形式，体现了数字学习的时间终身化、空间网络化、学习主体个性化和交互的平等化等特点。此外，大部分移动学习模式是以无线网络为系统，通过移动终端设备接入实现教学，因此，移动学习也是一种网络学习。

（4）学习知识的零散性。

从学习内容、学习任务和学习体验来看，移动学习是一种碎片式经验，学习者可以充分利用零碎化时间随时学习。因此，移动学习更多的是传统课堂的延伸与扩展，难以代替现有的、正式的学习形式，是对现有教育的一种补充。

（5）学习方式的个性化。

在移动学习模式中，学习者可根据自己的学习需求控制学习进度、安排学习时间和地点、自由选择学习内容，有利于发展学习者个性，提高学习效率和信心。

（6）学习情境的相关性。

移动学习因其具有移动性、便携性、连通性和随身性等特质，能够获取和响应对应于特定地点、环境和时间的真实或虚拟数据，从而可以方便、快捷地创建个性化和多样化的移动情境。

3. 移动学习的局限性

移动学习强调移动性，强调技术对教育的驱动，这也决定了其局限性。这种局限性集中体现在：

（1）移动学习情境的随意性和休闲性会分散学习者的注意力。在移动学习情境下，学习环境是复杂多样的，学习者周围存在多种干扰因素，这样学习者就无法像在教室中一样完全沉浸于学习当中，也很难保持较长时间和较高的注意力。

（2）移动学习所建立的学习环境是一个完全的自主学习环境，这只是为学习者提供了优质的教育设施，不能保证提供的是优质教育，更不能保证学习者一定能够最大限度地接受到优质教育。

（3）技术在推动移动学习发展的同时也困扰着移动学习的推广和普及。比如，移动设备虽然便携，但是信息处理能力相对较低，手持设备屏幕普遍偏小、屏幕的分辨率低，移动学习中技术带来的复杂操作对学习者纸质学习环境下养成的学习习惯也是一种挑战。

（4）移动学习更多的时候是人机对话，使原本学习中所追求的情感体验和人与人之间的情感交流越来越贫乏，带来情感交流的缺失。

21世纪以来，人类社会全面步入信息化，人们在解决工作中的问题时，常常要用到没有学习过的、需要自己创造的新知识，这是传统的知识传授系统不可能承担的任务。移动学习尽管有诸多的局限，但它对今天教育所面临的危机提供了一种极具希望的解决方案。作为知识媒体的一种，手机、平板电脑等移动设备，大大扩展了人的知识存储和传播能力。

8.1.2 移动学习平台

随着移动互联网的发展和智能终端设备的普及，基于移动终端的学习已经成为一种重要的学习形式，越来越多的人通过移动学习平台进行学习。移动学习平台是在数字化学习的基础上，通过有效地结合移动计算技术、富媒体技术和嵌入式系统，带给人们"人人皆学""时时可学""处处能学"的全新感受。

1. 在线学习平台

在线学习平台主要是通过记录学习者在线参加的课程培训、考试、竞赛、试题、练习、调查问卷和培训交流等情况，实现对学习者学习情况的跟踪管理，从而对学习者学习培训的需求进行全面了解。

为便于学习者使用移动设备参与到在线课程的学习，当前很多开放在线课程平台推出了移动端的应用程序，它们除具有原来开放在线课程平台所具备的功能外，还根据移动设备和移动学习的特点进行了界面设计、操作控制和媒体呈现等调整。

（1）中国大学 MOOC（慕课）

中国大学 MOOC（慕课）是由网易与高等教育出版社携手推出的在线教育平台，向大众提供中国知名高校的慕课课程。在这里，每一个有意愿提升自己的人都可以免费获得更优质的高等教育。它于 2014 年 5 月上线，是教育部、财政部"十二五"期间启动实施的"高等学校本科教学质量与教学改革工程"支持建设的高等教育课程资源共享平台。中国大学 MOOC（慕课）联合了北京大学、复旦大学、浙江大学、新加坡国立大学、微软亚洲研究院等一系列的知名高校和机构推出了上千门的精品大学的课程，让每一个有提升愿望的学习者都能够在此学习到中国最好的大学课程，并且获得认证书。

中国大学 MOOC（慕课）为学习者提供了完整的学习体验，包括教学视频、讲义、资料、测验、作业、教师答疑和课后讨论等，为高校师生和社会学习者提供了优质的教育资源共享和个性化教学服务。

（2）网易云课堂。

网易云课堂是由网易公司打造的在线实用技能的学习平台，该平台于 2012 年 12 月底正式上线，主要为在职学习者提供优质的课程。它的课程结构严谨，用户可以根据自身的学习程度，自主安排学习进度。

网易云课堂立足于实用性的要求，与多家教育培训机构建立合作，课程的数量现在已经达到一万多门，课时总数超过 10 万多课时，涵盖了实用软件、IT 与互联网、外语学习、生活家居、兴趣爱好、职业技能、金融管理、考试认证、中小学、亲子教育等 10 多个门类。

（3）国家中小学智慧教育平台。

"国家中小学智慧教育平台"是教育部主办的集学生学习、教师教学、学校治理、教育创新等功能于一体的综合服务平台，于 2022 年 3 月 1 日上线试运行。该平台提供自主学习、教师备课、双师课堂、作业活动、答疑辅导、课后服务、教师研修、家校交流、区域管理九大应用场景，现有资源总量达到 2.8 万余条。

国家中小学智慧教育平台支持手机、电脑登录访问，在教室大屏、电脑或手机端均可以访问。

2. 学习资源发布平台与工具

常见的在线学习资源发布平台包括微信公众号、喜马拉雅、博客平台等。

（1）微信公众号。

目前，微信已经成为人们日常的通信、工作、交流、消遣娱乐的重要工具，利用微信公众平台来实现教学服务和学习资源的发布及分享也是非常方便和高效的。通过微信公众号，教师、学生和家长可在微信平台上实现文字、图片、语音等全方位的沟通和互动。

教师可以在微信公众平台开设属于自己教学科目的微信公众号,并通过微信公众号开展多种教学活动。例如,教师可将当天的作业发布到班级的微信公众号中,并要求学生在线提交;学生通过手机或者平板电脑阅读作业后,利用在线留言的方式提交到微信公众号或者班级的微信群里,而教师收到作业后可以进行在线批改。

　　利用微信公众平台还可以促进学生的自主学习,如利用"关键词触发"等功能,教师可在后台编辑好学习内容,设置触发自动回复的关键词,使学生通过回复关键词随时随地地自动获取知识。微信公众号还可以提供在线留言和答疑等功能,学生有问题可以随时在线提问,教师能够及时获取信息,并且给予回答。除此之外,教师还可以利用微信公众号里的小程序,实现教学资料共享、发起投票、发布题库等多种教学行为。

　　(2) "喜马拉雅"音频分享平台。

　　"喜马拉雅"是一款专业的音频分享平台,它汇集了有声小说、有声读物、有声书、儿童睡前故事、相声小品等数亿条音频。"喜马拉雅"为用户提供了"随时随地、听我所想"的音频体验,用户也可以利用平台发布各种免费或付费的音频,或者开展音频的直播。

　　(3) 博客

　　博客是一种十分简易的个人信息发布方式,只要注册一个账号,每个人都能够拥有一个网络个人空间。博客可以充分利用超文本链接、网络互动动态更新等,在网络的信息里航行,精选并连接互联网上有价值的知识信息和资源去分享;也可以将个人的工作过程、生活故事、思想历程、灵感及时地记录和发布;或在网络上以文会友,结识和汇聚有志同道合的朋友,进行深度的交流沟通。

　　国内的门户网站几乎都有博客平台,比较出名的有新浪、搜狐和网易等。而在教育领域,博客是通过网络进行学生学习和记录教学日志的良好平台。中小学教师博客平台上多是普通教师和教育研究工作者,他们用博客记录自己的思想成长的轨迹。教师通过教育博客群可以形成一个学习社群的网络,分享集体学习的文化,运用网络和博客平台进行讨论、沟通、互动,通过分享交流观点、知识经验、信息和策略,创建出集体探究的活动,从而生成集体的智慧和知识。

　　3. 学习管理平台与工具

　　在移动学习的过程中,学习管理平台与工具在教学活动中发挥着积极重要的作用,它可以帮助提高学生课堂的参与度,提高智慧课堂的教学质量。

　　(1) 学习通

　　"学习通"是由北京世纪超星信息技术发展有限责任公司于2016年开发的一款面向智能手机、平板电脑等移动终端的集移动教学、移动学习、移动阅读、移动社交为一体的移动学习专业平台。

　　"学习通"内包含各种教与学相关的微应用,通过移动图书馆、移动博物馆、名师讲坛、课程广场、微读书等模块为学习者提供了丰富的学习资源;学习者还可以学习学校的专业课程,为便于教师开展教学,平台提供了示范教学包、投屏、点名、签到、白板、直播等智慧教学工具;为学生提供了各学科知识分享社区,以及课表、考试、云盘、能力测评等强大的学习工具,其应用界面如图8-1所示。

　　随着信息化时代的快速发展,教育教学模式也发生了翻天覆地的变化,"互联网+教育"得到了越来越广泛的应用。

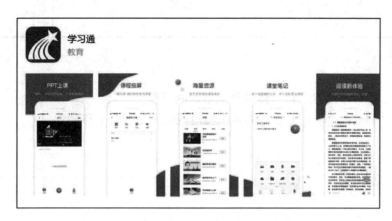

图 8-1 "超星学习通"移动学习平台

（2）雨课堂

"雨课堂"是一款智慧管理工具与平台，由学堂在线与清华大学在线教育办公室共同研发。"雨课堂"平台提供了丰富的教学管理功能，覆盖了课前、课上、课后的每一个教学环节。教师可利用手机 App、微信，以微信服务号的形式整合课前推送、实时答题、多屏互动、答疑弹幕及学生数据分析等功能。课程开始后会自动生成本堂课程的二维码，学生通过微信扫描进班。课前，教师可将丰富的教学资源轻松插入 PPT，随时随地推送到学生的微信。课上，"雨课堂"平台提供了创新的师生互动功能，如弹幕、投稿、课堂红包、随机点名等，大班教学也能实现人人都发言；测试习题可一键发送融入 PPT，实现随时讲、随时测。课后，"雨课堂"平台提供了完善的作业题型，如主客观题、投票题、附件作答、拍照上传、语音回复等，满足了不同的作业需求。"雨课堂"平台还具备全景的数据驱动，为师生提供了全周期的教学数据分析，让教与学更加清晰。"雨课堂"平台的操作界面如图 8-2 所示。

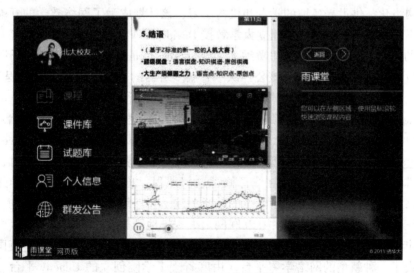

图 8-2 "雨课堂"平台的操作界面

> 思考与练习
>
> 1. 注册一个移动学习平台，体验移动学习的过程。
> 2. 观看"抖音""今日头条"的知识类短视频，是否属于移动学习？

8.2 慕课

8.2.1 慕课的含义与发展

1. 慕课的含义

慕课的英文为 MOOC，是 Massive Open Online Course 的首字母缩写，即"大规模在线开放课程"。它是一种任何人都能免费注册使用的在线课程。

慕课是一种将分布在世界各地的授课者和同样分布在世界各地的学习者通过教与学联系起来的大规模的线上虚拟教室。它以大学课程的形式打破了只能在学校才能进行学习的局限性，为学习者提供了一种新型学习方式。慕课有一套类似于线下课程的作业评估体系和考核方式。每门课程定期开课，整个学习过程包括多个环节：观看视频、参与讨论、提交作业、穿插课程的提问和终极考试等多个环节。

2. 慕课的产生与发展

（1）慕课在国外

网络和信息技术对教育的影响由来已久。早在"慕课"出现之前，国外就已在线上课程建设方面进行了一些探索。2001 年，由美国麻省理工学院实施的"OCW 计划"将学校课程资源网络化，供世界各地的学者和机构学习，该计划成为了网络教学的开端。在互联网技术的不断发展下，美国犹他州立大学教授 David Wiley 于 2007 年开设了名为"开放教育导论"的网络公开课。加拿大里贾纳大学教授 Alec Couros 于 2008 年 1 月开设名为"媒体与开放教育"的网络公开课，该公开课中有众多著名的专家、学者参与远程教学。"开放教育导论"与"媒体与开放教育"为慕课的诞生奠定了基础。在 2008 年，加拿大教授 Dave Cormier 和 Bryan Alexander 首先提出了"慕课"这一概念。2008 年，乔治·西蒙斯和斯蒂芬·唐斯首次利用"慕课"课程模式开设了"Connectivism and Connective Knowledge OnlineCourse"网络在线课程，该课程是为 25 名付费学生获取学分而设。同时，全球超过 2000 多名学生通过多种方式免费在线选修了这门课程。2011 年，斯坦福大学开设了一门免费的网络课程，这门课程得到了学生的广泛关注。在斯坦福大学的极力推动之下，慕课成为了真正意义上的正规课程，并在互联网上大规模地开放。

2012 年慕课发展十分迅速，这一年被称为"慕课发展元年"。同一年，英国的多所大学相继开设了一种新型的网络学习平台。由麻省理工学院创立的 Udacity 平台、斯坦福大学创立的 Coursera 平台、哈佛大学与麻省理工学院成立的 Edx 平台，被称作"慕课三大平台"。2013 年，参加慕课的欧洲高等院校越来越多，参与院校达到 31 所。

2014年1月，法国数字大学上线，三个月就有25门课程在网上被认证注册，一门课程的选课人数高达8万人。2014年，Coursera平台开展了基于慕课的系列课程建设，并开始向全球征集系列课程项目，共投入600万美金用于34个系列课程的建设。

但随着研究的不断深入，学者们发现慕课这种新型的教学方式并不是那么的完美，初步启用的新型教学手段需要重新思考，并且更加理性和辩证性的重新分析慕课的优点和不足之处，期待这种新的教学手段更好地为教学服务，取得更好的教学效果。

（2）慕课在中国

"慕课"建设在我国始于2013年，这一年被称为"中国慕课元年"。2013年5月清华大学、北京大学宣布与Edx公司合作，7月复旦大学、上海交通大学宣布与Coursera公司合作，开启了我国高校的慕课建设。同年8月，上海交大、西安交大、西南交大、北京交大、西安交大等联手打造了"在线学习联合体"开放课程平台；10月，清华大学的"学堂在线"开放课程平台对外开放。

2014年4月，上海交通大学自主开发的"好大学在线"平台对外开放；同年5月，中国大学MOOC（慕课）国家精品课程在线学习平台上线。2015年，教育部发布了《关于加强高等学校在线开放课程建设应用与管理的意见》，提出要推动我国大规模在线开放课程建设走上"高校主体、政府支持、社会参与"的中国特色发展道路。

2017年，教育部启动"2017年国家精品在线开放课程认定工作"。2018年1月15日，教育部推出490门"国家精品在线开放课程"。这是首次在国家层面上支持"慕课"的建设。不仅如此，一些企业也加入了"慕课"平台的建设，如网易公开课、新浪公开课等。众多的慕课开放平台为高等院校的广大学生提供了接触优秀课程的机会，不仅开阔了学生的眼界、激发了学习兴趣，而且为学生提供了再学习的机会，对学生的进一步学习和深造乃至就业都产生了重大的影响。

2019年4月，"中国慕课大会"在北京举行，教育部公布了801门慕课为第二批国家精品在线开放课程，并发表了《中国慕课行动宣言》。我国国土辽阔、高校众多，每所高校都有自己的特长和优势专业。慕课平台可以将这些特长和优势专业的课程上线，从而为其他高校的学生提供更多学习和拓展的渠道。慕课的发展为校际之间的交流创造了条件，有利于我国高等教育事业的发展。

目前，中国已成为全球慕课学习者人数最多、慕课数量最多和慕课平台数量最多的国家。2022年12月，"2022世界慕课与在线教育大会"在线上召开。会上，中国教育部介绍了中国慕课与在线教育发展成就。慕课发展十年来，中国在线教育日新月异，中国慕课数量已经达到6.19万门，注册用户超过3.7亿人。以慕课为牵引，中国推动高校持续深化教育教学改革，在全国高校掀起了一场学习革命，正在改变教师的教、学生的学、学校的管和教育的形态。实施"慕课西部行"计划，积极扩大优质资源开放共享，促进更有质量的公平。特别是2022年中国教育部启动实施了"教育数字化战略行动"，该平台利用丰富的慕课资源，建设上线了全球最大的国家高等教育智慧教育平台。平台与教学支持服务平台联合提供课程全过程服务，上线以来，访问总量达292亿次，选课学生接近5亿人次，已经成为中国高等教育提高质量、推进公平、改进方法、变革模式、深化合作的关键抓手。

8.2.2 慕课带来的影响

1. 慕课有利于促进高等教育公平化

电子技术的发展带来了社会的高速发展，网络技术的进步使人们的各种梦想成为现实。世界上很多国家都存在不同地区教育资源差异大、教育不均衡的问题。基于终身教育理念、民主平等、教育公平等思潮的影响，慕课从一出现就得到了迅猛的发展。它的应运而生，打破了区域限制、时空限制，使任何一个学习者能自由地获取自己想获得的知识，可以满足所有人接受高等教育的意愿并提供相应的机会。

慕课不限制学习者人数，其教育对象可以是无限制的，一门课程可以有成千上万的人一起学习，这在传统的校园和课堂学习环境下是很难想象的。更为重要的是，慕课的教育对象不分民族、种族、家庭出身、经济条件和政治条件的限制，甚至没有预设的能力和分数的限制，任何人都可以免费参与课程学习。学生可以随时借助平板电脑、手机等工具，实时接入互联网，学习哈佛大学、牛津大学等世界一流名校的课程并参与全球化考试。慕课成为了高等教育公平化的助推器。

2. 慕课改变了传统的教学模式，可以实现真正意义的"自主学习"

在传统教学模式中，学习者在学习过程中以教师为中心，并以学习者为对象，对课程内容进行讲授，学习者则以接受和记忆的模式进行学习。网络中的"自我学习"是指学习者依靠学习支持服务系统以个体自主性学习为表现形式，师生通过网络双向通信并获得成长的学习方式。慕课借助网络媒介，将时空分离的师生联系起来，进行学习资源的传送，是一种创新型的网络自主学习。

在实际应用中，慕课可以和翻转课堂教学模式相结合。翻转课堂教学模式包括知识的传播与知识的内化两个阶段。在知识传播阶段，需要学生课前自主学习实现知识传递。教师可以选取优质的慕课网络课程，根据课程内容、课程目标、知识体系为学生设计相应的"学习任务单"，为学生自主学习的内容、目标、方法指明方向。教师还可以登录慕课平台，浏览网络课程，根据内容提炼归纳设计问题，同时在线与学生进行交流，让学生把疑难问题集中反馈，为知识内化阶段的课堂互动交流做准备。

慕课和翻转课堂教学模式的相辅相成，可以有效地改变和重塑传统的教学模式，提高学习者的学习兴趣和技能，帮助他们获得有价值的知识。慕课可以大大提高学习者接受知识的效率，让学习者去自主学习，具有非常充分的资源和准确的数据；而翻转课堂模式尝试创造一种不同于普通课堂上的新型学习环境，使得学习者拥有更多的学习机会，能够更加有效地运用其学习的资源。

3. 慕课引发的教育变革，为教师工作带来了新的挑战

作为一种全新的知识传播模式和学习方式，慕课引发了全球教育的一场重大变革，教师的角色、教学能力、信息素养和教学方式等面临着一系列变化和挑战。

（1）教学方式面临挑战。

在传统的课堂中，教学方式主要是教师讲授知识，学生接受知识。而慕课彻底颠覆了教与学的主从关系，学生首先观看相关的视频和材料，提出疑难问题并在慕课上贴出，教师根据学生提出的问题，针对不同的问题安排教学活动。这种教学方式充分体现了学生为主体、教师和网络共同主导这样一种全新"双主"关系，得到了很多人的接受和推崇。它提供了整体学习和个体学习相兼顾的教学形式，在保证整体教学质量的同时，最大限度地

促进了个性化学习。这种教学形式要求教师必须改变原来的工作流程,备课的重点从研究教学内容转移到研究学生及其提出的问题并着重解决问题上来,同时需要对网上、课堂的学习内容与组织都要熟悉,否则将很难突破课堂时空的困境。

(2) 教师角色面临挑战。

传统的教育方式多为知识传授型,教师作为知识的权威主要的角色就是充当知识的传授者。在慕课背景下,传统的教师群体将会出现分化、分流,具体表现为教师的角色更加多元化、专业化。优秀的教师可以集中精力于优质网络教学视频资源的录制与更新,而大部分教师则变为学生学习的陪伴者、辅导者,课堂交流的组织者,实验教学以及实践教学活动的指导者角色,而基本不再承担传统的课堂讲授活动。

(3) 教师地位和作用面临挑战。

随着信息技术的发展,技术越来越有替代教师部分教育功能的作用。在慕课技术的支持下,能够以丰富多样的大数据记录学习者的学习过程与轨迹,教师通过平台提供的分析报告和研究数据可以全面跟踪、掌握学生的学习行为、学习过程和学习特点,从而进行有针对性的教学、评价,并满足学生个性化的学习需求,使学生在学习过程中也获得更好的个性化学习体验。

(4) 教学能力需与时俱进。

慕课学习的多样性、开放性和个性化等特点,使得慕课的设计和教学必须满足学习者的个别化需求,支持和促进学习者的自主性、开放性、反思性、创造性和个性化学习,这就要求教师除了具备高超的教学设计能力之外,还需具有整合各种课堂教学模式和方法的能力。慕课的教学模式不同于传统的授课。慕课的视频课程往往被切割成 10 分钟甚至更小的"微课程",增强了教与学的互动,注重知识传授过程的信息反馈,这在无形中也增加了教师教学的难度。在这种教学方式下,教师不仅要合理地利用和分配时间,精心设计问题与答案,及时通过信息反馈进一步改善教学质量,还需要教师树立以学生为中心的服务理念,潜心于教学方法的研究,不断提高教学的能力和水平。

总之,将传统的学校教育模式与慕课结合起来,各取其长,各避其短,既能将学校教师的作用发挥出来,又能将网络的优越性加以利用,将教学效果最大化,这才是现代教育的春天。

8.2.3 慕课平台

目前,国内外慕课平台众多,为了方便大家了解慕课,拓宽课外学习渠道,开阔眼界和见识,掌握更多的学习资源,这里选取其中一些具有代表性的慕课网站,供大家学习参考。

1. 中国大学 MOOC

中国大学 MOOC(http://www.icourse163.org/,见图 8-3)是由网易与高等教育出版社携手推出的在线教育平台,承接教育部国家精品开放课程任务,向大众提供中国知名高校的 MOOC 课程。在这里,每一个有意愿提升自己的人都可以免费获得更优质的高等教育。中国大学 MOOC 上有众多来自 985 高校的优质课程,学习者可以与名师零距离互动交流。

图 8-3 "中国大学 MOOC"界面

学习者可以通过浏览器登录中国大学 MOOC 网站，也可以在手机应用商店中搜索"中国大学 MOOC"App，下载并安装。登录成功后，在搜索框中输入课程名字，即可找到相关课程进行学习。

如果学习者想要获得课程证书，需要按照授课教师制定的课程大纲和评分标准完成相关作业。课程证书不仅是一种荣耀，更是学习者成长的里程碑。如果不需要证书，仅是为了扩充知识，学习者可以根据自己的时间与需求自由安排学习进程。

2. 网易公开课

网易公开课（http://open.163.com，见图 8-4）是网易公司于 2010 年 11 月推出的公益项目，致力于为网友提供优质的教育资源，力求为爱学习的网友创造一个公开的免费课程平台。网易公开课借以哈佛、耶鲁、清华、北大、Coursera、可汗学院、TED、BBC、IEEE 等世界级名校和机构的公开课程与讲座为内容，将课程翻译或制作后免费提供给网友观看。

网易公开课课程资源优质且丰富，课程内容覆盖文学艺术、历史哲学、经济社会、物理化学、心理管理、计算机技术等多个专业领域。作为 TED 官方合作伙伴，网易公开课向国内用户提供最新的 TED 演讲、纪录片、可汗学院课程等优质课程资源。

网易公开课像是一个虚拟世界校园，具有轻松、包容、新奇、浓厚的学习氛围，立足前沿，传播新科技、新技术、新领域、新思想，给学习者一个无限探索的平台。

图 8-4 "网易公开课"截图

3. 网易云课堂

网易云课堂（https://study.163.com/，见图 8-5）也是由网易公司打造的在线教育产品。网易公开课和网易云课堂虽然名字相似，但产品定位不同。网易公开课专注于国际名校资源和 TED 演讲等资源，旨在通过免费的课程、开放的思想为学习者打开一扇学习的大门，开阔眼界。网易云课堂则专注于职业课程，旨在通过专业的知识讲解，为学生和职业人士掌握和提升实用技能提供便利的平台。

网易云课堂的宗旨是，为每一位想真真正正学到实用知识、技能的学习者，提供贴心的一站式学习服务。课程涵盖多个类别的数千门优质内容，其中不乏数量可观、制作精良的独家课程。从用户生活、职业、娱乐等多个维度，为用户打造实用学习平台。无论是在校学生还是各行各业上班族，希望自我提升或是充实生活，都可以在这里找到自己感兴趣的内容，通过学习成为更好的自己。

图 8-5 "网易云课堂"截图

4. 学堂在线

学堂在线（https://www.xuetangx.com/，见图 8-6）是清华大学于 2013 年 10 月发起建立的慕课平台，是教育部在线教育研究中心的研究交流和成果应用平台，是国家 2016 年首批双创示范基地项目，也是联合国教科文组织（UNESCO）国际工程教育中心（ICEE）的在线教育平台。

图 8-6 "学堂在线"截图

为了将优质慕课资源有效应用于课堂教学，学堂在线打造了智慧教学生态解决方案，通过智慧教学软件与硬件的有机整合，解决教育教学中的难点问题，为学校和教育培训机构提供贯穿课前、课中、课后的全方位、全流程服务。学堂在线还不断探索和实践慕课应用新模式，构建慕课应用新场景。针对职业教育及终身学习需求，学堂在线打造出训练营、名校认证、企业认证、国际在线 MBA 项目等在线教育新模式，为高校、企业和学习者服务。

目前，学堂在线运营了来自清华大学、北京大学、复旦大学、中国科技大学，以及麻省理工学院、斯坦福大学、加州大学伯克利分校等国内外高校的超过 5000 门优质课程，覆盖 13 大学科门类。

5. 慕课网

慕课网（hettps://www.imooc.com，见图 8-7）是 IT 编程技能学习平台，隶属于北京奥鹏远程教育中心有限公司。作为国内深受欢迎的互联网 IT 技能学习网站，慕课网自 2013 年成立至今，始终专注 IT 在线教育，是程序员学习的"梦工厂"。

慕课网的课程分为基础课程、实用案例、高级分享三大类型，适合不同阶段的学习人群。课程涉及 JAVA、前端、Python、大数据等 60 类主流技术语言，覆盖了面试就业、职业成长、自我提升等需求场景，帮助用户实现从技能提升到岗位提升的能力闭环。站内师资强大，都是知名企业富有经验的工程师，不管是在校生、初级工程师，在这里都可以得到提升。

图 8-7 "慕课网"截图

6. 可汗学院

可汗学院（www.khanacademy.org，见图 8-8）是由孟加拉裔美国人萨尔曼·可汗创立的一个教育性非营利组织，目的在于在网上发布免费的视频进行授课。最初可汗学院的视频是成立者本人为住在远方的亲人辅导功课而拍摄，结果这种网上教育的模式受到了众人的一致好评，于是萨尔曼·可汗便辞职专心录制视频，讲授自己擅长的数学、金融学、物理和化学等学科。

发展至今，可汗学院一年内可以提供 3200 份使用 12 种语言的视频课程，其发展可能远远超出了所有人的想象。可汗学院充分运用了网络传播的便捷性和信息编辑成本低廉的特点，开创了一些独具特色的教学模式。

（1）课程短小，每节课只有 10 分钟左右，课程之间按照从易到难，逐步衔接。

(2) 授课教师不会出现在屏幕里，屏幕中只有黑板和彩笔，教师一边写字一边录像，电脑录好的视频就是观众所看到的课程。

(3) 可汗学院的网站同时开发出一套在线练习系统，可以记录学习者练习的完成情况，教师就可以很清楚地了解学习者的学习状况。

(4) 课程进度安排自由。学习能力强的学习者可以尝试用较快的进度学习，学习能力较弱的学习者，可以把某个不懂的章节多听几遍，直到学会了再继续往下学。

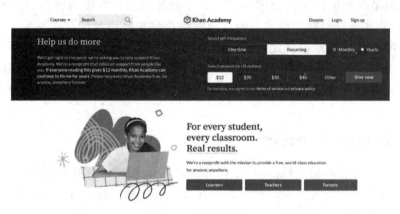

图 8-8　可汗学院

> 思考与练习

1. 登录中国大学 MOOC 网站，注册账号，并选学一门慕课进行学习。
2. 通过学习体验，分析总结慕课教学与传统授课有什么不同？

8.3　"翻转课堂"

在互联网时代，学生可以通过互联网学习丰富的在线课程，不必经过整齐划一的集体讲授形式，"翻转课堂"应运而生。

8.3.1　"翻转课堂"的兴起和发展

"翻转课堂"起源于美国科罗拉多州落基山的"林地公园"高中，这个高中僻处乡间，学生常常因为参加课外活动或运动比赛而缺课，2007 年春，该校化学教师乔纳森·伯尔曼和亚伦·萨姆斯开始使用录屏软件录制 PowerPoint 演示文稿的播放和讲课声音，并将视频上传到网络，以此帮助缺席的学生补课。后来，这两位老师让学生在家看教学视频，在课堂上完成作业，并对在学习中遇到困难的学生进行讲解。这样，就使"课堂上听教师讲解，课后回家做作业"的传统教学习惯，教学模式发生了"颠倒"或"翻转"，变成"课前在家里听看教师的视频讲解，课堂上在教师指导下做作业或实验"。

在新教学模式实施过程中，这种在线教学视频也被其他并未缺课的学生所接受并在更大范围传播开来。与此同时，两位教师不同寻常的实践探索，引起学校、家长和社会各界越来越多的关注，从而在落基山附近地区，乃至整个科罗拉多州，产生愈来愈大的影响，很多其他中学的各学科教师也开始探索和运用"翻转课堂"这种全新的教学模式。

在2007年以后，"翻转课堂"这种全新的教学模式已在美国科罗拉多州的部分地区逐渐流行，但是尚未能在更大范围推广。其主要原因是，很多教师虽然认可"翻转课堂"，但要真正实施这种教学模式，还需能够制作出较高质量的教学视频，然而并非每一位教师都能具备这个能力。此时，美国出现了"可汗学院"并快速发展，从而使这个技术障碍得到了较好的解决。伴随着耶鲁公开课、可汗学院微视频、TED ED（TED的教育频道）视频等大量优质教学资源的涌现，"翻转课堂"逐渐成为全球教育界关注的热点。

8.3.2 "翻转课堂"的概念

"翻转课堂"是由英语"Flipped Class Model"翻译而来，一般又被称作"翻转课堂式教学模式"，这里的"翻转"是较传统课堂式教学模式而言的。国内外对于"翻转课堂"的概念有不同的解释。

美国最早实践"翻转课堂"教学模式的化学教师亚伦·萨姆斯认为，"翻转课堂"最基本的理念是把传统课堂上对课程内容的直接讲授移到课外，充分利用节省下来的时间来满足不同个体的需求。

英特尔全球教育总监Brian Gonzalez认为，"颠倒的教室"是指教育者赋予学习者更多的自由，把知识传授的过程放在教室外，让大家选择最适合自己的方式接受新知识；而把知识内化的过程放在教室内，以便同学之间、同学和老师之间有更多的沟通和交流。

国内的一些学者认为，"翻转课堂"是指把"老师白天在教室上课，学生晚上回家做作业"的教学结构翻转过来，构建"学生白天在教室完成知识吸收与掌握的知识内化过程，晚上回家学习新知识"的新型课堂教学结构。

还有学者提出，所谓"翻转课堂"就是在信息化环境中，课程教师提供以教学视频为主要形式的学习资源，学生在上课前完成对教学视频等学习资源的观看和学习，师生在课堂上一起完成作业答疑、协作探究和互动交流等活动的一种新型的教学模式。

综上所述，"翻转课堂"就是在信息技术支持的环境中，课前教师为学生提供针对性的教学视频和学习任务单等资料供学生开展自主学习，实现知识传递；课上通过自主探究、合作探究、师生共同答疑等形式，完成知识内化的一种新型教与学的形式。相比于传统课堂而言，这种课堂将知识传授放在课前，由学生自主学习完成；将知识内化放在课内，由师生讨论交流完成。它好比将传统课堂教学过程颠倒了，所以称其为"翻转课堂"。

"翻转课堂"将知识传授放在课前，给予学生充分的学习时间和自定步调的学习机会，可以满足每一位学生的学习能力需求。在课内，教师针对学生课前的学习情况，组织知识答疑、问题探究、交流讨论等交互活动，改变了传统课堂中学生只是作为被动接收者的局面，激发学生积极投入与教师和同伴互动的过程，深化学生对知识的理解和建构。同时，在师生交互过程中，教师更能了解每一位学生的学习差异，给予个性化的学习指导，使个性化学习真正得以实现。"翻转课堂"的教学示意图如图8-9所示。

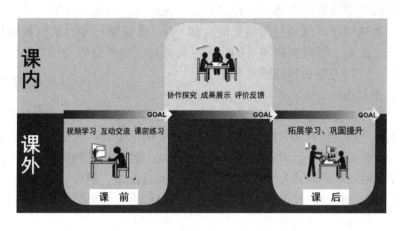

图 8-9 "翻转课堂"教学示意图

8.3.3 "翻转课堂"的实施

"翻转课堂"教学模式翻转了传统的教学流程,同时也撼动了传统课堂中教师的主体地位,形成了真正意义上的"主体-主导相结合"的教学方式,即学生是知识建构的主体,教师是教学活动的主导。在教学实施过程中,可以采取"课前知识传递、课中知识内化、课后知识固化"三个步骤进行,其教学实施过程如图 8-10 所示。

图 8-10 "翻转课堂"的教学实施过程

1. 课前:知识传递

在"翻转课堂"中,知识的传授一般是由教师提供的教学视频来完成的。首先,教师要进行教学内容分析,将"识记、理解、应用"低阶教学目标的教学内容定为学生的课前预学内容,并将预学内容细化为相互关联、粒度适中的微型学习内容,以 5~10 分钟左右的视频加以重构设计,方便学生自定步调地反复观看。在"翻转课堂"中,教师可以基于预学微视频,设计导学任务单,引导学生带着问题有针对性地自主观看微视频，使课前预学得以发生。学生自行观看教学视频后，可通过网络平台完成教师布置的前测练习，如遇问题可以通过网络交流（如 QQ、微信等）等方式向教师请教或与同学讨论来解决。最后，暂时解决不了的问题，可通过交流平台提交给教师，教师收集学习问题在课堂上进行专题讲解或组织讨论。

2. 课中：知识内化

在课内，教师需要根据学生所提交的问题和信息确定授课主题，并运用相关的教学策略组织课堂教学活动。如教师可以设计、组织多样化的小组合作活动，鼓励学生围绕问题进行深层次的交流讨论，并及时关注学生的交流成果，进行问题的反馈与总结。此时，教师需要根据学生的问题不断调整教学内容与策略，通过反馈、解析、再评测、再反馈的迭代式过程，借助积极的面对面的师生交互为学生答疑解惑，引导学生理解和建构有意义的个人知识体系，促进学生深度学习。

3. 课后：知识固化

在"翻转课堂"教学实践中，教师可针对教学授课内容为学生设计创新拓展类实践任务，在课堂活动后布置下去，给学生提供在真实情境中解决问题的锻炼机会；同时辅以反思活动，促使学生课后自主探究与反思；遇到的问题可以进一步借助网络平台通过发表主题讨论的形式进行班级同学间的交流，教师也可根据学生提出的问题进行回答和点评，促进知识、技能的进一步内化、拓展与深化。

在具体设计"翻转课堂"时，教师可以结合自己的学科教学需要，做出灵活调整与变通。

8.3.4 "翻转课堂"教学应用案例

本案例是人教版初中语文八年级下册第一单元第三课《我的第一本书》，课程采用"翻转课堂"教学模式进行教学实施。

1. 课前

课前，教师基于预学的相关学习资料（见表8-1），设计了自主学习任务单（见表8-2），引导学生带着问题有针对性地自主观看微视频和相关学习资料，完成任务清单；学生记录自主学习中产生的问题，并完成平台上的练习题目。

表8-1 自主学习资料清单

序号	资源内容	资源类型
1	作者介绍	教师自制视频
2	文章背景简介	网络视频
3	需要识记的生字	教师自制 PPT 课件
4	文章第 1 自然段讲解	教师自制视频
5	文章第 2～10 自然段分析	教师自制视频

表 8-2　自主学习任务单

一、学习指南

（一）课题名称：人教版初中语文八年级下册第一单元第三课《我的第一本书》

（二）达成目标：

1. 通读全文，了解文章大意，识记"幽默、温厚、酷似、翻来覆去"等重点词语。
2. 再读全文，抓住文章主要事件，对课文内容进行初步概括。
3. 通过教师对第一段的讲解分析，知道"第一本书"是什么书，结合后文思考为什么这本书对作者有如此重要的意义。
4. 通过对与"第一本书"相关的几件事情的叙述，体会作者塑造的几个主要人物，体会表达出的人物间的思想感情，并将阅读感受写在书的空白处。

（三）学习方法建议：

学习开头自然段的写作方法，自然引入之后内容又留有一定悬念。通过教师对文章结构内容的分析，学习通过关键字句、事件来分析人物性格，感受人物情感。

（四）课堂学习形式预告：

1. 再读全文，整体感知。
2. 自学检测，个体探索
3. 合作交流，汇报心得

二、学习任务

在观看教学视频之前，快速阅读课文，抓出文章主要事件，之后完成下列学习任务：

1. 作者的"第一本书"是什么书，标注出对作者特殊意义的语句，体会作者第一自然段的写作手法。
2. 概括与"第一本书"有关的事件，并写下来，通过这些事件表现了人们之间的哪些感情。
3. 与"第一本书"有关的人物有哪些，这些人物性格是怎样的。
4. 标注出表现乡村艰苦生活环境的字句。
5. 阅读教师给予的 20 世纪初中国农村生活状况的资料，观看相关影音视频。

三、困惑和建议

学生记录自身对文本的阅读感受和体验，记录下自主学习时产生的问题。

2. 课中

在课内，教师根据学生课前自主学习情况，对重点问题进行讲解、答疑，并组织学生交流阅读体会。

（1）根据课前自主学习，回答以下几个问题：

问题 1："我的第一本书"是一本什么书？

问题 2：围绕这本书发生了哪些故事？

问题 3：文章中，让我们印象深刻的人有哪些？

（2）自学检测，个体探索

①通读全文，为什么 60 年前的小学课本对作者有如此重大的意义？

②作者对这第一本书怀着的是怎样的情感？谈谈你阅读时的个人感受。

（3）合作交流，汇报心得

①作者对童年的感觉是怎样的？联系下文看，"生命最初的快乐和梦幻"是什么？

②文章表现了哪些情感，这些情感又是通过哪些事件表现出来？

③你喜欢文中的父亲吗？思考一下他会给孩子怎样的影响？分组讨论。

④纵观全文，除了父亲，还有哪些人和事给过"我"有益的帮助和启发？

⑤文题"我的第一本书"仅仅指那半本课本吗？还可以作怎样的理解？

⑥作者回忆了少年时的经历，承欢于父母膝下的日子和人生起步的经历，是每个人的美好记忆，作者趣味盎然的记叙和深刻的思考，给了我们许多的教益。请同学们回忆一下自己的生活经历，说说课文给了你怎样的启发？

3. 课后

课后教师向学生推荐拓展阅读材料，并布置课后习作。

（1）提供与文章有关的资料、文本，如牛汉的其他著名诗作《华南虎》《半棵树》等，认真品读和欣赏。

（2）根据自己的亲身经历，学习文章写作手法。写一篇《我的第一_____》的短文。

4. 小结

翻转课堂的教学模式以学生为中心，学生在学习中可以充分发挥自己的主动性，去深入的理解文本和思考，对于自己不清楚的问题，有充分的时间和机会去和同学交流，去向老师请教，从而提高了学生的阅读兴趣，点燃了学生的阅读激情。

思考与练习

1. 分别从教师和学生的角度谈谈"翻转课堂"的价值。
2. 一门课程如果全部实施翻转教学，你能否接受？试说明理由。

8.4 在线同步直播教学

在线同步直播教学为远程教育开展教学增添了新的活力，为学习者营造了异地同堂、模拟课堂场景的在线学习方式，让学习者能够随时随地开展学习与交流。

8.4.1 在线同步直播教学的概述

1. 在线同步直播教学的概念与类型

在线同步直播教学（以下简称"直播教学"）是指教师和学生在不同空间，利用互联网等信息技术开展的同时间、同步调、同进度教与学活动。一般来说，实施直播教学需要教师和学生利用直播工具或视频会议工具开展音视频交流、演示文稿展示、实时文字研讨等教学活动，具有即时性、实施难度低、师生技术学习成本低等特点。

按照有无助教，直播教学可分为有助教的直播教学和没有助教的直播教学。有助教的直播教学常见于校外辅导机构或网校，助教帮助主讲教师管理班级、分发和收集学生作业并进行批改，部分助教还伴有作业辅导职能；没有助教的直播教学常见于一般院校，教师单独完成授课任务，并负责班内同学的成绩统计、作业辅导等任务。

按照班级人数的多少，直播教学可分为大班直播教学和小班直播教学。大班直播教学常见于网络公开课，一名教师同时面对几百或者几千名学生；小班直播教学常见于传统班级，或者学生由于知识需要而自发组织形成的网络班级，通常由几个人或者几十人组成。

2. 直播教学的特点

远程教育改变了师生间进行教学交流的方式，使得学生不受时间和空间的限制，可以利用优质的教学资源促进和改善学习。直播教学有别于传统的缺乏互动交流、单向进行的远程教学方式，具有以下特点。

（1）跨学校

现代教育技术手段为教师提供了多种教学环境，教师可以通过远程直播的方式为多个合作学校的学生上课，使不同学校的学生可以不受空间限制享有优质的学习资源。

（2）跨地区

直播教学打破了传统教学的局限，学生可以异地实时观看教师发布的直播课程并参与讨论，改变了传统教学单一的面授方式。

（3）师生实时交互

直播教学作为一种新颖的教学方式，一定程度上激发了学生的学习兴趣，教师与学生可以通过网络进行实时互动，学生可以随时提问，教师针对学生提出的问题进行解答，及时为学生排忧解难。

（4）课堂管理方便

现代化的科技手段将直播过程中的学生学习数据保留在网页中，学生的学习数据可以作为课程考评的依据，为教师节省了大量的成绩统计时间，使教师有更多的时间精力投注于课程教学中。

3. 直播教学平台

目前，常用的直播教学平台包括"钉钉""QQ 群在线直播""腾讯会议"等。

（1）"钉钉"

"钉钉"（Ding Talk）是阿里巴巴集团专为中国企业打造的免费沟通和协同的多端平台，它包括在线组织、在线沟通、在线业务、钉钉教育等功能。

（2）QQ 群在线直播

QQ 是腾讯公司在 1999 年开发出的即时通信软件，QQ 群是这一软件推出的多人互动聊天的公共平台，群内除聊天以外还具有众多功能。基于腾讯 QQ 群实现的在线课堂教学即 QQ 群在线直播，由于这种直播教学方式在手机端、电脑端均可使用，且不用下载新的软件，可借助已有的 QQ 软件及 QQ 群展开线上教学，受到教师们的青睐。

（3）腾讯会议

腾讯会议是腾讯云旗下的一款音视频会议软件，于 2019 年 12 月底上线，具有 300 人在线会议、全平台一键接入、音视频智能降噪、美颜、背景虚化、锁定会议、屏幕水印等功能。该软件提供实时共享屏幕、支持在线文档协作。

8.4.2 "钉钉"直播教学平台

1. "钉钉"直播教学平台简介

钉钉直播教学平台提供 PC 版本、web 版本、Mac 版本和移动版本，并支持手机和计算机之间的文件传输。它围绕课前、课内和课后构建了三个模块,即智能备课平台、在线课堂和在线智能作业,为师生提供了非常有用的教学工具和教材。

基于钉钉直播教学平台的在线课堂教学具有完整的教学环节(预览、上课、复习、作业、教研、指导等)和一些相应的教学管理和监督功能。它具有教学交互、教学通知、教学管理、资源共享四个主要功能。教学交互方面,具有符合教学需要的实时和延时的通信功能,主要体现在软件的"视频会议""群直播""直播回放""钉邮""班级圈"功能板块中;教学通知方面,体现在软件的"待办(任务)""DING 消息""班级通知""日程"功能板块中;教学管理方面,体现在软件的"签到""打卡""创建课程""考勤""成绩""奖状""班级填表"功能板块中;资源共享方面,体现在软件的"文件""收藏""日志""钉盘""在线智能作业""家校本"功能板块中。

2. "钉钉"直播教学平台的操作流程

(1) 创建班级

钉钉班级群由各班班主任创建,获得群二维码后,班主任将二维码分享给家长,让家长通过扫描二维码注册钉钉账号,进入班级群。进入班级群时,家长需要填写与学生的关系,便于各位教师之后的教学管理。

(2) 直播授课

以教师版为例,登录钉钉以后,找到相关班级群,教师可以通过点击"发起直播""在线课堂"等方式对学生进行直播授课,操作界面如图 8-11 所示。

图 8-11 "发起直播"操作界面

授课时,教师可以按照不同需求选择直播模式,如选用"屏幕分享"模式,则可以通过操作电脑桌面的 PPT、Word 等其他软件进行直播,更加方便快捷。在进行直播之前,可以将"直播保存和回放""支持连麦"功能打开,这样学生在正式上课时,可以通过与教师连麦提出问题,教师也可以通过连麦对学生进行提问,在直播结束后学生可以通过观看回放来进行知识点的整理和回顾。

(3) 课后辅导

直播结束后,教师通过班级群界面上的按钮进入"作业"界面,点击"+"按钮添加作业,选择学科,将要布置的作业以文字或者图片的形式发布在班级群中;在发布作业以后,学生点击"待完成的作业"就可以看到教师布置的作业。学生在做完作业以后可以在作业界面中以图片的形式上传。

教师可以通过"家校本"界面看到学生完成的情况，包括完成人数、未完成人数、名单等，对于未完成的学生，可以点击"提醒家长"的界面进行提醒，督促学生完成。在"完成学生"名单上，教师可以点击学生作业看到完成的情况，同时利用"红笔批改"对作业进行批改以及点评；在点评过程中，可将学生的作业点评为"优秀作业"，班级群中所有的学生都可以看到。

思考与练习

1. 在直播教学过程中，如何更好地实现"师生互动""生生互动"？
2. 在直播教学过程中，如何保证学生的注意力集中？

参考文献

[1] 何克抗. 从"翻转课堂"的本质，看"翻转课堂"在我国的未来发展［J］. 电化教育研究，2014（7）：5-16.

[2] 王长江，胡卫平，李卫东. "翻转的"课堂：技术促进的教学［J］. 电化教育研究，2013（8）：73-78.

[3] 谢娅. 中学物理翻转课堂教学理论及实践研究［D］. 华中师范大学硕士论文，2014：18.

[4] 秦炜炜. 翻转学习：课堂教学改革的新范式［J］. 电化教育研究，2013（8）：84-90.

[5] 郭建鹏. 翻转课堂教学模式：变式与统一［J］. 中国高教研究，2019（6）：8-14.

[6] 李佳. 慕课在国内外发展的述评［J］. 知识文库，2017（12）：50.

[7] 徐霖杰. 慕课传播模式的创新研究［D］. 北京：北京印刷学院，2015.

[8] 宋文. MOOC在我国高校本土化建设初探［D］. 北京：中央民族大学，2015.

[9] 陈吉荣. 国外慕课研究最新发展述评［J］. 外语教学与研究，2016（1）：118-127.

[10] 胡新星. 我国"慕课"发展研究［D］. 长春：吉林大学，2015.

[11] 朱骏锋，许仁红. 我国慕课建设工作现状、存在问题及建议［J］. 河北联合大学学报（社会科学版），2015（1）：77-79.

[12] 王鹏，柯文丽. 慕课在国内外的发展与运行现状［J］. 教育教学论坛，2019（13）：51-52.

[13] 史旭光. "慕课"的兴起与高校教学的发展［J］. 中国林业教育，2022（2）：1-5.

[14] 郑小军. 慕课发展历程回顾与全方位深度解读［J］. 广西职业技术学院学报，2022（3）：66-74.

[15] 孟勋. MOOC课程教学的特点和影响［J］. 教育教学论坛，2019（4）：219-220.

[16] 赵莉. MOOC的特点及其对职业教育发展的影响［J］. 考试周刊，2014（73）：117.

[17] 詹立民. "钉钉直播"在初中数学教学的应用与教学策略研究［D］. 重庆：西南大学，2020.

[18] 程雪姣，皮忠玲，洪建中，翟成蹊. 网络直播模式对教学效果的影响：以"职业规划课程"为例［J］. 现代教育技术，2020（2）：85-90.

[19] 黄武胜，王毅. 基于ZOOM直播软件下的中小学生线上辅导研究［J］. 科教文汇，2020（1）：142-143.

[20] 王雪，周璞，刘淑雅. 核心素养理念下混合直播教学模式的构建［J］. 现代中小学教育，2019（12）：22-28.